에듀윌과 함께 시작하면,
당신도 합격할 수 있습니다!

이 일 저 일 전전하다 관리자가 되려고 시작해
최고득점으로 동차 합격한 퇴직자

4살 된 딸아이가 어린이집에 있는 동안 공부해
고득점으로 합격한 전업주부

밤에는 대리운전, 낮에는 독서실에서 공부하며
에듀윌의 도움으로 거머쥔 주택관리사 합격증

누구나 합격할 수 있습니다.
시작하겠다는 '다짐' 하나면 충분합니다.

마지막 페이지를 덮으면,

에듀윌과 함께
주택관리사 합격이 시작됩니다.

15년간
베스트셀러 1위

기초서

기본서

기출문제집

핵심요약집

문제집

네컷회계

베스트셀러 1위 교재로
따라만 하면 합격하는 커리큘럼

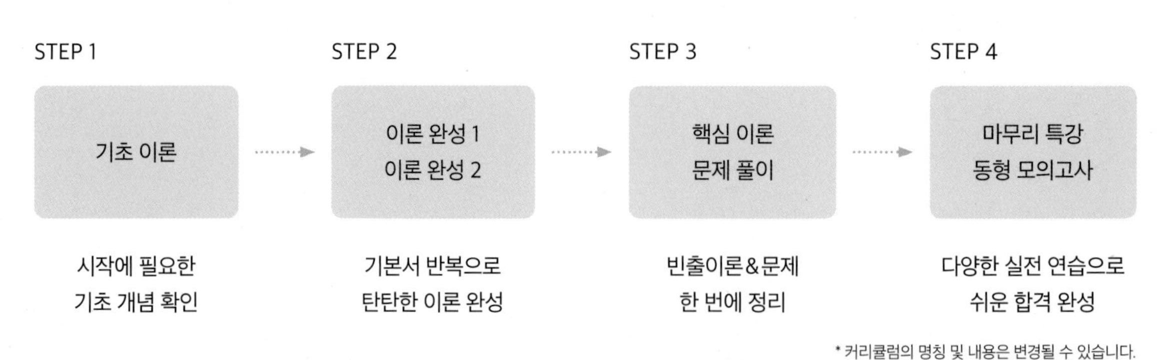

* 커리큘럼의 명칭 및 내용은 변경될 수 있습니다.

* 2023 대한민국 브랜드만족도 주택관리사 교육 1위 (한경비즈니스)
* YES24 수험서 자격증 주택관리사 베스트셀러 1위 (2010년 12월, 2011년 3월, 9월, 12월, 2012년 1월, 3월~12월, 2013년 1월~5월, 8월~11월, 2014년 2월~8월, 10월~12월, 2015년 1월~5월, 7월~12월, 2016년 1월~12월, 2017년 1월~12월, 2018년 1월~12월, 2019년 1월~12월, 2020년 1월~7월, 9월~12월, 2021년 1월~12월, 2022년 1월~12월, 2023년 1월~12월, 2024년 1월~10월 월별 베스트, 매월 1위 교재는 다름), YES24 국내도서 해당분야 월별 베스트 기준

업계 유일 5년 연속 최고득점자 배출

에듀윌 주택관리사의 우수성, 2023년에도 입증했습니다!

제26회 시험 공동주택관리실무 최고득점자

김O우 합격생

과목별로 최고의 교수님들을 다수 보유하고 있다 보니 그중 제게 맞는 교수님을 선택해서 수강할 수 있었습니다. 2019년부터 매년 과목별 최고 득점자들을 배출했다는 말을 듣고 망설임 없이 에듀윌 주택관리사를 선택하게 됐습니다. 게다가 합격 이후 취업까지 도와주는 '주택 취업지원센터'가 있다는 것도 큰 장점이 아닌가 싶습니다. 에듀윌 교수님들 덕분에 원하는 목표 이상의 성과를 이뤄냈습니다. 에듀윌의 완벽한 교육 시스템에 본인의 노력을 더한다면 분명 누구나 원하는 목표를 달성할 수 있으리라 생각합니다.

* 2023년, 2022년 공동주택관리실무 시험 최고득점 / 2021년, 2020년 주택관리관계법규, 공동주택관리실무 시험 과목별 최고득점 / 2019년 주택관리관계법규 시험 최고득점

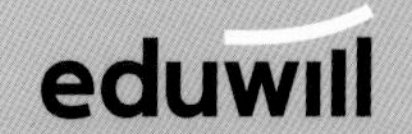

주택관리사,
에듀윌을 선택해야 하는 이유

오직 에듀윌에서만 가능한 합격 신화

5년 연속 최고득점자 배출

합격을 위한 최강 라인업

주택관리사 명품 교수진

주택관리사

합격부터 취업까지!

에듀윌 주택취업지원센터 운영

합격생들이 가장 많이 선택한 교재

15년간 베스트셀러 1위

* 2023 대한민국 브랜드만족도 주택관리사 교육 1위 (한경비즈니스)
* 2023년, 2022년 공동주택관리실무 시험 최고득점 / 2021년, 2020년 주택관리관계법규, 공동주택관리실무 시험 과목별 최고득점 / 2019년 주택관리관계법규 시험 최고득점
* YES24 수험서 자격증 주택관리사 베스트셀러 1위 (2010년 12월, 2011년 3월, 9월, 12월, 2012년 1월, 3월~12월, 2013년 1월~5월, 8월~11월, 2014년 2월~8월, 10월~12월, 2015년 1월~5월, 7월~12월, 2016년 1월~12월, 2017년 1월~12월, 2018년 1월~12월, 2019년 1월~12월, 2020년 1월~7월, 9월~12월, 2021년 1월~12월, 2022년 1월~12월, 2023년 1월~12월, 2024년 1~10월 월별 베스트, 매월 1위 교재는 다름), YES24 국내도서 해당분야 월별 베스트 기준

주택관리사, 단기간에 이론을 끝내고 싶다면

민법 요약집 4주 완성 플래너

* 민법 핵심요약집 권장학습기간인 4주는 에듀윌 이론강의에 기반하였습니다. 자세한 사항은 에듀윌 홈페이지(house.eduwill.net)에서 확인하세요.
* 학습 내용 란에 한 주마다의 학습계획을 작성하고, 학습이 끝난 후 성취도 란에 표시합니다.

1주차

월 일 ~ 월 일

학습 내용	성취도
예시) PART 1 민법 통칙 - CHAPTER 01	%
	%
	%
	%
	%
	%
	%
	%
	%
	%
	%
	%

2주차

월 일 ~ 월 일

학습 내용	성취도
	%
	%
	%
	%
	%
	%
	%
	%
	%
	%
	%
	%

3주차

월 일 ~ 월 일

학습 내용	성취도
	%
	%
	%
	%
	%
	%
	%
	%
	%
	%
	%
	%

4주차

월 일 ~ 월 일

학습 내용	성취도
	%
	%
	%
	%
	%
	%
	%
	%
	%
	%
	%
	%

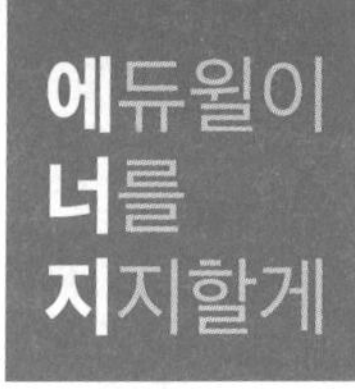

ENERGY

세상을 움직이려면

먼저 나 자신을 움직여야 한다.

– 소크라테스(Socrates)

2025

에듀윌 주택관리사

핵심요약집 1차

민법

시험 안내

주택관리사, 무슨 일을 하나요?

주택관리사란?	주택관리사(보) 합격증서	+	대통령령으로 정하는 주택 관련 실무 경력	→	주택관리사 자격증 발급

하는 일은? 공동주택, 아파트 등의 관리사무소장은 물론, 주택관리 전문 공무원, 공동주택 또는 건물관리 용역 업체 창업 등 취업의 문이 넓습니다.

주택관리사(보) 시험에서는 어떤 과목을 보나요?

제1차 (2025.06.28 시행 예정)

교시	과목	내용
1교시 (총 100분)	회계원리	세부과목 구분 없이 출제 ※ 회계처리 등과 관련된 시험문제는 한국채택국제회계기준(K-IFRS)을 적용하여 출제
	공동주택 시설개론	목구조 · 특수구조를 제외한 일반건축구조와 철골구조, 홈네트워크를 포함한 건축설비개론 및 장기수선계획 수립 등을 위한 건축적산 포함
2교시 (총 50분)	민법	총칙, 물권, 채권 중 총칙 · 계약총칙 · 매매 · 임대차 · 도급 · 위임 · 부당이득 · 불법행위

▶ 과목별 각 40문항이며, 전 문항 객관식 5지 택일형으로 출제됩니다.

제2차 (2025.09.20 시행 예정)

교시	과목	내용
1교시 (총 100분)	주택관리 관계법규	다음의 법률 중 주택관리에 관련되는 규정: 「주택법」, 「공동주택관리법」, 「민간임대주택에 관한 특별법」, 「공공주택 특별법」, 「건축법」, 「소방기본법」, 「화재의 예방 및 안전관리에 관한 법률」, 「소방시설 설치 및 관리에 관한 법률」, 「승강기 안전관리법」, 「전기사업법」, 「시설물의 안전 및 유지관리에 관한 특별법」, 「도시 및 주거환경정비법」, 「도시재정비 촉진을 위한 특별법」, 「집합건물의 소유 및 관리에 관한 법률」
	공동주택 관리실무	시설관리, 환경관리, 공동주택회계관리, 입주자관리, 공동주거관리이론, 대외업무, 사무 · 인사관리, 안전 · 방재관리 및 리모델링, 공동주택 하자관리(보수공사를 포함한다) 등

▶ 과목별 각 40문항이며, 객관식 5지 택일형 24문항, 주관식 16문항으로 출제됩니다.

상대평가, 어떻게 시행되나요?

2024년 제27회 1,600명 선발 예정!

국가에서 정한 선발예정인원(선발예정인원은 매해 시험 공고에 게재됨) 범위에서 고득점자 순으로 합격자가 결정됩니다.

제1차는 평균 60점 이상 득점한 자, 제2차는 고득점자 순으로 선발!

제1차	매 과목 40점 이상, 전 과목 평균 60점 이상 득점한 사람 중에서 선발합니다.
제2차	매 과목 40점 이상, 전 과목 평균 60점 이상 득점한 사람 중에서 선발하며, 그중 선발예정인원 범위에서 고득점자 순으로 결정합니다. 선발예정인원에 미달하는 경우 전 과목 40점 이상자 중 고득점자 순으로 선발하며, 동점자로 인하여 선발예정인원을 초과하는 경우에는 동점자 모두를 합격자로 결정합니다.

제2차 과목의 주관식 단답형 16문항은 부분점수 적용

괄호가 3개인 경우	3개 정답(2.5점), 2개 정답(1.5점), 1개 정답(0.5점)
괄호가 2개인 경우	2개 정답(2.5점), 1개 정답(1점)
괄호가 1개인 경우	1개 정답(2.5점)

2020년 상대평가 시행 이후 제2차 시험 합격선은?

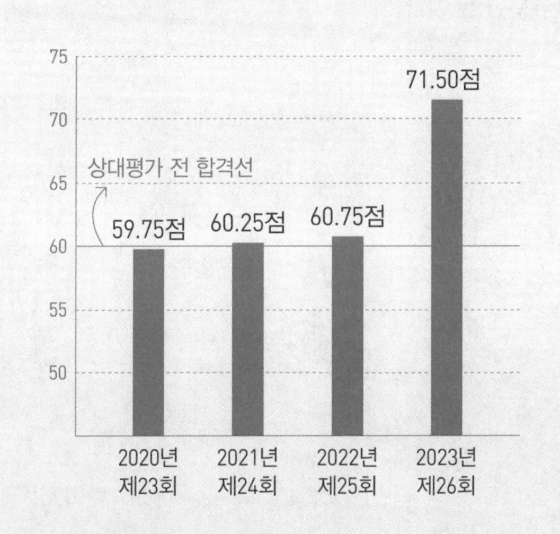

4개년 합격선 **평균 63.1점!**

상대평가 시행 이후 제25회 시험까지는 합격선이 60점 내외로 형성되었지만, 제26회에는 평균 71.50점에서 합격선이 형성되며 합격에 필요한 점수가 상당히 올라갔습니다. 앞으로도 에듀윌은 변화하는 수험 환경에 맞는 학습 커리큘럼과 교재를 통해 수험자 여러분들을 합격의 길로 이끌겠습니다.

에듀윌 핵심요약집이 효율적인 이유!

"시작하기에 너무 늦지는 않았을까?"
"양이 너무 많아서 뭐부터 공부해야 할지 모르겠어…"

고민은 그만, 에듀윌 핵심요약집으로 해결하세요!

베스트셀러 1위, 합격생이 인정한 교재

베스트셀러
1위
2025
에듀윌
주택관리사
핵심요약집
1차 공동주택시설개론

* YES24 수험서 자격증 주택관리사 핵심요약 베스트셀러 1위
- 민법 2024년 1월, 시설개론 2024년 5월 월별 베스트
- 회계 2024년 4월 2주 주별 베스트

합격생 A

변별력을 위한 문제를 제외하고 핵심요약집에 모든 내용이 담겨있어 전체적인 내용 파악을 편하게 할 수 있었어요.

합격생 B

공부해야 할 양이 만만치 않아 시험 한 달 전까지도 자신이 없었는데, 핵심요약집과 강의를 중점적으로 학습하여 좋은 결과를 얻을 수 있었어요.

방대한 주택관리사, 핵심만 담은 집약이론

넓은 범위, 수많은 주제와 키워드

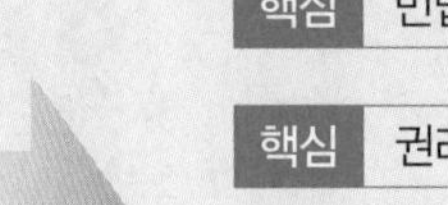

핵심	민법의 개념
핵심	권리의 충돌과 경합
핵심	부재와 실종
핵심	권리행사의 한계

⋮

핵심만 싹 모은 **진짜 요약서!**

합격을 위한 최종병기, 차별화된 복습자료

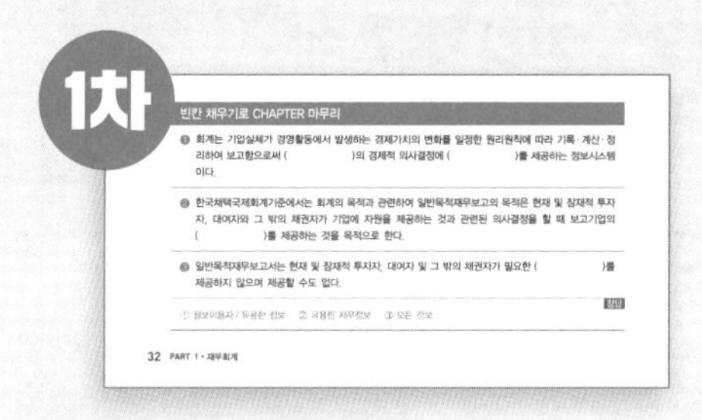
1차

빈칸 채우기로 CHAPTER 마무리

① 회계는 기업실체가 경영활동에서 발생하는 경제가치의 변화를 일정한 원리원칙에 따라 기록·계산·정리하여 보고함으로써 (　　　　　)의 경제적 의사결정에 (　　　　　)를 제공하는 정보시스템이다.

② 한국채택국제회계기준에서는 회계의 목적과 관련하여 일반목적재무보고의 목적은 현재 및 잠재적 투자자, 대여자와 그 밖의 채권자가 기업에 자원을 제공하는 것과 관련된 의사결정을 할 때 보고기업의 (　　　　　)를 제공하는 것을 목적으로 한다.

③ 일반목적재무보고서는 현재 및 잠재적 투자자, 대여자 및 그 밖의 채권자가 필요한 (　　　　　)를 제공하지 않으며 제공할 수도 없다.

정답

① 정보이용자 / 유용한 정보　② 유용한 재무정보　③ 모든 정보

32 PART 1 • 재무회계

빈칸 채우기로 CHAPTER 마무리

1차 과목의 요약이론 중에서도 CHAPTER별로 반드시 알아야 하는 빈출이론은 빈칸을 채워가며 최종적으로 복습하고, 나만의 요약이론으로 활용할 수 있습니다.

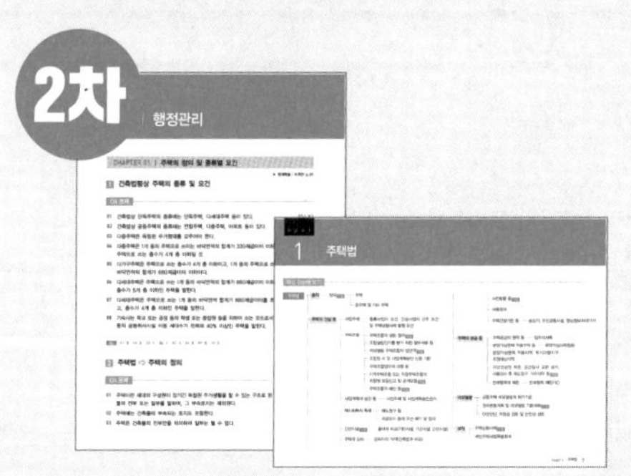

주택관리관계법규 체계도

방대한 양의 주택관리관계법규 이론을 체계도로 간단명료하게 정리할 수 있습니다.

공동주택관리실무 문제편

공동주택관리실무 핵심이론을 간단 문제로 확실히 정리할 수 있습니다.

* 상기 교재의 이미지는 변경될 수 있습니다.

⊕ PLUS 핵심요약집, 함께하면 좋은 책은?

단원별 기출문제집(2종)

주택관리사(보) 최근 기출문제로 약점 극복, 실전 완벽 대비!

(1차: 2024년 11월 출간, 2차: 2025년 1월 출간 예정)

출제가능 문제집(5종)

주택관리사(보) 최근문제 해결 능력 확실히 키우기!

(2025년 1~2월 출간 예정)

* 상기 교재의 이미지는 변경될 수 있습니다.

구성과 특징

❶ CHAPTER 미리보기
단원의 핵심주제와 그중 중요도가 높은 주제를 미리 파악할 수 있습니다.

❷ 핵심이론
기출 분석을 기반으로 과목별로 가장 핵심적인 이론을 본문에 실었습니다. ★로 중요도를 확인하세요.

❸ 연계학습
더 깊이 학습하고 싶다면, 기본서 연계학습 페이지로 이동하여 학습할 수 있습니다.

❹ 회독체크
반복학습을 할 때마다 회독 체크표에 표시하세요.

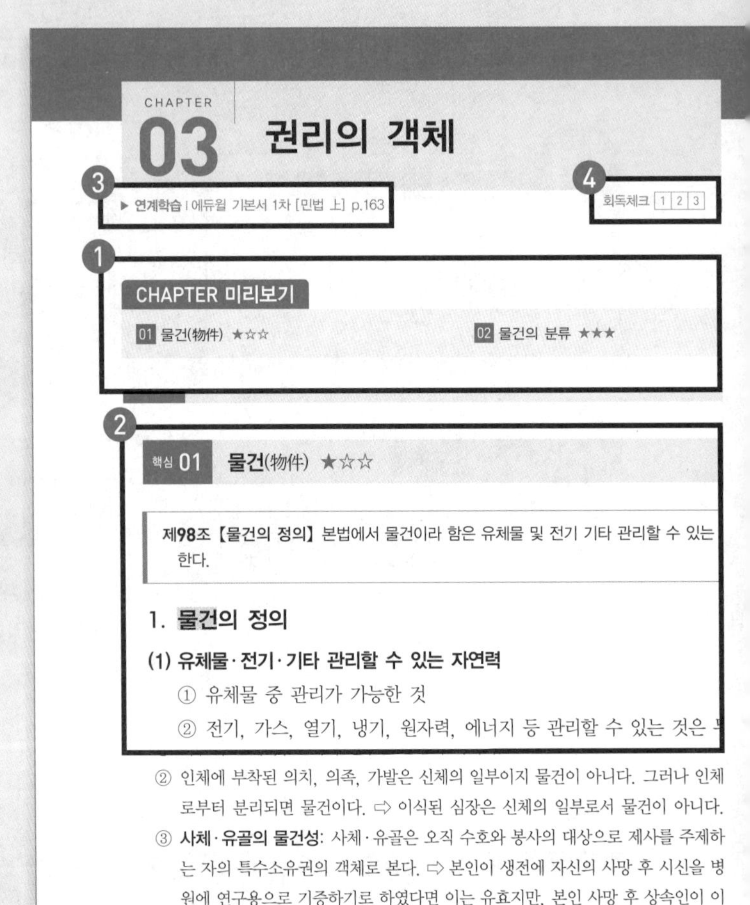

CHAPTER 03 권리의 객체

3 ▶ 연계학습 | 에듀윌 기본서 1차 [민법 上] p.163

4 회독체크 1 2 3

1 CHAPTER 미리보기

01 물건(物件) ★☆☆

02 물건의 분류 ★★★

2 핵심 01 물건(物件) ★☆☆

제98조【물건의 정의】 본법에서 물건이라 함은 유체물 및 전기 기타 관리할 수 있는
한다.

1. 물건의 정의

(1) 유체물·전기·기타 관리할 수 있는 자연력

① 유체물 중 관리가 가능한 것

② 전기, 가스, 열기, 냉기, 원자력, 에너지 등 관리할 수 있는 것은

② 인체에 부착된 의치, 의족, 가발은 신체의 일부이지 물건이 아니다. 그러나 인체로부터 분리되면 물건이다. ⇨ 이식된 심장은 신체의 일부로서 물건이 아니다.

③ **사체·유골의 물건성**: 사체·유골은 오직 수호와 봉사의 대상으로 제사를 주제하는 자의 특수소유권의 객체로 본다. ⇨ 본인이 생전에 자신의 사망 후 시신을 병원에 연구용으로 기증하기로 하였다면 이는 유효지만, 본인 사망 후 상속인이 이에 법적으로 구속되는 것은 아니다(판례).

⊕ 특별제공

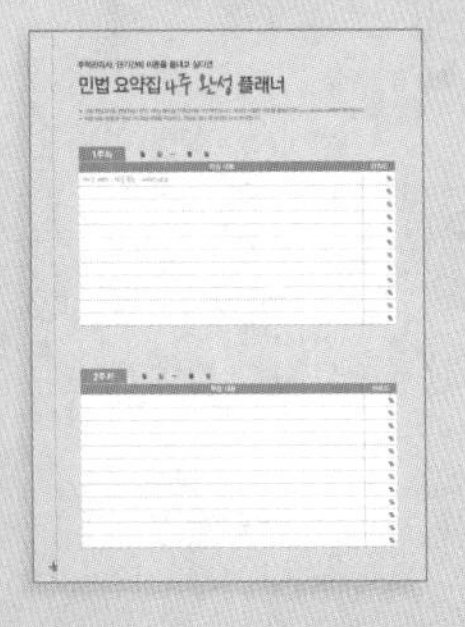

4주 완성 플래너
가장 먼저 한 주마다의 학습계획을 작성하고 성취도를 적어 보세요. 계획적인 학습이 성공의 지름길입니다.

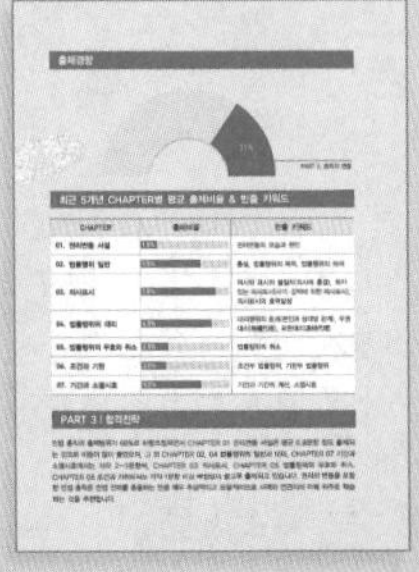

PART별 분석전략
최근 5개년 출제경향을 반영한 PART별 분석자료를 확인하고 전략적으로 학습해 보세요.

3. **법률행위 해석의 기준 및 순서**

① 당사자가 의도하는 목적(목적을 달성할 수 있도록 해석)
② 사실인 관습
③ 임의규정
④ 신의성실의 원칙(조리)

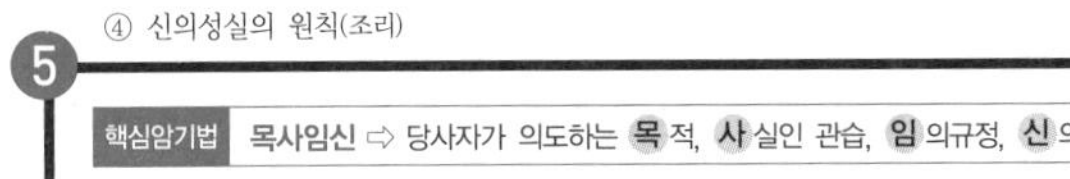
5

핵심암기법 목사임신 ⇨ 당사자가 의도하는 목적, 사실인 관습, 임의규정, 신의

⑤ 핵심암기법

이론 중간중간마다 암기가 꼭 필요한 내용은 두문자 암기법, 단어 연상 암기법 등을 다양하게 수록하였습니다.

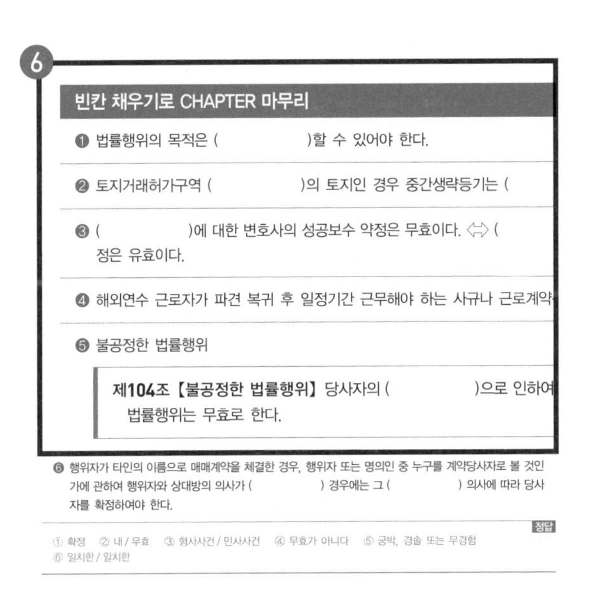
6

빈칸 채우기로 CHAPTER 마무리

❶ 법률행위의 목적은 (　　　　　)할 수 있어야 한다.

❷ 토지거래허가구역 (　　　　　)의 토지인 경우 중간생략등기는 (

❸ (　　　　　)에 대한 변호사의 성공보수 약정은 무효이다. ⇔ (
정은 유효이다.

❹ 해외연수 근로자가 파견 복귀 후 일정기간 근무해야 하는 사규나 근로계약

❺ 불공정한 법률행위

> **제104조【불공정한 법률행위】** 당사자의 (　　　　　)으로 인하여
> 법률행위는 무효로 한다.

❻ 행위자가 타인의 이름으로 매매계약을 체결한 경우, 행위자 또는 명의인 중 누구를 계약당사자로 볼 것인가에 관하여 행위자와 상대방의 의사가 (　　　　　) 경우에는 그 (　　　　　) 의사에 따라 당사자를 확정하여야 한다.

정답

① 확정 ② 내 / 무효 ③ 형사사건 / 민사사건 ④ 무효가 아니다 ⑤ 궁박, 경솔 또는 무경험
⑥ 일치한 / 일치한

⑥ 빈칸 채우기

반드시 알아야 하는 빈출이론은 빈칸 채우기로 제공합니다. 단원 학습 후 빈칸을 채우며 복습하고, 노트에 따라 적으며 나만의 요약집으로 활용해 보세요.

필수용어 찾아보기

본문 학습이 끝나면 과목별로 해당 용어의 의미를 정확히 알고 있는지 체크해 보고,
헷갈리는 용어는 본문으로 돌아가 다시 학습합니다.

차례

PART 1 | 민법 통칙

PART 2 | 권리의 주체와 객체

PART 3 | 권리의 변동

PART 4 | 물권법

PART 5 | 채권법

PART 1

민법 통칙

최근 5개년 평균 출제비율

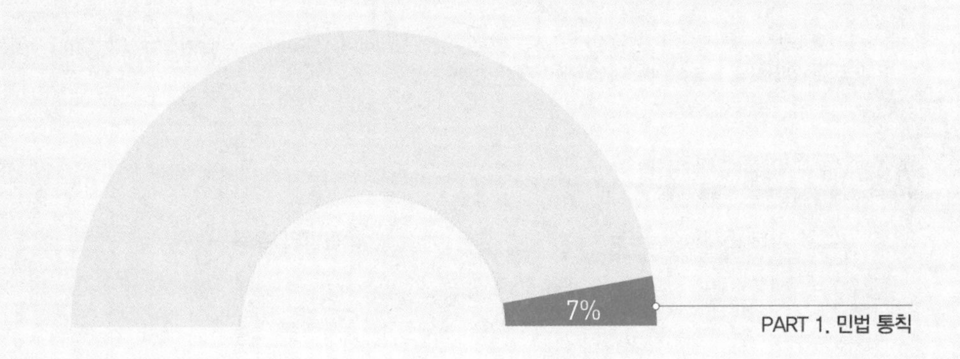

최근 5개년 CHAPTER별 평균 출제비율 & 빈출 키워드

CHAPTER	출제비율	빈출 키워드
01. 민법 서론	2.5%	민법의 법원(法源)
02. 권리와 의무	4.5%	권리의 종류(사권의 분류), 권리의 행사와 의무의 이행

PART 1 | 합격전략

CHAPTER 01 민법 서론에서는 법원의 종류와 그 범위, 관습법의 의의와 성립, 관습법과 사실인 관습과의 비교, 민법의 해석방법과 효력범위 등에서 자주 출제되므로 집중하여 학습하시는 것이 좋습니다. CHAPTER 02 권리와 의무에서는 권리의 종류, 신의성실의 원칙, 권리남용의 금지, 그리고 이와 관련한 판례에 이르기까지 세부적이고 다양한 문제가 출제됩니다. 전 범위에 걸쳐서 다양한 문제가 출제될 뿐만 아니라, 이와 관련한 판례도 출제되므로 유기적으로 이해하고 학습해야 합니다.

CHAPTER

01 민법 서론

▶ **연계학습** | 에듀윌 기본서 1차 [민법 上] p.22 회독체크 1 2 3

※ 본문의 형광펜 부분은 반드시 기억해야 할 필수 용어이니 더 유의하여 학습하세요. 학습이 모두 끝나면 p.275에서 해당 용어의 의미를 정확히 알고 있는지 확인해 보세요!

CHAPTER 미리보기

01 민법의 법원(존재형식) ★★★

02 민법의 해석 ★☆☆

03 민법의 효력 ★☆☆

핵심 01 민법의 법원(존재형식) ★★★

1. 법원

제1조 【법원(法源)】 민사에 관하여 법률에 규정이 없으면 관습법에 의하고 관습법이 없으면 조리에 의한다.

① **의의:** 법원이란 민사소송 시 재판의 근거로 삼아야 하는 적용순서를 말한다.

② 성문법주의를 선언하면서 관습법의 보충적 효력과 조리의 법원성을 인정한다.

2. 성문법과 불문법의 장점 비교

성문법 – 법적 안정성	불문법 – 구체적 타당성
법의 통일적 정비, 법적 질서 안정, 명확성, 종합적이고 체계적	탄력성, 대응성, 유연성

3. 제1차적 법원(法源)으로서의 법률(성문법)

① **민법전**(民法典_형식적 의미의 민법), 헌법재판소 결정 중 민사에 관한 것

② 공법·국제법(조약 및 협약 포함)·명령·조약·규칙·자치법규(조례·규칙) 중 민사에 관한 것

③ 국제물품매매에 관한 국제연합의 협약도 법원으로서 국내법에 우선한다.

4. 불문법으로서의 민법

(1) 관습법

① **의의**: 일정지역을 중심으로 계속되고 오래된 관행이 일반인에 의하여 법적 확신을 얻어서 법적인 효력을 갖게 된 사회생활 규범이다.

② **성립**: 관습법은 일반대중으로부터 법적 확신을 얻은 때 성립하고, 법원의 판결에 의해서 그 존재가 확인된다.

㉠ 법원(法院)은 관습법의 성립 및 존재 여부를 직권으로 판단하여 적용하여야 한다. 단, 법원(法院)에서 관습법의 존재 유무를 알지 못할 경우 당사자가 주장 입증할 필요도 있다. ⇨ 사실인 관습과 비교

㉡ **판례에 의하여 확인된 관습법**

ⓐ 관습법상 법정지상권

ⓑ 분묘기지권

ⓒ 명인방법(수목·미분리 과실)

ⓓ 사실혼제도

ⓔ 동산의 양도담보

> 핵심암기법 **지분명사양** ⇨ 관습법상 법정**지**상권, **분**묘기지권, **명**인방법(수목·미분리 과실), **사**실혼제도, 동산의 **양**도담보

(2) 조리

① 조리는 법의 흠결을 보충한다. ⇨ 조리의 법원성을 인정(제1조 및 판례)

② 조리는 재판의 준칙이면서, 조리가 구체화되면 신의칙을 구성하며 법의 해석 및 계약해석의 기준이 된다.

(3) 판례(대법원 판례)

① 판례의 법원성은 부정한다.

② **「법원조직법」 제8조**: 상급법원 재판에서의 판단은 해당 사건에 관하여 하급심을 기속한다. ⇨ 사실상의 구속력은 인정하나, 법적 구속력은 인정하지 않는다.

핵심 02 민법의 해석 ★☆☆

1. 민법의 해석 기준

법적 안정성을 저해하지 않는 범위 내에서 구체적 타당성을 발견하는 데 치중하여야 한다. ⇨ 성문법주의 원칙상 법적 안정성을 우선시한다.

2. 민법의 해석 방법

(1) 유권해석

① **입법해석**: 법의 제정·개정 ⇨ ㉎ 민법 제98조 【물건】 물건이라 함은 유체물 및 전기, 기타 관리할 수 있는 자연력을 말한다.

② **사법해석**: 법의 적용

③ **행정해석**: 법의 집행

(2) 학리해석(무권해석)

① **문리해석**: 법조문의 문자용어가 가지는 문자적·사전적 의미에 따라 법규의 사전적 의미를 확정하는 해석

② **논리해석**(체계적 해석): 문리해석을 기초로 하면서 그 입법취지, 사회적 배경 등을 종합적으로 고려하여 논리적 추론에 의하여 법규가 가지는 구체적 타당성을 밝히는 해석방법으로, 항상 헌법 규정에 위배되지 않아야 한다.

㉠ 확대해석, 확장해석(~를 포함한다)

㉡ 축소해석, 제한해석(~는 제외한다, ~만을 의미한다, ~는 포함하지 않는다)

㉢ 반대해석

핵심 03 민법의 효력 ★☆☆

1. 時(시기)에 관한 효력

민법은 소급효를 인정한다. 단, 구법(舊法)에 의하여 생긴 효력(기득권)에는 영향을 미치지 아니한다(부칙 제2조). ⇨ 기득권 침해 금지

2. 人(사람)에 관한 효력

① **속인주의**: 모든 대한민국 국민에게 적용(국내 거주 + 해외 거주)

② **속지주의**: 대한민국 영토 내의 모든 사람에게 적용(한국인 + 외국인)

③ 속인주의·속지주의 관련 한국 민법과 외국 민법의 충돌 시 ⇨ 국제사법으로 해결

④ 치외법권자(외교특권자 – 외교관과 그 가족)에게도 민법은 적용된다.

3. 장소에 관한 효력

① 민법은 대한민국 영토 전체에 적용된다(영토고권).

② 대한민국의 영토는 한반도와 부속도서로 한다. ⇨ 미수복 지역인 북한 지역에도 원칙적으로 우리 민법은 전면 적용된다.

4. 기국주의

공해상의 선박 및 항공기는 국기가 게양된 국가의 법이 적용된다.

빈칸 채우기로 CHAPTER 마무리

❶ ( )은 일반대중으로부터 법적 확신을 얻은 때 성립하고, 법원의 판결에 의해서 그 존재가 확인된다.

❷ 법원은 당사자가 ( )을 원용하지 않더라도 당연히 이를 고려해야 한다.

❸ 조리는 ( )을 보충한다.

정답

① 관습법 ② 관습법 ③ 법의 흠결

CHAPTER

02 권리와 의무

▶ **연계학습** | 에듀윌 기본서 1차 [민법 上] p.42 회독체크 1 2 3

CHAPTER 미리보기

핵심 01 권리의 내용에 따른 분류

1. 재산권

① **물권**: 물건을 직접 지배하여 이익을 얻는 배타적인 권리, 지배권·절대권·대세권(준물권: 광업권, 어업권)

② **채권**: 특정인(채권자)이 다른 특정인(채무자)에게 일정한 행위(급부)를 청구하는 것을 내용으로 하는 권리, 청구권·상대권·대인권

③ **지식재산권**(무체재산권)

2. 가족권

친족권과 상속권이 가족권이고 대부분 일신전속권이다.

3. 인격권(자유권)

① 사람의 인격을 내용으로 한다(생명권, 신체권, 자유권, 명예권, 정조권 등).

② 인격권을 보호하고자 하는 적극적 보호규정은 없고, 제3자의 침해행위로 손해가 발생한 경우 손해배상을 청구하는 소극적 보호규정만이 존재한다.

③ 인격권이 침해되면 그 손해배상만으로는 완전한 손해의 전보가 불가능한 경우가 대부분이므로, 인격권으로서의 명예권에 기초하여 가해자에 대해 현재의 침해행위의 배제뿐만 아니라 장래의 침해행위를 방지하기 위하여 사전적·예방적 배제청구권을 행사할 수 있다(판례).

4. 사원권

① 사단법인의 구성원이라는 지위에서 나오는 포괄적인 권리

② **공익권**: 사단의 관리·운영에 참가하는 권리(의결권, 감독권, 업무진행권, 소수사원권)

③ **자익권**: 사원 자신의 목적을 달성하기 위하여 부여된 권리(이익분배청구권, 잔여재산분배청구권, 설비이용권)

핵심암기법	권리의 내용에 따른 분류: **재가인사** ⇨ **재**산권, **가**족권, **인**격권, **사**원권

핵심 02 권리의 작용에 의한 분류 ★★★

1. 형성권

① 권리자의 일방적 의사표시에 의하여 법률효과 발생, 대부분의 단독행위 ⇨ 단독행위의 법정주의

② **형성권의 유형**

㉠ 권리자의 의사표시만으로 효과가 발생하는 것: 동의권, 철회권, 취소권, 해제권, 해지권, 면제권, 일방예약완결권, 추인권, 상계권

핵심암기법	**동철취해지면완추상** ⇨ **동**의권, **철**회권, **취**소권, **해**제권, 해**지**권, **면**제권, 일방예약**완**결권, **추**인권, **상**계권

㉡ 법원의 판결에 의해서만 효과가 발생하는 것: 채권자취소권, 친생부인권, 혼인취소권, 재판상 이혼권

㉢ 청구권으로 불리지만 실질은 형성권인 것: ~매수청구권, 공유물분할청구권, ~소멸청구권, ~증감청구권

핵심암기법	**매분소증**청구권 ⇨ ~**매**수청구권, 공유물**분**할청구권, ~**소**멸청구권, ~**증**감청구권

2. 지배권

① 권리의 객체를 직접적·배타적으로 지배하여 그로부터 발생하는 이익을 독점할 수 있는 권리

② **종류**: 물권, 지적재산권, 인격권, 친권, 배우자권, 후견권

3. 항변권

① 상대방이 청구권을 행사한 경우 그 청구권의 존재는 인정하나, 그 효력발생을 저지할 수 있는 권리

② 적극적으로 항변권을 원용(행사)한 경우에만 효력이 발생한다.

㉠ **연기적 항변권**: 동시이행항변권, 최고·검색의 항변권

㉡ **영구적 항변권**: 한정(상속)승인, 소멸시효 완성의 항변권

4. 청구권

① 상대방에게 특정한 행위를 요구할 수 있는 권리

② **종류**: 물권적 청구권(물권자), 채권적 청구권(채권자), 가족법상 청구권 등

③ 청구권은 채권과 다르다.

④ 청구권은 그 원인이 되는 권리에서 분리하여 청구권만을 독립적으로 양도하거나 다른 권리의 목적으로 하지 못한다.

핵심암기법	권리의 작용에 의한 분류: **형지항청** ⇨ **형**성권, **지**배권, **항**변권, **청**구권

5. 기타 – 일신전속권

① 권리의 성질상 권리자만이 독자적으로 향유할 수 있는 권리

② **귀속상의 일신전속권**: 권리자에게만 귀속되어 양도·상속·이전이 제한되는 권리

㉠ 양도·상속이 불가능한 일신전속권: 부부 상호간의 권리나 친권

㉡ 양도는 불가능하지만 상속은 가능한 권리: 양도금지 특약이 있는 채권

③ **행사상의 일신전속권**: 타인에 의한 대리행사 또는 대위행사가 제한되는 권리

핵심 03 권리행사의 한계 ★★★

> **제2조【신의성실】** ① 권리의 행사와 의무의 이행은 신의에 좇아 성실히 하여야 한다.
> ② 권리는 남용하지 못한다.

1. 신의성실의 원칙(신의칙)

(1) 적용 범위

민법 전체에 대한 일반원칙으로서 사법뿐만 아니라 공법 및 행정권 작용 등 모든 법 분야의 일반원리로 인정되고, 특히 민법상의 가족법에도 일반적으로 적용된다.

(2) 신의칙의 파생원칙

① **금반언의 원칙**(모순행위금지의 원칙): 무권대리인이 본인의 지위를 단독상속한 후 본인의 지위에서 무권대리행위에 대한 추인거절권을 행사하는 것은 금반언이나 신의칙상 허용하지 않는다는 원칙

② **사정변경의 원칙**: 계약 성립 당시 존재하던 사정이 당사자의 과실 없이 현저하고 객관적인 변경으로 인하여 계약의 내용을 준수하는 것이 오히려 신의칙에 반하는 경우, 계약 준수의 예외로서 계약의 내용을 변경하거나 해제·해지도 가능하다는 원칙

㉠ 우리 민법에는 사정변경에 관한 일반규정이 없고, 개별규정만 존재한다.

㉡ 계약의 해제: 판례는 사정변경을 이유로 하는 계약의 해제권은 인정하지만 개별적 사안에서 사정변경을 이유로 계약의 해제를 인정한 사례는 없다.

ⓐ 매매계약 체결 후 9년이 지났고 가격이 올랐다는 이유만으로는 계약을 해제할 만한 사정변경에 해당하지 않고, 매수인의 소유권이전등기청구가 신의칙에 반하지 않는다(판례).

ⓑ 지방자치단체로부터 매수한 토지가 공공 공지에 편입되어 매수인이 의도한 음식점 등의 건축이 불가능하게 되었더라도 이는 매매계약을 해제할 만한 사정변경에 해당하지 않고, 매수인이 의도한 주관적인 매수목적을 달성할 수 없게 되어 손해를 입었다 하더라도 매매계약을 그대로 유지하는 것이 신의칙에 반한다고 볼 수도 없다(판례).

㉢ 사정변경을 이유로 하는 계약의 해지

ⓐ 불확정 채무에 대한 계속적 보증계약에 있어서 해지권은 인정한다.

ⓑ 계속적 보증계약의 경우에도 확정적 채무(채권액, 변제기)에 대하여는 계약의 해지권을 인정하지 않는다.

③ **실효의 원칙**: 권리자가 권리를 행사할 수 있음에도 불구하고 그 권리를 장기간 행사하지 않음으로써 상대방으로 하여금 더 이상 권리를 행사하지 않을 것으로 믿게 한 후에 새삼스럽게 권리를 행사하는 것은 신의칙에 반하는 행위로서, 그 권리의 행사를 허용할 수 없다는 원칙

2. 권리남용의 금지

(1) 권리남용의 요건

① **객관적 요건**: 권리의 행사 또는 불행사가 외형상 정당한 것 같으나, 실질에 있어서 권리의 사회적 공공성에 위배될 것

② **주관적 요건**

㉠ 권리남용으로서 가해의 고의: 권리행사로 얻은 이익은 전혀 없으면서 오직 상대방에게 고통을 주고자 하는 권리의 행사

㉡ 가해의 고의를 판단하는 기준: 가해의 고의 여부는 정당성이 결여된 권리의 행사로 보이는 행위의 외형을 보고 객관적으로 판단

(2) 권리남용의 요건에 대한 학설과 판례의 불일치

① **민법 규정 및 다수설**: 객관적 요건만 성립하면 권리남용 인정

② **판례**

㉠ 판례는 일관성이 없으나, 객관적 요건과 함께 주관적 요건을 모두 갖추어야 권리남용에 해당한다는 것이 주류의 판례이다.

㉡ 권리남용에 있어서 주관적 요건은 권리자의 정당한 이익이 결여된 권리행사로 보이는 객관적 사정에 의하여 추인될 수 있으며, 권리의 행사가 주관적으로 오직 상대방에게 고통을 주고 손해를 입히려는 데 있을 뿐 이를 행사하는 사람에게는 아무런 이익이 없는 경우 가해의 고의가 있다고 본다.

㉢ 상계권 등 단독행위에 있어서는 권리남용의 주관적 요건이 반드시 필요한 것은 아니다.

(3) 형성권의 행사가 권리남용에 해당하면 법률효과는 발생하지 않으며, 청구권의 행사가 권리남용에 해당하면 법은 조력하지 않는다.

3. 신의성실의 원칙에 관한 민법 제2조는 일반적 강행규정이다.

① 신의성실의 원칙에 관한 민법 제2조는 일반적 강행규정으로서 개별적 강행규정과 충돌 시 신의칙은 적용되지 않는다. ⇨ 제한능력자 보호에 있어 신의칙은 적용되지 않는다.

② 권리남용금지의 원칙을 위반한 행위일지라도 권리자의 권리 자체를 소멸시키는 것은 아니지만, 법률의 규정이 있는 경우 권리남용의 효과로 권리가 박탈되는 경우도 있다(㉮ 친권의 상실선고).

③ 강행규정에 위반한 법률행위를 한 자 스스로 강행규정 위반을 이유로 그 법률행위의 무효를 주장하는 것은 신의칙에 반하지 않는다.

핵심 04 권리의 충돌과 경합 ★★☆

1. 권리의 충돌

(1) 의의

하나의 물건 또는 생활 사실 위에 여러 개의 권리가 존재하고, 그 물건 또는 생활 사실이 이 모든 권리를 만족시키지는 못하는 것

(2) 물권과 물권의 충돌

물권 상호간에는 먼저 성립한 권리가 후에 성립한 권리에 우선한다.

① 점유권과 소유권을 중심으로 하는 본권은 언제나 병존한다.

② 제한물권은 그 성질상 언제나 소유권에 우선한다.

③ 제한물권과 제한물권이 충돌하면 먼저 성립한 권리가 나중에 성립한 권리에 우선한다(순위의 원칙).

(3) 물권과 채권의 충돌

① **원칙**: 물권은 공시성 등으로 인하여 채권에 우선한다.

② **예외**

㉠ **물권과 같이 성립한 순위에 의하여 보호되는 채권**: 채권도 공시되거나 대항요건을 갖춘 경우 후순위 물권에 우선적 효력이 있다.

ⓐ 등기된 임차권 / 건물등기 있는 차지권(借地權)의 대항력(제622조)

ⓑ 가등기된 채권(권리의 변동청구권, 조건부·기한부 권리 등)

ⓒ 「주택임대차보호법」·「상가건물 임대차보호법」에 의하여 대항요건과 확정일자를 갖춘 임차권

㉡ **언제나 물권보다 우선 보호되는 채권**

ⓐ 최근 3월분에 해당하는 임금채권

ⓑ 최종 3년분에 해당하는 퇴직급여

ⓒ 재해보상금

ⓓ 「주택임대차보호법」·「상가건물 임대차보호법」 규정에 의한 소액 보증금 중 일부금

(4) 채권과 채권의 충돌

채권자평등주의가 적용된다.

① **공적(公的) 실행 시**(경매·파산): 안분주의, 채권액에 비례하여 배당

② **사적(私的) 변제 시**: 선행주의

2. 권리의 경합

① 하나의 사실 또는 법률관계로부터 발생하는 권리가 2개 이상인 것

② 각각의 권리는 그 발생 원인도 다르고 소멸시효도 각각 진행되어 동시에 행사 또는 순차적으로 행사할 수 있지만, 그중 하나를 행사하여 만족을 얻으면 나머지 권리는 그 존재가치를 잃고 소멸한다.

㉠ 전세권자가 그 목적물을 고의·과실로 멸실·훼손한 경우 ⇨ 채무불이행에 기한 손해배상청구권과 불법행위로 인한 손해배상청구권이 경합

㉡ 임대차 종료 후 임차목적물을 반환하지 않는 경우 ⇨ 소유권에 기한 목적물반환청구권과 임대차에 기한 목적물반환청구권이 경합

3. 법규(조)의 경합

(1) 의의

하나의 법률관계 또는 생활관계에 둘 이상의 법규(조)를 적용할 수 있으나 하나의 법규(조)가 다른 법규(조)의 적용을 배제하여 하나의 규정이 적용됨에 따라 처음부터 하나의 권리만이 발생하는 것

(2) 적용 사례: 일반법과 특별법의 경합

공무원의 불법행위로 인하여 시민에게 손해발생 시 「국가배상법」과 민법의 사용자책임이 경합하면 「국가배상법」만 적용된다.

빈칸 채우기로 CHAPTER 마무리

❶ 형성권의 유형
- ( )만으로 효과가 발생하는 것: 취소권, 추인권, 해제권, 해지권, 상계권, 동의권, 철회권, 일방예약완결권
- ( )에 의해서만 효과가 발생하는 것: 채권자취소권, 친생부인권, 혼인취소권, 재판상 이혼권

❷ 청구권은 그 원인이 되는 권리에서 분리하여 청구권만을 양도하거나 독립적으로 다른 권리의 목적으로 ( ).

❸ 금반언의 원칙: 무권대리인이 본인의 지위를 단독상속한 후 본인의 지위에서 무권대리행위에 대한 추인거절권을 행사하는 것은 금반언이나 신의칙상 ( )다는 원칙

❹ 강행규정에 위반한 법률행위를 한 자 스스로 강행규정 위반을 이유로 그 법률행위의 무효를 주장하는 것은 신의칙에 ( ).

정답

① 권리자의 의사표시/법원의 판결 ② 하지 못한다 ③ 허용하지 않는 ④ 반하지 않는다

memo

PART 2

권리의 주체와 객체

최근 5개년 평균 출제비율

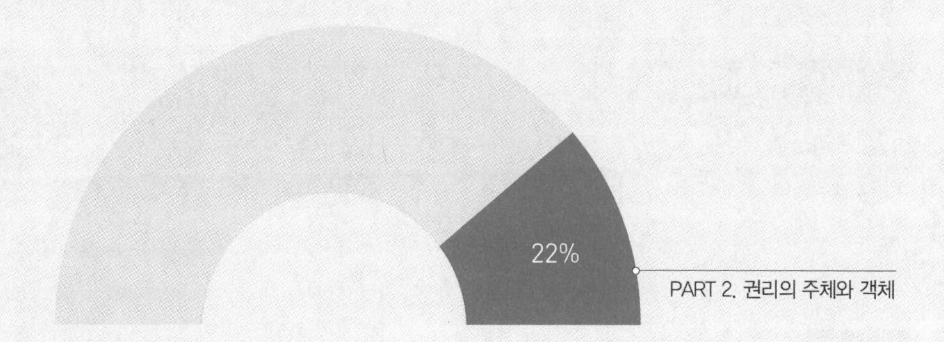

최근 5개년 CHAPTER별 평균 출제비율 & 빈출 키워드

CHAPTER	출제비율	빈출 키워드
01. 자연인	8.0%	서설, 자연인
02. 법인	9.5%	법인의 설립, 법인의 기관, 법인의 정관변경, 법인의 소멸, 권리능력 없는 사단과 재단
03. 권리의 객체	4.5%	물건

PART 2 | 합격전략

CHAPTER 01 자연인에서는 권리능력, 제한능력자 보호제도, 피성년후견인의 행위능력, 부재자 보호제도, 실종선고 등에서 자주 출제되고, CHAPTER 02 법인에서는 정관의 효력 및 변경요건, 법인의 불법행위능력과 손해배상의 범위 등에서 출제되는 경향을 보였습니다. 또한 CHAPTER 03 권리의 객체에서는 토지와 별개의 부동산, 과실, 종물 등에서 자주 출제되었으므로 유념하여 학습하시기 바랍니다.

CHAPTER

01 자연인

▶ **연계학습** | 에듀윌 기본서 1차 [민법 上] p.72

회독체크 1 2 3

CHAPTER 미리보기

01 권리능력 ★☆☆
02 행위능력 ★★★
03 주소 ★☆☆
04 부재와 실종 ★★★

핵심 01 권리능력 ★☆☆

> **제3조 【권리능력의 존속기간】** 사람은 생존한 동안 권리와 의무의 주체가 된다.

1. 권리능력의 시기 – 출생

① 민법에서는 전부노출설, 즉 태아가 모체로부터 전부 노출된 때에 출생한 것으로 보는 것이 통설이다. ⇨ 권리능력은 당연히 출생과 동시에 취득한다(출생신고 시가 아니다).

② 권리능력에 관한 민법 규정은 강행규정이다. ⇨ 당사자 합의로 포기·양도 불가

2. 태아의 권리능력

(1) 우리 민법의 태도: 개별적 보호주의

"~에 있어서 태아는 출생한 것으로 본다."라는 규정이 있는 경우에만 보호한다.

(2) 우리 민법상 태아의 권리능력을 인정하는 규정

① 불법행위에 기한 손해배상청구권
② 재산상속
③ 유증을 받는 것
④ 유류분권
⑤ 대습상속

핵심암기법	손상유유대 ⇨ 불법행위에 기한 손해배상청구권, 재산상속, 유증을 받는 것, 유류분권, 대습상속

⇨ 사인증여: 다수설은 인정, 판례는 부정

⇨ 태아의 권리능력으로 부정되는 것: 채무불이행으로 인한 손해배상청구권, 인지청구권, 증여에 있어서의 수증능력(법정대리인에 의한 수증도 불가)

⇨ 인지와 인지청구: 태아의 부(父)는 태아를 인지할 수 있으나, 태아의 부에 대한 인지청구권은 부정된다.

PART 2

(3) 태아의 권리능력 행사 시점에 관한 학설의 대립

"~에 있어서 태아는 출생한 것으로 본다."에 관한 해석

① **정지조건설**(판례)

㉠ 태아 상태인 동안에는 권리능력을 취득하지 못하지만 살아서 출생한 때에는 사건이 발생한 시기까지 소급하여 권리능력 취득효과를 부여하는 견해

㉡ 거래안전 보호에 치중, 태아에게 법정대리인이 존재할 수 없다.

② **해제조건설**(다수설)

㉠ 태아인 동안에도 출생한 것으로 보는 범위 내에서는 권리능력을 가지며, 사산인 때에 비로소 사건이 발생한 시기까지 소급하여 취득한 권리능력을 소멸하는 것으로 보는 견해

㉡ 태아의 보호에 충실, 태아에게 법정대리인이 필요하고 법정대리인에 의해 재산관리나 권리보존 행사

③ **두 학설의 공통점**

㉠ 태아가 살아서 출생할 것을 전제로 권리능력 인정

㉡ 태아가 사산된 경우 권리능력 부정

㉢ 태아가 출생한 경우 권리능력 취득 시기는 사건 발생 시점으로 소급

3. 권리능력의 종기

① 자연인에게는 사망만이 유일한 권리능력의 소멸사유가 된다.

② **사망의 시기**: 심박종지설(맥박종지설)이 통설

4. 사망입증곤란을 구제하기 위한 제도

(1) 동시사망의 추정

① 2인 이상이 동일한 위난 또는 서로 다른 위난으로 사망하였으나 그 사망의 선후를 알 수 없을 때에는 동시에 사망한 것으로 추정한다.

② 동시사망자 사이에 상속의 문제는 발생하지 않는다. 다만, 대습상속은 인정한다(판례).

③ **법률상 추정**: 동시사망의 추정은 동시사망자 사이의 상속의 문제를 해결하기 위한 법률상 추정에 불과하고, 사망 사실에 대한 추정이 아니다.

(2) 인정사망

사망의 개연성이 높은 사고를 당한 자의 시신 발견 등 사망의 구체적 증거는 없으나 사망한 것이 확실한 경우에는 조사기관의 보고서에 의하여 사망으로 추정한다.

(3) 실종선고제도

생사불명상태가 일정기간 계속되는 경우 실종선고를 통하여 사망으로 간주한다.

핵심 02 행위능력 ★★★

1. 제한능력자제도

① 제한능력자제도는 제한능력자의 재산을 보호하기 위한 제도로서 재산상의 법률행위에 적용된다.

② 불법행위, 사실행위, 신분행위(가족법상)에는 원칙적으로 적용되지 않는다.

③ 제한능력자 보호에 있어 신의칙은 적용되지 않는다.

2. 제한능력자의 법률행위

(1) 미성년자(만 19세 미만자)

① **미성년자의 행위능력**

㉠ 법정대리인의 동의를 얻어서 단독으로 유효한 법률행위를 할 수 있다.

㉡ 법정대리인의 동의 없이 단독으로 한 법률행위는 미성년자 자신 또는 법정대리인이 이를 취소할 수 있다.

② **미성년자가 법정대리인의 동의 없이 단독으로 유효한 법률행위를 할 수 있는 경우**

㉠ 법정대리인으로부터 사전에 허락을 받은 경우

ⓐ **영업의 허락**: 법정대리인이 영업의 종류를 특정(종류의 제한은 없음)하여 허락한 영업은 미성년자가 단독으로 할 수 있다. 허락받은 영업의 범위 내에서 미성년자는 성년자로 본다. ⇨ 영업 범위 내에서 법정대리권 소멸

ⓑ **재산처분의 허락**: 범위(양적 범위 – 가액의 범위)를 정하여 처분이 허락된 재산은 미성년자가 단독으로 처분할 수 있다. 여기서 처분은 사용·수익도 포함한다. 그러나 목적의 제한 또는 전재산의 처분 등의 포괄적 처분의 허락은 인정되지 않는다. 재산처분 후에도 법정대리권은 소멸하지 않는다.

ⓒ **무한책임사원**: 법정대리인의 허락을 얻어 무한책임사원이 된 경우 그 지위에 필요한 행위

ⓛ **유언**: 만 17세 이상인 경우

ⓒ **대리인**: 대리인은 행위능력자임을 요하지 않는다.

ⓡ **권리만 얻거나 의무만을 면하는 행위**

ⓐ **허용되는 것**: 친권자에 대한 부양청구권, 부담 없는 증여, 채무를 면제받는 행위, 권리만을 얻는 제3자를 위한 계약에 있어서 수익의 의사표시, 무상으로 보관하고 있는 물건의 반환

ⓑ **허용되지 않는 것**: 부담부 증여, 경제적으로 유리한 매매, 상속의 승인 및 상속의 포기, 변제의 수령, 경매목적물의 경락, 상계권의 행사

ⓜ **근로계약의 체결과 임금 청구**

ⓐ 미성년자는 자신이 제공할 노무에 대한 근로계약을 스스로 체결할 수 있다.
⇨ 친권자 또는 후견인은 미성년자의 근로계약을 대리할 수 없다.

ⓑ **임금 청구**: 미성년자가 스스로 제공한 근로에 대한 임금의 청구 및 그 청구소송(당사자 능력 인정) ⇨ 수령한 임금에 대한 처분은 법정대리인의 동의가 있는 것으로 의제된다.

ⓑ **미성년자 스스로 자신이 한 법률행위의 취소**

> **핵심암기법** **허유대만근취** ⇨ **허**락을 받은 경우, **유**언, **대**리인, 권리**만** 얻거나 의무**만**을 면하는 행위, **근**로계약의 체결과 임금 청구, 미성년자 스스로 자신이 한 법률행위의 **취**소

③ **법정대리인의 동의와 허락의 취소 또는 제한**

㉠ 미성년자가 법정대리인의 동의나 처분의 허락을 받은 재산의 처분행위를 하기 전에 법정대리인은 그 동의나 허락을 취소할 수 있다.

ⓛ 법정대리인은 미성년자에 대한 영업의 허락을 취소 또는 제한할 수 있다.
⇨ 선의의 제3자에게 대항하지 못한다.

ⓒ 영업 허락의 제한이란 허락한 수개의 영업 중 그 일부를 제한하는 것으로, 하나의 영업 중 일부만의 허락 또는 일부에 대한 제한은 허용되지 않는다.

(2) 피성년후견인(가정법원으로부터 성년후견개시의 심판을 받은 자)

① **요건**: 질병·노령·장애·그 밖의 정신적 제약으로 사무의 처리능력이 지속적으로 결여된 자

② **청구권자의 청구**

㉠ 본인·배우자·4촌 이내의 친족·검사·지방자치단체의 장

㉡ **후견인 등**: 미성년후견인 및 그 감독인, 한정후견인 및 그 감독인, 특정후견인 및 그 감독인 등

③ **가정법원의 개시 심판**

㉠ 가정법원은 성년후견개시의 심판을 할 때 본인의 의사를 고려하여야 한다.

㉡ 가정법원은 취소할 수 없는 피성년후견인의 법률행위의 범위를 정할 수 있다.

④ **피성년후견인의 행위능력**

㉠ 피성년후견인의 법률행위는 원칙적으로 취소할 수 있다.

㉡ **예외**(취소할 수 없는 경우)

ⓐ 가정법원이 취소할 수 없도록 정한 범위 내의 행위는 취소할 수 없다.

ⓑ 일용품의 구입 등 일상생활에 필요하고 그 대가가 과도하지 아니한 법률행위는 성년후견인이 취소할 수 없다.

⑤ **취소할 수 없는 법률행위의 범위 변경**: 가정법원은 본인·배우자·4촌 이내의 친족·지방자치단체의 장·검사·성년후견인과 그 감독인의 청구에 의하여 그 범위를 변경할 수 있다.

(3) 피한정후견인(가정법원으로부터 한정후견개시의 심판을 받은 자)

① **요건**: 질병·노령·장애·그 밖의 정신적 제약으로 사무의 처리능력이 부족한 자

② **청구권자의 청구**

㉠ 본인·배우자·4촌 이내의 친족·검사·지방자치단체의 장

㉡ **후견인 등**: 미성년후견인 및 그 감독인, 성년후견인 및 그 감독인, 특정후견인 및 그 감독인 등

③ **가정법원의 개시 심판**

㉠ 가정법원은 한정후견개시의 심판을 할 때 본인의 의사를 고려하여야 한다.

㉡ 가정법원은 피한정후견인이 한정후견인의 동의를 요하는 법률행위의 범위를 정할 수 있다.

④ **피한정후견인의 행위능력**

㉠ 피한정후견인이 한정후견인의 동의를 요하는 행위를 동의 없이 한 경우에는 취소할 수 있다.

㉡ **취소할 수 없는 경우**: 일용품의 구입 등 일상생활에 필요하고 그 대가가 과도하지 아니한 법률행위는 취소할 수 없다.

⑤ **피한정후견인이 한정후견인의 동의를 받아야 할 수 있는 법률행위의 범위 변경**: 가정법원은 본인·배우자·4촌 이내의 친족·지방자치단체의 장·검사·한정후견인과 그 감독인의 청구에 의하여 그 범위를 변경할 수 있다.

⑥ 한정후견인의 동의를 필요로 하는 행위에 대하여 한정후견인이 피한정후견인의 이익이 침해될 염려가 있음에도 그 동의를 하지 아니하는 때에는, 가정법원이 피한정후견인의 청구에 의하여 한정후견인의 동의에 갈음하는 허가를 할 수 있다.

(4) 성년후견 및 한정후견의 종료 심판

① **요건**: 성년후견 또는 한정후견의 원인이 소멸한 경우

② **청구권자의 청구**: 본인·배우자·4촌 이내의 친족·지방자치단체의 장·검사·성년후견인 및 그 감독인(한정후견의 경우 한정후견인 및 그 감독인)

③ 후견 종료 심판의 효과는 소급효가 없다.

(5) 피특정후견인(가정법원으로부터 특정후견의 심판을 받은 자로서 제한능력자는 아니다)

① **요건**: 질병·노령·장애·그 밖의 정신적 제약으로 일시적 후원 또는 특정사무에 대한 후원이 필요한 자

② **청구권자의 청구**

㉠ 본인·배우자·4촌 이내의 친족·검사·지방자치단체의 장

㉡ 후견인 등: 미성년후견인 및 그 감독인

③ **가정법원의 심판**

㉠ 특정후견의 심판은 본인의 의사에 반하여 할 수 없다.

㉡ 특정후견의 심판을 하는 경우에는 특정후견의 기간 또는 사무의 범위를 정하여야 한다.

(6) 심판 사이의 관계

① 가정법원이 피한정후견인 또는 피특정후견인에 대하여 성년후견개시의 심판을 할 때에는 종전의 한정후견 또는 특정후견의 종료 심판을 한다.

② 가정법원이 피성년후견인 또는 피특정후견인에 대하여 한정후견개시의 심판을 할 때에는 종전의 성년후견 또는 특정후견의 종료 심판을 한다.

3. 제한능력자의 법정대리인 및 후견인

(1) 미성년자의 법정대리인

① **친권자**: 친권자는 미성년자의 법정대리인이 된다.

② **미성년후견인**(친권자가 지정 → 법원의 선임): 친권자가 없거나 친권자가 법정대리인이 될 수 없을 때는 미성년후견인이 미성년자의 법정대리인이 된다.

③ 미성년후견인은 1인을 둔다.

④ **권한**: 동의권·추인권·대리권·취소권

(2) 성년후견인

① 성년후견개시 심판 시 가정법원의 직권으로 선임한다.

② 성년후견인은 피성년후견인의 법정대리인이 된다.

③ 성년후견인은 피성년후견인의 신상과 재산에 관한 모든 사정을 고려하여 여러 명을 둘 수 있다.

④ 법인도 성년후견인이 될 수 있다.

⑤ **권한**: 추인권·대리권·취소권 ⇔ 동의권은 없다.

(3) 한정후견인 및 특정후견인

① **선임·해임**: 성년후견인 선임에 관한 규정 준용

② **권한**

㉠ **동의권**: 한정후견인은 한정후견심판 시 법원이 정한 범위 내에서 피한정후견인의 법률행위에 대한 동의권이 있다.

㉡ **대리권·추인권·취소권**: 한정후견인이나 특정후견인은 법원의 대리권 수여 심판이 있는 경우에 한하여 피한정후견인이나 피특정후견인의 법정대리인이 되므로 대리권 수여 심판 시 정한 범위 내에서 대리권·추인권·취소권을 행사할 수 있다.

(4) 법정대리권의 제한

① 이익 상반 행위 ⇨ 특별대리인을 선임하여 대리하게 한다.

② 미성년자에게 재산을 증여하면서 증여자가 그 법정대리인의 대리권을 제한한 경우 그 행위

③ 특별절차가 필요한 경우(후견인) ⇨ 영업의 허락, 금전을 빌리는 행위(차재), 부동산 등 중요재산의 처분, 소송행위, 상속의 승인·포기, 의무만을 부담하는 행위

> **핵심암기법** 영차부소상의 ⇨ **영**업의 허락, **차**재, **부**동산 등 중요재산의 처분, **소**송행위, **상**속의 승인·포기, **의**무만을 부담하는 행위

4. 제한능력자 상대방의 보호제도

(1) 일반적 보호규정

추인, 법정추인제도, 취소권의 단기소멸

(2) 특유의 보호규정

① **확답을 촉구할 권리**(최고권)

㉠ 제한능력자와 거래한 상대방은 1월 이상의 유예기간을 정하여 취소할 수 있는 행위의 취소 여부에 대한 확답을 촉구할 수 있다(선·악 불문).

ⓛ 확답의 촉구를 받은 제한능력자 측이 확답을 발하지 않은 경우

ⓐ **단독추인이 가능한 경우**: 제한능력자가 능력자가 된 후 또는 제한능력자의 법정대리인이 확답의 촉구를 받고도 유예기간(1월 이상) 내에 확답을 발하지 않으면 추인한 것으로 본다.

ⓑ 특별한 절차(후견인의 경우 후견감독인의 동의)를 요하는 행위에 대하여 그 절차를 밟은 확답을 발하지 않은 경우 취소한 것으로 본다.

② **계약의 철회권**: 선의의 상대방, 법정대리인 또는 제한능력자에 대하여, 단 제한능력자 측에서 추인하기 전에만 가능

③ **단독행위의 거절권**: 상대방의 선·악 불문, 법정대리인 또는 제한능력자에 대하여, 단 제한능력자 측에서 추인하기 전에만 가능

④ **제한능력자가 속임수(사술)를 사용한 경우 취소권의 소멸**

ⓖ 제한능력자가 속임수를 써서 자신을 능력자로 믿게 한 경우 ⇨ 모든 제한능력자(미성년자·피성년후견인·피한정후견인)의 취소권이 소멸한다.

ⓛ 미성년자 또는 피한정후견인이 속임수를 써서 법정대리인 또는 후견인의 동의가 있는 것으로 믿게 한 경우에는 그 취소권이 배제되어 더 이상 취소할 수 없다. 그러나 피성년후견인은 속임수를 써서 법정대리인의 동의가 있는 것으로 믿게 한 경우라도 취소권이 소멸하지 않는다.

ⓒ 속임수의 의미

ⓐ **판례**: 제한능력자를 보호하기 위해 적극적 기망 수단(예 동의서 위조, 가족관계등록부 위조)을 사용한 경우만을 속임수로 본다.

ⓑ **다수설**: 거래 안전을 위해 침묵 등 소극적 기망 수단(예 단순히 능력자라 칭한 것, 침묵하는 것)을 사용한 것까지 속임수를 쓴 것으로 본다.

판례 제한능력자의 속임수와 해제권의 배제

민법 제17조에서 이른바 '제한능력자가 속임수로써 능력자로 믿게 한 때'에 있어서 속임수를 쓴 것이라 함은 적극적으로 사술(속임수) 수단을 쓴 것을 말하는 것이고, 단순히 자기가 능력자라고 허언한 것을 사술(속임수)을 쓴 것이라 할 수 없다.

핵심암기법 최철거사 ⇨ **최**고권, 계약의 **철**회권, 단독행위의 **거**절권, 제한능력자가 속임수(**사**술)를 사용한 경우 취소권의 소멸

핵심 03 주소 ★☆☆

1. 입법주의

복수주의, 실질주의, 객관주의

2. 구별 개념

① **거소**: 주소를 알 수 없거나 국내에 주소가 없는 자는 거소를 주소로 본다.

② **가주소**: 특정거래를 위한 주소, 거래가 끝나면 더 이상 주소로 인정하지 않는다.

3. 민법상 주소의 효력

① 부재와 실종의 표준

② 법인의 사무소 소재지

③ 변제의 장소

④ 상속의 개시지

핵심암기법	**부법변상** ⇨ **부**재와 실종의 표준, **법**인의 사무소 소재지, **변**제의 장소, **상**속의 개시지

핵심 04 부재와 실종 ★★★

1. 부재자의 재산관리제도

(1) 재산관리인이 없는 경우

① 이해관계인 또는 검사 청구로 가정법원이 재산관리인을 선임한다. 이해관계인 또는 검사는 부재자의 재산관리에 필요한 처분명령을 법원에 청구할 수 있다. 여기서 이해관계인은 부재자의 재산관리와 법률상(경제상) 이해관계를 가지는 자만을 의미하므로, 친권자·후견인·사실상 이해관계를 가지는 자(친구, 사실혼의 배우자)는 재산관리에 필요한 처분명령을 청구할 수 없다.

② 부재자의 재산 보존에 필요한 처분명령은 가정법원이 한다.

(2) 부재자 재산관리인(법정대리인)의 권한 범위

① **재산목록 작성**

② **관리행위**: 민법 제118조에 정한 행위(보존·이용·개량)는 법원의 허가 없이 단독으로 할 수 있다.

③ **재산관리인의 관리 범위를 초과한 처분행위**

㉠ 법원의 처분명령에 의한 처분: 법원은 부재자의 재산관리에 필요한 처분명령을 할 수 있다.

㉡ 처분허가를 받아 처분

ⓐ 처분명령은 없으나 처분할 필요가 있는 경우

ⓑ 허가는 사후 추인 형태도 가능

㉢ 부재자의 재산관리인이 법원의 처분명령이나 처분허가 없이 부재자의 재산을 처분한 경우: 무효 ⇨ 표현대리도 성립하지 않는다.

(3) 법원이 선임한 부재자 재산관리인의 관리행위는 부재자를 위하여 그 재산을 보존·이용·개량하는 데 그치고, 법원의 허가를 얻어 처분하는 경우에도 이는 부재자를 위한 범위에 한정되고, 부재자를 위한 범위를 초과하는 처분행위는 효력이 없다.

(4) 부재자의 재산관리인 선임결정의 취소 또는 부재자의 재산에 대한 처분허가의 취소는 소급효가 없다. ⇨ 재산관리인이 선임된 후 또는 부재자 재산에 대한 처분허가가 있은 후 그 선임결정이나 처분허가가 취소되기 전에 재산관리인의 관리·처분행위는 비록 부재자의 실종기간 만료 후 또는 사망이 확인된 후에 이루어진 경우라도 유효한 관리·처분행위로서 그 행위의 효력은 상속인에 영향을 미친다.

(5) 재산관리인이 있는 경우: 법정대리인 또는 임의대리인이 존재하는 경우

① **원칙**: 불개입

㉠ 부재자와 그의 대리인 사이의 내부적 법률관계에 의하여 재산을 관리하고, 법원이 개입하지 않는다.

㉡ 부재자가 선임한 재산관리인의 권한은 부재자와의 내부적 관계로 결정되므로 부재자가 스스로 선임한 재산관리인에게 재산의 처분권을 위임하였다면 부재자가 정한 재산관리인이 부재자의 재산을 처분함에 있어 법원의 허가를 받아야 하는 것은 아니다.

② **본인의 부재 중 재산관리인의 권한 소멸 또는 부재자가 생사불명이 된 경우**: 이해관계인·검사의 청구에 의하여 법원은 부재자의 재산관리인을 새로 선임하거나 기존의 재산관리인을 유임할 수 있다. ⇨ 기존의 재산관리인을 유임한 경우 그 재산관리인은 법원이 정한 재산관리인이 된다.

2. 실종선고제도

(1) 실종선고의 요건

① **실질적 요건**: 부재자의 생사불명(청구권자 및 관할법원에만 생사불명이면 족하다) + 실종 기간의 경과

② **형식적 요건**: 청구권자의 청구(이해관계인·검사, 친권자·후견인), 공시최고(6월 이상) 및 실종선고 ⇨ 1순위의 재산상속인이 있는 경우 후순위의 상속인은 실종선고를 청구할 수 없다.

③ **실종 기간**

㉠ **보통실종**: 최후 소식 ~ 5년

㉡ **특별실종**: 전쟁·선박 침몰·항공기 추락·기타 위난 상황 종료 ~ 1년

(2) 실종선고의 효과

① 실종선고를 받은 실종자는 실종 기간의 만료 시로 소급하여 사망한 것으로 간주되어, 재산관계의 상속 및 혼인관계가 종료된다.

② **사망 간주 범위**: 실종자의 종래의 주소지를 중심으로 하는 사법적 법률관계만을 종료할 뿐이고, 실종선고 받은 자의 권리능력을 박탈하는 것은 아니다.

③ 공법상의 법률관계(선거권·피선거권의 유무, 범죄의 성립, 소송상의 당사자능력)와 실종선고를 받은 곳이 아닌 다른 곳에서의 법률관계 및 돌아온 후의 법률관계에서는 사망으로 간주되지 않는다.

④ 생사불명의 부재자라도 실종선고 시점까지는 생존한 것으로 추정한다.

(3) 실종선고의 취소

① **취소사유**

㉠ 실종자 본인이 생존한 사실이 입증된 경우

㉡ 사망 간주 시점과 다른 시기에 사망한 사실이 입증된 경우

㉢ 실종 기간 기산점과 다른 시기에 생존한 사실이 입증된 경우

② **취소청구권자**: 본인, 이해관계인, 검사

③ **법원의 취소**: 실종선고의 효력은 소급하여 소멸한다.

㉠ 실종선고의 취소는 공시최고를 요하지 않는다.

㉡ 실종선고 후 그 취소 전에 선의로 한 행위는 실종선고의 취소로 아무런 영향을 받지 않는다. ⇨ 단독행위는 표의자가 선의이면 충분하고, 계약은 양 당사자가 모두 선의이어야 한다.

㉢ 실종선고를 직접원인으로 재산을 취득한 자: 부당이득반환의 의무가 발생

ⓐ 선의: 현존 이익만 반환

ⓑ 악의: 그 받은 이익 + 이자 + 손해 모두 배상

㉣ 실종선고가 아닌 기타 법률상 원인(취득시효, 선의취득 등)으로 권리를 취득한 자는 실종선고 취소와 무관하게 권리를 취득할 수 있다.

빈칸 채우기로 CHAPTER 마무리

❶ 권리능력에 관한 민법 규정은 (　　　　　　)이다.

❷ 태아의 권리능력 행사 시점에 관한 정지조건설(판례)과 해제조건설(다수설)의 공통점
- 태아가 (　　　　　　)을 전제로 권리능력 인정
- (　　　　　　)된 경우 권리능력 부정
- 출생한 경우 권리능력 취득 시기는 사건 발생 시점으로 소급

❸ 자연인에게는 (　　　　　　)만이 유일한 권리능력의 소멸사유가 된다.

❹ 동시사망자 사이에 상속의 문제는 (　　　　　　).

❺ 법정대리인이 영업의 (　　　　　　)(종류의 제한은 없음)하여 허락한 영업은 미성년자가 단독으로 할 수 있다. 허락받은 영업의 범위 내에서 미성년자는 성년자로 본다.

❻ (　　　　　　)를 정하여 처분이 허락된 재산은 미성년자가 단독으로 처분할 수 있다. 여기서 처분은 사용·수익도 포함한다. 목적의 제한 또는 전재산의 처분 등의 포괄적 처분의 허락은 허용하지 않는다. 재산처분 후에도 법정대리권은 소멸하지 않는다.

❼ 영업 허락의 제한이란 허락한 수개의 영업 중 그 일부를 제한하는 것으로, 하나의 영업 중 일부만의 허락 또는 일부에 대한 제한이 (　　　　　　).

❽ 가정법원은 성년후견개시의 심판을 할 때 (　　　　　　)를 고려하여야 한다.

❾ 피성년후견인의 일용품 구입 등 일상생활에 필요하고 그 대가가 과도하지 아니한 법률행위는 (　　　　　　)이 취소할 수 없다.

❿ 피한정후견인이 (　　　　　　)의 동의를 요하는 행위를 동의 없이 한 경우에는 취소할 수 있다.

정답

① 강행규정 ② 살아서 출생할 것 / 사산 ③ 사망 ④ 발생하지 않는다 ⑤ 종류를 특정 ⑥ 가액의 범위 ⑦ 허용되지 않는다 ⑧ 본인의 의사 ⑨ 성년후견인 ⑩ 한정후견인

빈칸 채우기로 CHAPTER 마무리

⑪ 한정후견인의 동의를 필요로 하는 행위에 대하여 한정후견인이 피한정후견인의 이익이 침해될 염려가 있음에도 그 동의를 하지 아니하는 때에는, ( )이 피한정후견인의 청구에 의하여 한정후견인의 동의에 갈음하는 허가를 할 수 있다.

⑫ ( )의 심판은 본인의 의사에 반하여 할 수 없다.

⑬ 부재자의 재산관리인이 법원의 처분명령이나 처분허가 없이 부재자의 재산을 처분한 경우 무효이다.
⇨ ( )도 성립하지 않는다.

⑭ 법원이 선임한 부재자 재산관리인의 관리행위는 부재자를 위하여 그 재산을 보존·이용·개량하는 데 그치고, 법원의 허가를 얻어 처분하는 경우에도 이는 ( ) 범위에 한정되고, 부재자를 위한 용도 이외의 처분행위는 효력이 없다.

⑮ 사망 간주 범위: 실종자의 종래의 주소지를 중심으로 하는 ( ) 법률관계만을 종료할 뿐이고, 실종선고 받은 자의 권리능력을 박탈하는 것은 아니다.

⑯ ( ) 후 그 취소 ( )에 선의로 한 행위는 실종선고의 취소로 아무런 영향을 받지 않는다.

정답

⑪ 가정법원 ⑫ 특정후견 ⑬ 표현대리 ⑭ 부재자를 위한 ⑮ 사법적 ⑯ 실종선고 / 전

CHAPTER
02 법인

▶ **연계학습** | 에듀윌 기본서 1차 [민법 上] p. 112

회독체크 1 2 3

PART 2

CHAPTER 미리보기

핵심 01 법인의 종류

1. 비영리 사단법인

일정한 목적을 가진 사람들의 집합체(사원 ○, 사원총회 ○)

2. 재단법인

① 일정한 목적으로 출연된 재산의 집합체(사원 ×, 사원총회 ×)

② 영리 재단법인은 존재하지 않고 비영리 재단법인만 존재

핵심 02 권리능력 없는 사단과 재단 ★★☆

1. 권리능력 없는 사단

(1) 의의

조직으로서 실체는 갖추었으나 법인격을 취득하지 못한 사단

(2) 종류

집합건물의 관리단, 아파트 입주자대표회의, 부녀회

(3) 권리·의무관계

① **내부관계:** 정관 규정에 의하여 내부관계를 확정하되, 정관에 없는 내용은 사단법인에 관한 민법 규정을 유추 적용 ⇨ 등기할 것(법인격을 전제로 하는 것)을 제외하고 사단법인에 관한 민법 규정을 모두 적용

② **외부관계**: 등기능력 ○, 소송상 당사자능력 ○ ⇨ 비법인 사단의 명의 또는 구성원 전원의 집단소송 형태로 가능

(4) 국·공립학교는 교육시설의 명칭일 뿐 권리능력 없는 사단이 아니다(판례). ⇨ 서울대학교, 인천대학교, 울산과학기술원은 특수법인으로 국립대학 법인이 되었다.

(5) 재산의 소유 형태

구성원 전원의 총유로서, 총유재산은 지분이 없어 분할이 절대적으로 불가능하다.

2. 권리능력 없는 재단

(1) 의의

조직으로서 실체는 갖추었으나 법인격을 취득하지 못한 재단

(2) 종류

유치원, 육영회, 종교재단

(3) 권리·의무관계

① **내부관계**: 정관 규정에 의하여 내부관계를 확정하되, 정관에 없는 내용은 재단법인에 관한 민법 규정을 유추 적용 ⇨ 등기에 관한 것(법인격에 관한 것)은 제외

② **외부관계**: 등기능력 ○, 소송상 당사자능력 ○ ⇨ 등기할 것을 제외하고 재단법인에 관한 민법 규정을 모두 적용

(4) 재산의 소유 형태

단독 소유

핵심 03 법인의 설립 ★☆☆

1. 비영리 사단법인의 설립

(1) 설립행위

① 정관 작성 + 기명날인 ⇨ 합동행위(다수설) + 요식행위

② **정관의 필요적 기재사항**: 이사의 임면에 관한 규정, 자산에 관한 규정, 명칭, 목적, 사무소의 소재지, 사원 자격의 득실에 관한 규정, 존립시기나 해산사유를 정한 때에는 그 시기 또는 사유

핵심암기법 **이자명목소사존** ⇨ **이**사의 임면에 관한 규정, **자**산에 관한 규정, **명**칭, **목**적, 사무소의 **소**재지, **사**원 자격의 득실에 관한 규정, **존**립시기나 해산사유를 정한 때에는 그 시기 또는 사유

(2) 주무관청의 허가

법인설립에 대한 주무관청의 허가는 자유재량행위로서, 특별한 사정이 없는 한 사회적 타당성에 비추어 불허가에 대하여 재판으로 다툴 수 없다.

(3) 설립등기

① 주사무소 소재지의 관할 등기소에 설립등기를 함으로써 법인이 성립한다.

② **등기할 사항:** 이사의 성명·주소, 자산에 관한 규정, 명칭, 목적, 사무소의 소재지, 허가 연월일, 존립시기나 해산사유를 정한 때에는 그 시기 또는 사유, 대표권을 제한한 경우 대표권 제한에 관한 사항, 출자 방법을 정한 경우 그 출자 방법

핵심암기법 **이자명목소허존제출** ⇨ **이**사의 성명·주소, **자**산에 관한 규정, **명**칭, **목**적, 사무소의 **소**재지, **허**가 연월일, **존**립시기나 해산사유를 정한 때에는 그 시기 또는 사유, 대표권을 **제**한한 경우 대표권 제한에 관한 사항, **출**자 방법을 정한 경우 그 출자 방법

2. 재단법인의 설립 – 사단법인과 설립행위만 다름

(1) 설립행위

재산의 출연 + 정관 작성 + 기명날인 ⇨ 상대방 없는 단독행위(다수설) + 요식행위

(2) 재산의 출연이 생전 처분인 때에는 증여에 관한 규정을, 유언인 경우는 유증에 관한 규정을 준용한다.

(3) 출연재산이 부동산인 경우 법인이 재산의 귀속에 대해 제3자에게 대항하기 위해서는 등기를 필요로 한다(판례). ⇨ 재단법인에 대한 출연자와 법인과의 관계에 있어서 그 출연행위에 터 잡아 법인이 성립되고 그로써 출연재산은 민법 제48조에 의하여 법인 성립 시에 법인에 귀속되어 법인의 재산이 되는 것이고, 출연재산이 부동산인 경우에 있어서도 위 양 당사자간의 관계에 있어서는 법인의 성립 외에 등기를 필요로 하는 것은 아니라 할지라도, 재단법인의 출연자가 착오를 원인으로 취소를 할 경우 출연자는 재단법인의 성립 여부나 출연된 재산이 기본재산인지 여부와 관계없이 그 의사표시를 취소할 수 있다.

(4) 정관의 필요적 기재사항

이사의 임면에 관한 규정, 자산에 관한 규정, 명칭, 목적, 사무소의 소재지

핵심암기법 **이자명목소** ⇨ **이**사의 임면에 관한 규정, **자**산에 관한 규정, **명**칭, **목**적, 사무소의 **소**재지

(5) 정관의 보충

설립자가 목적과 자산의 규모만을 정하고 사망한 때에는 이해관계인 또는 검사의 청구에 의해 법원이 나머지 정관을 보충함으로써 재단법인을 설립할 수 있다.

(6) 설립등기

설립등기의 내용은 사단법인과 동일하다(이자명목소허존제출). ⇨ 법인의 설립등기는 그 법인의 성립요건이고, 그 밖의 모든 등기는 제3자에 대한 대항요건이다.

핵심 04 법인의 능력 ★★★

1. 법인의 권리능력과 그 제한

(1) 목적에 의한 제한

① 법인은 정관으로 정한 목적의 범위 내에서 권리와 의무의 주체가 된다.

② **정관으로 정한 목적의 범위 내의 행위**: 목적범위 내의 행위라 함은 법률이나 정관에 명시된 목적 자체에 국한되는 것이 아니라 그 목적을 수행하는 데 직접·간접적으로 필요한 행위를 모두 포함한다.

(2) 성질에 대한 제한

① **자연인 고유의 권리능력 제한**: 생명권, 친권, 정조권, 육체상의 자유권 등

② 재산권, 명예권, 성명권, 신용권 등 인정

③ 재산 상속권은 인정되지 않으나, 유증을 받을 수는 있다.

(3) 법률에 의한 제한

① 법인의 권리능력은 법률에 의한 제한만 가능하고, 명령이나 규칙에 의한 제한은 불가능하다.

② 해산한 법인은 그 청산 목적범위 내에서만 권리와 의무가 있다(제81조).

2. 법인의 행위능력

① **법인실재설**: 법인의 대표기관(특별대리인, 임시이사, 청산인, 이사, 직무대행자)의 직무 관련 행위는 법인 자체의 행위로 본다.

핵심암기법	법인의 대표기관: **특임청이직** ⇨ **특**별대리인, **임**시이사, **청**산인, **이**사, **직**무대행자

② 법인의 대표에 관하여는 대리에 관한 규정을 준용한다.

③ 법인의 행위능력의 범위는 권리능력의 범위와 일치한다.

3. 법인의 불법행위능력(제35조)

(1) 민법의 규정 및 성질

법인은 이사 및 기타 대표자가 그 직무에 관하여 타인에게 가한 손해를 배상할 책임이 있다(제35조 제1항).

(2) 법인의 불법행위책임의 요건

① **대표기관의 행위일 것**

㉠ 이사 등의 등기된 대표기관 및 등기 여부와 무관하게 그 법인을 실질적으로 지배하고 운영하는 모든 사람을 대표기관에 포함한다.

㉡ 대표기관이 아닌 사원총회와 감사, 이사가 선임한 대리인(복대리인-임의대리인), 지배인 등의 행위에 관하여는 법인의 불법행위는 성립하지 않으나, 사용자 배상책임은 성립할 수 있다.

② **직무에 관한 행위일 것:** 외형이론 적용

⇨ 외형이론: 행위의 외형상 대표기관의 직무행위라고 인정되는 경우는 법령의 규정에 위배된 것 또는 대표기관의 개인적 사리를 도모하기 위한 행위일지라도 직무에 관한 행위에 해당한다.

③ **불법행위의 요건을 구비할 것**

⇨ 불법행위의 요건: 고의·과실, 위법 행위, 인과관계 존재, 손해 발생, 행위자에게 책임능력이 있을 것

④ **상대방은 선의이면서 중대한 과실이 없을 것**

(3) 불법행위의 효과

① 법인은 피해자에게 손해배상책임을 진다. ⇨ 무과실 책임으로서 법인의 불법행위책임이 성립하면 사용자책임은 성립하지 않는다.

② 법인의 불법행위책임이 성립하는 경우에도 대표기관은 개인적 책임을 면하지 못한다. ⇨ 부진정 연대채무

③ **구상권:** 법인은 선관주의의무 위반을 이유로 대표자에게 구상권을 행사할 수 있다.

(4) 법인의 불법행위책임이 성립하지 않는 경우

법인의 목적 외의 행위로 인하여 타인에게 손해를 가한 때는 그 사항의 의결에 찬성한 사원, 집행한 사원 및 이사 기타 대표자가 연대하여 손해배상책임을 진다.

핵심 05 법인의 기관 ★★☆

1. 대표기관 – 업무집행기관

(1) 이사(理事)

① 대외적으로는 법인을 대표하고 대내적으로는 업무를 집행한다.

② 사단법인과 재단법인 상설 필수기관이다.

(2) 이사의 선임·해임

① 이사의 임면에 관한 것 ⇨ 정관의 필요적 기재사항

② 이사의 성명과 주소 ⇨ 등기사항, 제3자(선·악 불문)에 대한 대항요건

③ 대리에 관한 규정(표현대리, 무권대리, 현명주의, 대리행위의 하자 등)이 준용된다.

(3) 이사의 직무권한

① 이사는 대외적으로 법인을 대표하고 대내적으로 법인의 모든 사무를 집행한다.

② **이사가 수인이 있는 경우**: 정관에 다른 규정이 없으면 법인의 사무집행은 이사의 과반수로써 결정하고, 각자가 법인을 대표한다.

③ 이사의 대표권 제한은 정관에 기재해야 효력이 발생하고, 등기해야 제3자에게 대항할 수 있다. ⇨ 법인의 정관에 법인의 대표권의 제한에 관한 규정이 있으나 그와 같은 취지가 등기되어 있지 않다면 법인은 그와 같은 정관규정을 제3자가 알았더라도 그 제3자에게 대항할 수 없다.

④ **복임권의 제한**: 정관 또는 총회의 결의로 금지하지 않는 사항에 한하여 특정한 행위만을 대리하게 할 수 있다(임의대리인). 그러나 포괄적 위임은 금지된다.

(4) 임시이사·특별대리인

① **임시이사**: 이사가 없거나 결원이 있는 경우에 이로 인하여 손해가 생길 염려가 있는 때에는 법원은 이해관계인이나 검사의 청구에 의하여 임시이사를 선임하여야 한다.

② **특별대리인**: 법인과 이사의 이익이 상반하는 사항에 관하여는 당해 이사에게 대표권이 없으므로 법원은 이해관계인이나 검사의 청구에 의하여 특별대리인을 선임하여야 한다.

2. 감사(監事)

① 감사는 임의기관이며, 감사의 성명과 주소는 등기사항이 아니다.

② 감사는 선관주의의무를 지며 수인의 경우에도 각자 단독으로 업무를 집행한다.

③ **주요 직무권한**: 이사의 업무집행을 감사, 재산변동사항 감시, 부정불비 사항을 주무관청 또는 사원총회에 보고, 보고를 위한 사원총회 소집

3. 사원총회

(1) 의의

① 사단법인의 사원 전원으로써 구성되는 의결기관이고, 최고 의사결정기관으로서 필수기관이다. ⇔ 재단법인에는 사원총회가 없다.

② 사원총회는 필수기관이므로 정관으로도 이를 폐지할 수 없다.

③ 필수기관이나, 회의 소집이 있는 경우에 한하여 운용되는 비상설기관이다.

(2) 사원총회의 종류

① 통상총회는 1년에 1회 이상 정관의 규정에 의거하여 이사가 소집한다.

② **임시총회 소집**

㉠ 이사가 필요하다고 인정하는 때에 이사는 사원총회를 소집할 수 있다.

㉡ 감사가 필요하다고 인정하는 때에 감사 스스로 사원총회를 소집할 수 있다.

㉢ 총사원의 5분의 1 이상이 회의의 목적을 제시하여 청구하는 때에 이사는 사원총회를 소집해야 하고, 이사가 2주 이내에 소집절차를 진행하지 않는 경우 소집을 청구한 사원은 법원의 허가를 얻어 직접 사원총회를 소집할 수 있다.

③ **총회의 소집 통지**

㉠ 관념의 통지로서 1주간 전에 회의목적 사항을 명시한 소집 통지를 발하고 정관의 규정에 따른다(발신주의).

㉡ 미리 통지한 사항에 한하여 결의할 수 있다.

④ **결의 방법**

㉠ **통상의 결의**: 사원 과반수 출석과 출석 사원 결의권의 과반수 동의

㉡ **특별결의 요건**

ⓐ **정관의 변경**: 총사원 3분의 2 이상 동의

ⓑ **임의해산**: 총사원 4분의 3 이상 동의 ⇨ 정관의 변경과 임의해산 결의는 사원총회의 전권 사항이며, 정관 또는 사원총회의 결의에 의하여서도 이 권한을 박탈하지 못한다.

⑤ **사원의 결의권**

㉠ 각 사원의 결의권은 평등하다: 임의규정

㉡ 결의권 행사 방법: 서면, 대리 모두 가능하다. ⇨ 서면이나 대리를 통해 결의권을 행사한 사원은 출석한 것으로 본다.

⑥ 사단법인 사원의 지위(사원권)는 양도할 수 없다(임의규정). 그러나 이는 임의규정으로서 관행이나 정관규정에 의거 양도가능하다(판례).

핵심 06 법인의 정관변경 ★☆☆

1. 법인의 정관변경

① 정관변경이란 법인이 사회 변화에 대응하여 탄력성을 갖기 위하여 법인의 구조를 변화시키는 것을 말한다.

② 사단법인은 사원의 자율적인 의사결정으로 운영되므로 원칙적으로 정관변경이 가능하다.

③ 재단법인은 설립자의 의사에 따라 타율적으로 운영되므로 원칙적으로 정관변경이 불가능하고 예외적으로만 변경 가능하다.

2. 사단법인의 정관변경

① 총사원의 3분의 2 이상의 동의 + 주무관청의 허가

② 정관으로 정한 변경 금지 조항도 변경이 가능하나, 총사원의 동의가 필요하다.

③ **정관변경의 한계**: 비영리 법인을 영리 법인으로 변경하는 것은(기본적 동일성 훼손) 불가하다.

④ 정관변경 시 주무관청의 허가를 받아야 변경의 효력이 발생하고, 등기해야 제3자에게 대항할 수 있다.

3. 재단법인의 정관변경

(1) 원칙: 변경 불가

(2) 예외: 다음의 경우에 한하여 제한적으로 변경 가능

① **정관에 변경 방법에 관한 규정이 있는 경우**: 해당 정관 규정을 근거로 변경 가능

② **정관에 변경 방법에 관한 규정이 없는 경우**

㉠ 재단법인의 재산 보전 또는 목적 달성을 위해 필요한 경우: 법인의 명칭 또는 소재지 변경이 가능하다.

㉡ 재단법인의 목적 달성이 불가능한 경우: 설립 취지를 참작하여 주무관청의 허가를 얻어 목적, 기타 정관의 규정도 변경할 수 있다.

③ 정관변경 시 주무관청의 허가를 받아야 변경의 효력이 발생하고, 등기해야 제3자에게 대항할 수 있다. ⇨ 주무관청의 허가는 인가로 본다(판례).

판 례 **재단법인 기본재산의 변동(증·감)**

재단법인의 기본재산의 처분 및 편입은 정관의 변경에 해당하므로 주무관청의 허가가 있어야 그 효력이 발생한다.

핵심 07 법인의 소멸 ★★★

1. 법인의 해산 및 청산

① 법인의 해산 및 청산에 관한 민법 규정은 강행규정으로서 사원총회의 결의나 정관으로 이와 다른 규정을 두더라도 효력이 없다.

② 법인의 소멸 시기는 청산종결의 등기가 경료된 때가 아니라 청산사무가 사실상 종료된 때이다.

2. 법인의 해산사유

(1) 사단법인·재단법인 공통의 해산사유

① 목적의 달성 또는 달성 불능

② 파산

③ 존립 기간 만료

④ **설립 허가의 취소**: 정관에 정한 목적을 위반하거나 법인의 활동이 공익을 해하는 경우 ⇨ 법인의 설립허가 취소사유가 발생한 것만으로 법인이 해산하는 것은 아니고, 설립허가 취소사유 발생을 이유로 주무관청이 설립허가를 취소한 경우 비로소 법인은 해산한다.

⑤ 정관으로 정한 사유 발생

(2) 사단법인 특유의 해산사유

① 사원이 1인도 없게 된 때(무사원)

⇔ 이사가 1인도 없게 된 때: 후임이사 또는 임시이사를 선임하면 될 뿐, 해산사유는 아니다.

② 사원총회에서 임의해산결의를 한 때(총사원 4분의 3 이상의 동의)

핵심암기법 달파만취사 ⇨ 목적의 달성 또는 달성 불능, 파산, 존립 기간 만료, 설립 허가의 취소, 정관으로 정한 사유 발생 / 무결 ⇨ 무사원, 사원총회에서 임의해산결의를 한 때

3. 법인의 청산

(1) 청산법인의 능력

> **제81조 【청산법인】** 해산한 법인은 청산의 목적범위 내에서만 권리가 있고 의무를 부담한다.

⇨ **청산의 목적범위**: 청산과 직접·간접적으로 관련 있는 모든 행위(판례)

(2) 청산법인의 기관

① 청산인이 청산법인의 집행기관이 된다.

② **청산인이 되는 자**: '정관에서 정한 자 또는 사원총회에서 선임 → 해산 당시의 이사 → 법원의 선임' 순으로 청산인이 된다.

(3) 청산인의 청산사무

① 해산등기와 신고, 현존 사무의 종결, 채권의 추심, 채무의 변제 등이 청산사무에 해당한다.

② **채권신고 최고**: 청산인은 취임 후 2월 이내에 3회 이상 공고하는 방법으로 최고한다. ⇔ 청산인이 알고 있는 채권자에게는 개별 최고하여야 한다.

③ **채권신고기간**: 2월 이상의 기간으로 정한다.

㉠ 신고기간 내에 신고하지 않은 채권자는 청산사무에서 제외한다(공고 내용에 포함). ⇨ 청산 절차에서 제외된 채권자는 청산 종료 후 귀속권리자에게 귀속되기 전의 잔여 재산에 대하여만 변제 청구할 수 있다.

㉡ 청산인이 알고 있는 채권자에 대하여는 채권신고가 없더라도 반드시 변제한다.

④ 청산인은 채권신고기간 중에는 변제기가 도래한 채무에 대하여도 변제하지 못한다. ⇨ 그러나 지연손해는 배상하여야 한다.

(4) 파산신청

청산 중 법인의 재산이 그 채무를 완제하기에 부족한 것이 분명하게 된 때, 청산인은 지체 없이 파산선고를 신청하고 그 내용을 공고하여야 한다.

(5) 잔여재산의 귀속

'정관에서 정한 자 → 법인의 목적에 유사한 목적으로 처분(단, 사단법인의 경우는 총회의 결의 필요) → 국고에 귀속' 순으로 귀속된다.

4. 법인의 소멸

(1) 소멸시기

청산종결등기 시가 아니라 청산사무가 사실상 종결된 때 법인은 소멸한다.

(2) 청산종결등기

청산종결등기는 청산법인의 제3자에 대한 대항요건일 뿐 법인의 소멸요건은 아니다.
⇨ 법인이 해산결의를 하고 사실상 청산사무를 종결하였다 하더라도 청산종결등기를 마치지 않은 이상 제3자에 대하여 법인의 소멸을 주장할 수 없다.

빈칸 채우기로 CHAPTER 마무리

❶ 출연재산이 부동산인 경우 법인이 재산의 귀속에 대해 (　　　　　　)에게 대항하기 위해서는 등기를 필요로 한다(판례).

❷ 설립자가 (　　　　　　)과 (　　　　　　)만을 정하고 사망한 때에는 이해관계인 또는 검사의 청구에 의해 법원이 나머지 정관을 보충함으로써 (　　　　　　)을 설립할 수 있다.

❸ 정관으로 정한 목적의 범위 내의 행위: 목적 범위 내의 행위라 함은 법률이나 정관에 명시된 목적 자체에 국한되는 것이 아니라 그 목적을 수행하는 데 (　　　　　　)를 모두 포함한다.

❹ 행위의 (　　　　　　) 대표기관의 직무행위라고 인정되는 경우는 법령의 규정에 위배된 것 또는 대표기관의 개인적 사리를 도모하기 위한 행위일지라도 직무에 관한 행위에 해당한다.

❺ 이사의 대표권 제한은 (　　　　　　)해야 효력이 발생하고, (　　　　　　)해야 제3자에게 대항할 수 있다. ⇨ 법인의 정관에 법인의 대표권의 제한에 관한 규정이 있으나 그와 같은 취지가 등기되어 있지 않다면 법인은 그와 같은 정관의 규정에 대하여 선의냐, 악의냐에 관계없이 제3자에 대하여 대항할 수 없다.

❻ 정관변경 시 (　　　　　　)의 허가를 받아야 변경의 효력이 발생하고, 등기해야 제3자에 대항할 수 있다.

❼ 법인의 소멸 시기는 청산종결의 등기가 경료된 때가 아니라 (　　　　　　)이다.

❽ 법인의 (　　　　　　) 사유에 해당하는 '공익을 해하는 행위를 한 때'라 함은 법인의 기관이 공익을 침해하는 행위를 하거나 그 사원총회가 그러한 결의를 한 경우를 의미한다.

❾ 청산인은 채권신고기간 중에는 변제기가 도래한 채무에 대하여도 (　　　　　　). ⇨ 그러나 (　　　　　　)는 배상하여야 한다.

정답

① 제3자 ② 목적 / 자산의 규모 / 재단법인 ③ 직접·간접적으로 필요한 행위 ④ 외형상 ⑤ 정관에 기재 / 등기 ⑥ 주무관청 ⑦ 청산사무가 사실상 종료된 때 ⑧ 설립 허가 취소 ⑨ 변제하지 못한다 / 지연손해

CHAPTER

03 권리의 객체

▶ **연계학습** | 에듀윌 기본서 1차 [민법 上] p.163

회독체크 1 2 3

CHAPTER 미리보기

01 물건(物件) ★☆☆

02 물건의 분류 ★★★

핵심 01 물건(物件) ★☆☆

제98조 【물건의 정의】 본법에서 물건이라 함은 유체물 및 전기 기타 관리할 수 있는 자연력을 말한다.

1. 물건의 정의

(1) 유체물·전기·기타 관리할 수 있는 자연력

① 유체물 중 관리가 가능한 것

② 전기, 가스, 열기, 냉기, 원자력, 에너지 등 관리할 수 있는 것은 무체물이라도 물건이다.

③ 자연력(풍력·조력 등)이라도 관리가 가능한 범위 내에서 물건이 될 수 있다.

(2) 신체의 일부가 아닐 것

① 사람의 신체 및 신체의 일부는 물건이 아니다.

② 인체에 부착된 의치, 의족, 가발은 신체의 일부이지 물건이 아니다. 그러나 인체로부터 분리되면 물건이다. ⇨ 이식된 심장은 신체의 일부로서 물건이 아니다.

③ **사체·유골의 물건성**: 사체·유골은 오직 수호와 봉사의 대상으로 제사를 주제하는 자의 특수소유권의 객체로 본다. ⇨ 본인이 생전에 자신의 사망 후 시신을 병원에 연구용으로 기증하기로 하였다면 이는 유효지만, 본인 사망 후 상속인이 이에 법적으로 구속되는 것은 아니다(판례).

2. 독립성(특정 · 현존)이 있을 것

(1) 현존하는 특정의 독립성(배타적 지배 가능성)을 갖춘 물건일 것

(2) 독립성의 유무는 사회통념에 따라 결정

(3) 일물일권주의(一物一權主義)와 그 예외

① **의의**

㉠ 하나의 물건에는 하나의 물권만이 성립한다. ⇨ 하나의 물건에 동일한 내용의 물권이 2개 이상 동시에 성립할 수 없다.

㉡ 물건의 일부나 물건의 구성부분에 독립된 물권이 성립할 수 없다.

㉢ 집합물은 원칙적으로 하나의 물건이 아니므로 집합물을 하나의 물권의 객체로 할 수는 없으나, 많은 예외가 존재한다.

② **예외**

㉠ 성립한 순위에 의하여 보호되는 범위 내에서 하나의 물건 위에 내용이 같은 물권이 2개 이상 성립할 수 있다.

㉡ 용익물권은 토지 또는 건물의 일부분에 성립할 수 있다.

㉢ 집합건물의 구분소유권

핵심 02 물건의 분류 ★★★

1. 부동산과 동산

> **제99조 【부동산, 동산】** ① 토지 및 그 정착물은 부동산이다.
> ② 부동산 이외의 물건은 동산이다.

(1) 토지

① 토지의 소유권은 정당한 이익이 있는 범위 내에서 토지의 상하에 미친다.

② 바다와 토지의 경계는 만조수위선을 기준으로 나눈다.

③ 토지가 하나의 물건이 되기 위하여는 일단의 토지에 인위적으로 선을 그어 지번을 부여하고 한 필의 토지로 하여 지적공부에 등록을 하여야 한다.

(2) 토지의 정착물 중 토지와 별개로 독립한 부동산이 되는 것

① **건물**

㉠ 건물의 최소요건: 기둥, 지붕, 주벽

㉡ 사회통념상 건물로서 사적 거래의 객체일 것을 요한다.

㉢ 건물이 하나의 물건이 되기 위하여는 공적장부 및 구조와 형태뿐만 아니라 건축주 내지 소유자의 의사에 따라 결정된다.

② **수목 또는 수목의 집단**

㉠ 원칙: 명인방법이나 입목등기가 없는 경우 언제나 토지의 부합물이다.

㉡ 예외: 토지와 별개의 물건으로서 부동산으로 취급되는 경우

ⓐ 「입목에 관한 법률」에 의하여 등기된 입목: 소유권과 저당권의 객체가 된다.

ⓑ 명인방법에 의해 공시된 수목 또는 수목의 집단 및 미분리 과실에서는 소유권이 성립할 수 있다.

③ **농작물**: 정당한 권원의 유무, 명인방법의 유무를 불문하고 입도를 갖추어 수확기에 있는 농작물(독립성)은 언제나 경작자의 소유에 속한다.

④ **미분리 과실**: 명인방법이 있으면 토지와 별개의 물건으로 취급한다.

⑤ **미채굴 광물**: 국유로서 광업권의 대상이 된다.

⑥ 온천수는 토지의 구성부분으로서 토지소유권에 포함된다.

⑦ 토지의 부착물이라도 정착물이 아니면 동산이다(예 가식의 수목, 판자집, 견본주택, 가건물, 토지나 건물에 충분히 정착되지 않은 기계 등).

판례 농작물의 소유권 귀속

남의 땅에 권한 없이 경작·재배한 농작물이 입도를 갖추어 수확기에 있는 경우 그 소유권은 경작자에게 있고, 길이 4~5센티미터에 불과한 못자리도 농작물에 해당한다.

(3) 동산

① 부동산 이외의 물건은 모두 다 동산이다.

② **금전**: 특수 동산으로서 가치척도의 기준이며, 언제나 점유와 소유가 일치하므로 금전채권자는 그 채무자에 대하여 물권적 반환청구권은 인정되지 않고, 채권적 가치반환청구권으로서 부당이득반환청구권만이 인정된다.

▶ **부동산과 동산의 비교**

구분	부동산	동산
종류	토지와 그 정착물	부동산 이외의 물건
물권의 성립	• 소유권, 점유권, 용익물권 (지상권, 지역권, 전세권 등) • 담보물권 중 저당권, 유치권의 객체가 된다.	• 소유권, 점유권 • 담보물권 중 질권, 유치권 등의 객체가 된다.
공시 방법	등기	점유, 인도(점유의 이전)
공신의 원칙	등기의 공신력 부정	점유의 공신력 인정(선의취득 가능)
취득 시효	• 등기부 취득시효: 10년 • 점유 취득시효: 20년	• 선의점유 취득시효: 5년 • 점유 취득시효: 10년

2. 주물(主物)과 종물(從物)

> **제100조【주물, 종물】** ① 물건의 소유자가 그 물건의 상용에 공하기 위하여 자기소유인 다른 물건을 이에 부속하게 한 때에는 그 부속물은 종물이다.
> ② 종물은 주물의 처분에 따른다.

(1) 종물의 효과

① 종물은 주물의 처분에 따른다(제100조 제2항). ⇨ 임의규정

② 주물에 설정된 저당권의 효력은 저당권설정 전후를 불문하고 종물에도 미친다.

③ 동산에 질권이 설정된 경우 그 효력이 언제나 종물에 영향을 미치는 것은 아니고 종물이 질권자에게 인도된 때에 한하여 영향을 미친다.

(2) 주물·종물에 관한 민법 제100조 제2항은 권리 상호간에도 유추 적용

① 타인의 토지에 있는 건물에 대한 저당권의 효력은 그 건물의 소유를 목적으로 하는 지상권·임차권에도 미친다.

② 주유소 토지 지하에 설치된 유류저장탱크는 토지의 부합물이고, 주유소 건물에 설치된 주유기는 건물의 상용에 공하기 위하여 부속시킨 종물로서 토지 및 건물에 대한 저당권의 효력이 영향을 미치므로, 그 저당권 실행 경매 시 경매의 목적물이 된다.

판례 **기타 판례**

① 주유소의 주유기는 주유소 건물의 종물이다(단, 토지에 매장된 유류저장탱크는 토지의 부합물이다)(94다6345).
② 백화점 지하에 설치된 전화교환설비는 백화점 건물의 종물이다(92다43142).
③ 횟집으로 사용할 점포 건물에 신축한 수족관은 점포 건물의 종물이다(92도3234).
④ 낡은 가재도구 등의 보관장소로 사용되고 있는 방과 연탄창고 및 공동변소가 본채에서 떨어져 축조되어 있기는 하나 본채의 종물이다(91다2779).

3. 원물과 과실

(1) 의의

물건으로부터 생기는 경제적 수익을 과실이라 하고, 과실이 생기게 하는 물건을 원물이라 한다.

(2) 과실의 종류

① **천연과실**

㉠ 물건의 용법에 의하여 수취되는 산출물을 의미한다.

㉡ **산출물의 의미**: 자연적·유기적으로 생산되는 물건(㉨ 열매, 우유, 가축의 새끼 등)과 인공적·무기적으로 생산되는 것(㉨ 석재, 토사 등)을 포함한다. 화분에 열린 과실 또한 산출물로서 천연과실이다.

㉢ **천연과실의 취득권자**: 원물로부터 분리하는 때에 수취권자에 속한다(임의규정).

ⓐ 원물의 소유자

ⓑ 선의의 점유자 및 정당한 권원에 의한 사용권자(지상권자·전세권자·질권자·목적물인도 전의 매도인·사용차주·임차인), 친권자

ⓒ 저당권설정자, 양도담보설정자

ⓓ 기타

i) 저당권자는 저당권 실행을 위한 압류 이후부터 저당목적물로부터 생긴 과실의 취득권이 인정된다.

ii) 유치권자는 채권에 변제 충당하기 위하여 유치물로부터 생긴 과실을 수취할 수 있다.

iii) 수임인, 수치인, 사무관리자, 양도담보권자는 민법상 과실수취권이 없다.

② **법정과실**

㉠ 물건의 사용 대가로 얻은 금전 기타 물건을 의미한다.

㉡ 차임, 토지의 사용료(지료), 원본채권의 이자는 법정과실이지만, 지연이자(손해배상의 내용)나 권리의 과실(근로자의 임금, 주식배당금, 저작권료, 특허권료)은 과실이 아니다.

㉢ 법정과실은 수취할 권리의 존속기간 일수의 비율로 취득한다(임의규정).

4. 물건의 결합 정도에 의한 분류

① **단일물**: 수개의 개체가 결합하여 각 개체는 개성을 상실하고 하나의 물건으로 취급된다(예 1권의 책).

② **합성물**: 수개의 개체가 각각 개성을 잃지 않고 결합하여 단일한 형체를 이루고 법률상 하나의 물건으로 다루어진다(예 건물, 보석반지, 자동차).

③ **집합물**

㉠ 수개의 물건이 결합하여 경제적으로 단일한 가치를 가진다(예 자동차, 공장의 시설·기계, 도서관의 장서, 목장의 양떼).

㉡ 물건의 집단 내지 집합물에 대해서는 원칙적으로 하나의 물권이 성립할 수 없다.

㉢ 집합물은 원칙적으로 하나의 물건이 아니지만 특별법의 특별규정이나 관습법, 판례 등에 의하여 저당권이나 양도담보의 설정 등의 그 집합물 전체를 하나의 물건으로 취급하는 경우도 있다.

판례 **집합물에 대한 양도담보설정**

① 증감·변동하는 집합물에 대한 양도담보설정 가능
② 양어장의 뱀장어에 양도담보설정 가능
③ 돼지에 대한 양도담보설정 시 천연과실(새끼돼지)은 양도담보설정자가 취득한다.

5. 강학상의 분류

① **사적 거래 가능 여부에 따른 분류**: 융통물(일반재산권)·불융통물(공용물 및 공공용물)

② **분할하여 처분이 가능한지 여부에 따른 분류**: 가분물(토지·금전)·불가분물(그림·소·말·건물)

③ **다른 종류의 물건으로 교체 급부 가능 여부에 따른 분류**: 대체물·부대체물

④ **권리자의 주관적 의사에 따른 분류**: 특정물(건물)·불특정물(모래 1톤, 소주 5병)

⑤ **반복 사용 가능 여부에 따른 분류**: 소비물(쌀·석유)·비소비물(건물·자동차)

빈칸 채우기로 CHAPTER 마무리

❶ 사체·유골은 오직 수호와 봉사의 객체로서 제사를 주제하는 자의 (   )로 본다. ⇨ 본인이 생전에 자신의 사망 후 시신을 병원에 연구용으로 기증하기로 하였다 하더라도 그 상속인은 이에 (   )(판례).

❷ (   ): 특수 동산으로서 가치척도의 기준이며, 언제나 소유와 점유가 일치하여 물권적 반환청구권은 인정되지 않고, 채권적 가치반환청구권으로서 부당이득반환청구권만이 인정된다.

❸ 주물에 설정된 저당권의 효력은 저당권 설정 (   ) 종물에도 미친다.

❹ 집합물에 대하여 (   )에 의하여 경제적 독립성이 있고 공시방법이 갖추어진 경우에는 하나의 물건으로 취급하는 경우가 있다.

정답

① 특수소유권의 객체 / 구속되지 않는다 ② 금전 ③ 전후를 불문하고 ④ 특별법 또는 판례

memo

PART 3

권리의 변동

최근 5개년 평균 출제비율

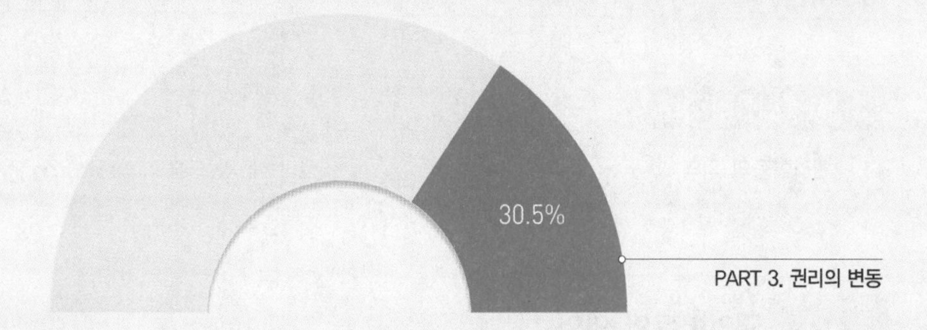

최근 5개년 CHAPTER별 평균 출제비율 & 빈출 키워드

CHAPTER	출제비율	빈출 키워드
01. 권리변동 서설	1.5%	권리변동의 모습과 원인
02. 법률행위 일반	5.5%	총설, 법률행위의 목적, 법률행위의 해석
03. 의사표시	7.0%	의사와 표시의 불일치(의사의 흠결), 하자 있는 의사표시(사기·강박에 의한 의사표시), 의사표시의 효력발생
04. 법률행위의 대리	6.5%	대리행위의 효과(본인과 상대방 관계), 무권대리(無權代理), 표현대리(表現代理)
05. 법률행위의 무효와 취소	2.5%	법률행위의 취소
06. 조건과 기한	2.0%	조건부 법률행위, 기한부 법률행위
07. 기간과 소멸시효	5.5%	기간과 기간의 계산, 소멸시효

PART 3 | 합격전략

민법 총칙의 출제범위가 60%로 하향 조정되면서 CHAPTER 01 권리변동 서설은 평균 0.8문항 정도 출제되는 것으로 비중이 많이 줄었으며, 그 외 CHAPTER 02, 04 법률행위의 일반과 대리, CHAPTER 07 기간과 소멸시효에서는 각각 2~3문항씩, CHAPTER 03 의사표시, CHAPTER 05 법률행위의 무효와 취소, CHAPTER 06 조건과 기한에서는 각각 1문항 이상 빠짐없이 골고루 출제되고 있습니다. 권리의 변동을 포함한 민법 총칙은 민법 전체를 총괄하는 만큼 매우 추상적이고 포괄적이므로 사례와 연관지어 이해 위주로 학습하는 것을 추천합니다.

CHAPTER 01

권리변동 서설

▶ **연계학습** | 에듀윌 기본서 1차 [민법 上] p.186

회독체크 1 2 3

CHAPTER 미리보기

01 권리변동의 의의

02 권리변동의 모습과 과정 ★☆☆

핵심 01 권리변동의 의의

권리의 변동이란 권리의 '발생 · 변경 · 소멸'을 총칭하는 말로, 권리자 입장에서 권리의 득실변경을 말한다.

핵심 02 권리변동의 모습과 과정 ★☆☆

1. 권리변동의 모습

(1) 권리의 발생

① **원시취득**(절대적 발생): 신축건물의 소유권취득, 취득시효, 선의취득, 첨부(부화 · 혼화 · 가공) 등 원시취득 시 구 권리상의 하자 · 제한은 모두 소멸한다.

② **승계취득**(상대적 발생): 구 권리상의 하자 · 제한의 승계가 가능하다.

㉠ 이전적 승계

ⓐ **특정승계**: 구 권리상의 특정한 권리 또는 의무를 지정하여 승계 가능(㉳ 증여, 매매, 교환)

ⓑ **포괄승계**: 구 권리에 존재하는 모든 권리 · 의무 승계(㉳ 상속, 회사의 합병, 포괄유증)

㉡ **설정적 승계**: 제한물권(전세권, 지상권, 지역권, 저당권)의 설정에 의한 취득

(2) 권리의 변경

① **주체의 변경**: 권리의 이전적 승계와 유사

② **내용의 변경**

㉠ (수)량적 변경: 제한물권의 설정·소멸

㉡ (성)질적 변경: 물건의 급부청구권이 후발적 불능으로 인하여 손해배상청구권으로 변경

③ **작용의 변경**: 저당권의 순위 승진(권리의 내용 변경으로도 해석 가능), 임차권의 대항력 취득

(3) 권리의 소멸

① **절대적·객관적 소멸**: 목적물의 멸실, 수용

② **상대적·주관적 소멸**: 승계 취득

2. 권리변동의 과정

① **법률사실**: 법률요건을 이루고 있는 개개의 구성 요소들

② **법률요건**: 권리변동이 생기게 하는 법률적인 원인(법률행위와 법률행위가 아닌 원인)

③ **법률효과**: 법률요건에 의하여 나타난 결과 ⇨ 권리의 변동(발생·변경·소멸)

PART 3

빈칸 채우기로 CHAPTER 마무리

❶ 건물의 신축·시효취득·첨부 등은 권리의 (   )취득에 해당한다.

❷ 토지에 지역권을 설정하는 것은 설정적 승계인 동시에 권리의 (   )의 변경에 해당한다.

❸ 권리의 변동이 생기게 하는 법률적 원인을 (   )이라고 한다.

정답

① 원시 ② 내용 ③ 법률요건

CHAPTER

02 법률행위 일반

▶ **연계학습** | 에듀윌 기본서 1차 [민법 上] p.192

회독체크 1 2 3

CHAPTER 미리보기

01 법률행위 ★☆☆

02 목적의 효력발생요건 ★★★

03 법률행위의 해석 ★★★

핵심 01 법률행위 ★☆☆

1. 의의

(1) 법률행위란 하나 이상의 의사표시(법률사실)를 필수 불가결의 요소로 하는 권리변동의 원인으로서 법률요건이다.

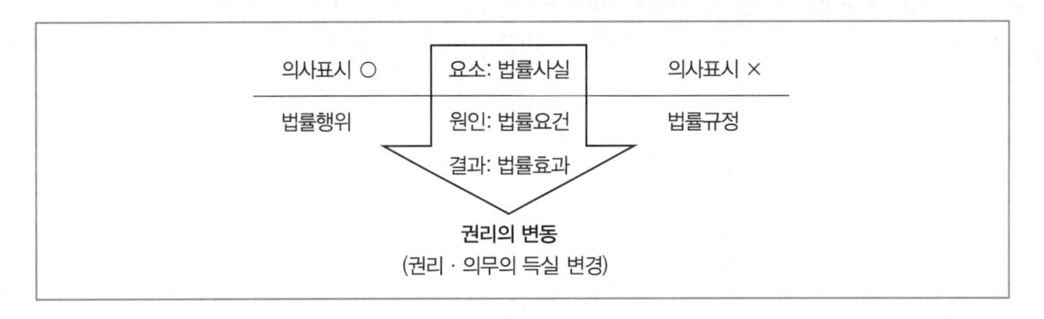

(2) 법률행위의 종류

법률행위의 분류 기준			내용
의사표시의 수와 방향	단독행위(1개)	상대방 있는 단독행위	의사표시가 상대방에게 도달해야 효력발생 예 동의, 철회, 취소, 해제, 해지, 채무면제, 추인, 상계, 공유지분의 포기, 법인 이사의 사임행위 핵심암기법 동철취해지면추상
		상대방 없는 단독행위	의사표시가 상대방에게 도달하는지 여부 무관 예 유증·유언, 재단법인의 설립, 소유권·점유권의 포기 핵심암기법 유유재포
	계약(2개)		청약과 승낙이라는 서로 대립하는 의사표시를 하고, 그 합치로 성립하는 법률행위 예 증여, 매매, 교환, 소비대차, 사용대차, 임대차, 고용, 도급, 현상광고, 위임, 임치, 조합, 종신정기금, 화해, 여행계약
	합동행위		서로 대립하지 않고 방향을 같이하는 2개 이상의 의사표시의 합치로 성립하는 법률행위 예 사단법인 설립행위, 공유자 전원에 의한 공유물 포기
의사표시의 방식	요식행위		법률이 일정한 방식을 요구하는 법률행위 예 혼인, 협의이혼, 인지, 입양, 유언, 법인의 설립, 어음·수표행위
	불요식행위		방식의 제한이 없는 법률행위 예 재산상의 법률행위, 증여 등 요식행위 이외의 모든 것
법률효과	의무부담행위	채권행위	채권을 발생시키는 법률행위로서 이행의 문제를 남긴다. 예 증여, 매매, 교환, 소비대차, 사용대차, 임대차, 고용, 도급, 현상광고, 위임, 조합, 종신정기금, 화해
	처분행위	물권행위	물권의 발생·변경·소멸이 일어나고 이행의 문제를 남기지 않는다. 예 소유권이전, 지상권설정, 질권설정, 전세권설정 등
		준물권행위	물권 이외의 재산권에 종국적으로 변동을 일으키고 이행의 문제를 남기지 않는다. 예 채권양도, 채무인수, 지식재산권의 양도

2. 법률행위의 요건

(1) 성립요건

① **일반적 성립요건**: 당사자·목적·의사표시 모두 존재

② **특별 성립요건**: 요물계약에서 급부 또는 이행(계약금 계약 시 계약금의 지급, 전세권설정계약 시 전세금의 지급, 대물변제 시 물건의 인도, 질권설정 시 질물의 인도, 현상광고에 있어 지정행위의 완료), 유언에 있어서 형식, 혼인에서 신고

(2) 효력(유효)요건

① **일반적 효력(유효)요건**

㉠ 당사자가 능력자일 것: 권리능력, 의사능력, 행위능력

㉡ 법률행위 목적: 확정성, 가능성, 적법성, 사회적 타당성을 갖출 것

㉢ 의사표시: 의사와 표시의 일치, 의사표시에 하자가 없을 것

② **특별 효력(유효)요건**

㉠ 대리행위에 있어서 대리권의 존재

㉡ 정지조건부·기한(시기)부 법률행위에 있어서 조건의 성취·기한의 도래

㉢ 유언·유증에 있어서 유언자의 사망

㉣ 토지거래허가구역 내 토지거래에 있어서 관할관청 등의 허가

핵심 02 목적의 효력발생요건 ★★★

1. 확정성

① 법률행위의 목적은 확정할 수 있어야 한다.

㉠ 법률행위 성립 당시에 확정되어 있지 않아도 이행기에 확정될 수 있으면 된다.

㉡ 성립 당시에는 이행기까지 확정할 수 있는 절차와 방법만 정해져 있으면 충분하다.

② 이행기까지 목적을 확정할 수 없는 법률행위는 무효이다.

2. 가능성

법률행위의 목적은 이행이 가능해야 효력이 발생한다.

(1) 가능·불능의 표준

물리적·법률적 기준이 아닌 사회통념에 따라 판단한다.

(2) 불능의 종류

원시적 불능 (무효)	전부 불능	• 원시적·객관적 전부 불능인 법률행위는 무효가 된다. • 계약체결상의 과실 책임(제535조) ⇨ 신뢰이익의 배상 청구 단, 신뢰이익은 이행이익을 초과할 수 없다.
	일부 불능	• 원칙: 전부 무효, 일부 무효의 법리 적용(제137조) • 예외적으로 매도인의 담보책임(제570조)

후발적 불능 (유효)	채무자 책임 有	채무불이행(이행불능): 채권자는 계약을 해제(제546조)하고 손해배상을 청구할 수 있다.
	채무자 책임 無	• 위험부담의 법리: 쌍무계약 양 당사자의 책임 없는 사유로 인한 경우 채무자 위험부담이 원칙(제537조) • 채권자에게 귀책사유가 있거나, 채권자의 수령지체 중 양 당사자의 책임 없는 사유로 불능 발생 시(제538조 제1항) ⇨ 채무자 청구에 의하여 채권자는 계약의 이행의무가 있다. • 채무자는 자신의 의무를 면함에 따라 얻은 이익이 있으면 채권자에게 반환하여야 한다(제538조 제2항).

PART 3

3. 적법성

법률행위의 목적이 '적법하다' 함은 목적이 강행법규에 위반하지 않아야 함을 의미한다.

(1) 강행법규(강행규정)

당사자 사이의 특약으로 배제할 수 없는 규정

(2) 효력규정과 단속규정

① 효력규정에 위반한 법률행위는 무효이다. ⇨ 민법상의 강행규정은 전부 효력규정이다.

② 단속규정에 위반한 법률행위는 사법상의 무효로 되지는 않으나 처벌을 받는다. ⇨ 「부동산등기 특별조치법」의 중간생략등기 금지 규정은 단속규정으로서 이를 위반하여 경료된 중간생략등기의 사법상 효력은 유효하다. 단, 토지거래허가구역 내의 토지인 경우 중간생략등기는 무효이다.

(3) 탈법행위

강행규정을 우회적·간접적으로 위반한 행위

판례 탈법행위

① 국유재산을 관리하는 담당직원이 자신의 지인의 명의를 빌려 자신이 관리하고 있는 국유재산을 매수하는 행위 ⇨ 무효
② 공무원 연금수급권의 사적 담보제공 금지 규정을 위반한 담보제공 ⇨ 무효
③ 동산의 양도담보 계약 ⇨ 유효

4. 목적의 사회적 타당성

> **제103조 【반사회질서의 법률행위】** 선량한 풍속 기타 사회질서에 위반한 사항을 내용으로 하는 법률행위는 무효로 한다.

(1) 사회질서 위반 행위의 유형

① **정의 관념에 반하는 행위**

㉠ 범죄를 하지 않을 조건으로 급부 약정, 허위증언의 대가 약정

㉡ 형사사건에 대한 변호사의 성공보수 약정은 무효이다. ⇔ 민사사건에 대한 성공보수 약정은 유효이다(변호사가 아닌 자가 민사소송의 승소 대가를 받기로 한 약정은 무효이다).

㉢ 제2매수인이 적극 가담한 이중매매에서 제2매매 계약은 무효이다.

② **개인의 자유를 극도로 제한하는 행위**

㉠ 혼인·이혼의 자유 및 직업선택의 자유, 거주 이전의 자유를 제한하는 약정은 무효이다. ⇨ 퇴직 후 일정기간 동안의 경업 제한은 무효가 아니나, 절대적 경업 제한은 무효이다.

㉡ 해외연수 근로자가 파견 복귀 후 일정기간 근무해야 하는 사규나 근로계약은 무효가 아니다. ⇨ 해외 파견 소요 경비의 회수기간을 정한 것이기 때문

㉢ 부정행위를 사죄하는 뜻에서 처에게 부동산을 증여하되 부부관계가 유지되는 동안은 처가 임의로 처분할 수 없다는 약정은 무효가 아니다.

③ **인륜에 반하는 행위**

㉠ 첩계약 및 그와 관련한 급부 약정은 모두 무효이다.

㉡ 부첩 관계 단절 조건의 양육비·위자료 등 급부 약정은 무효가 아니다.

④ **생존의 기초가 되는 재산의 처분행위**

⑤ **지나치게 사행적인 행위**

㉠ 도박자금을 대여하고 그에 대한 담보를 설정하기 위하여 저당권을 설정하거나 양도담보를 설정하는 행위는 모두 무효이다.

㉡ 도박채권자에게 도박자금을 담보하기 위하여 제공한 부동산에 대한 처분의 대리권 수여행위는 무효가 아니다.

⑥ **폭리행위**(제104조 불공정한 법률행위)

⑦ **동기의 불법**

㉠ 의의: 법률행위의 내용은 사회질서에 위반하지 않으나, 법률행위의 동기가 사회질서에 반하는 경우를 말한다.

ⓛ 유효성

ⓐ **원칙:** 동기는 법률행위에 영향을 미치지 않는다. ⇨ 표시대로 효력발생

ⓑ **예외:** 반사회적 동기가 표시된 경우, 또는 상대방에게 알려진 동기가 사회질서를 위반한 경우는 무효로 한다.

판례 반사회적 법률행위

[반사회적 행위로서 무효라는 취지의 판례]

① 범죄를 하지 않을 것을 조건으로 일정한 대가적 급부 계약
② 매도인의 배임행위에 적극 가담(제1매매 사실을 알고 + 요청)한 부동산의 이중매매
③ 사찰이 그 존립에 없어서는 안 될 임야를 증여하는 행위
④ 장래에 취득하게 될 전(全)재산을 양도한다는 계약
⑤ 부모와 동거하지 않을 것을 내용으로 하는 계약, "일생 동안 독신으로 살겠다." 또는 "절대로 이혼하지 않겠다."라는 등의 계약
⑥ 모든 유형의 첩계약과 그 부수된 약정(본처의 동의 여부와 관계없이 무효)
⑦ 부첩 관계 종료를 해제 조건으로 하는 증여 계약
⑧ 보험금을 부정취득할 목적의 생명보험 계약
⑨ 형사사건에 대한 성공보수 약정 ⇔ 민사사건에 대한 성공보수 약정과 비교

[반사회적 행위가 아니라는 취지의 판례]

① 첩계약의 단절을 조건으로 하는 생활비, 양육비, 이별금 지급 계약
② 무허가 음식점의 음식물 판매행위(단속규정 위반)
③ 부동산의 이중매매에 있어서 제2매수인이 매도인의 배임행위에 적극 가담하지 않은 경우(제2매수인이 악의인 경우에도 제2매매를 무효라 할 수 없다)
④ 중간생략등기(미등기 전매행위) ⇨ 유효, 처벌
⑤ 자신의 부정행위를 용서하는 대가로 처에게 부동산을 양도하되 부부관계가 유지되는 동안에는 처가 임의로 처분할 수 없다는 제한을 붙인 약정
⑥ 해외연수 후 일정기간 회사에서 근로해야 한다는 조건의 근로계약이나 사규
⑦ 도박채무자가 도박채권자에게 도박채무의 변제를 담보하기 위하여 제공한 자신의 부동산 처분에 관한 대리권을 수여한 행위
⑧ 소송에서 사실대로 증언하여 줄 것을 조건으로 급부약정을 한 경우 통상적으로 용인될 수 있는 정도의 여비, 일실손해 등에 대한 것이면 무효라 할 수 없다.
⑨ 양도소득세 일부를 면탈할 목적의 소유권이전등기의 약정
⑩ 강제집행의 면탈 목적으로 허위의 근저당권을 설정하는 행위
⑪ 투기의 목적으로 임차인의 아파트 입주권 15매를 매수하기 위한 계약
⑫ 반사회적 행위로 조성한 이른바 비자금을 소극적으로 은닉하기 위한 임치계약

(2) 부동산의 이중매매행위

① **의의:** 부동산을 매매하여 인도 의무가 있는 매도인이 배임행위로 그 부동산을 제2매수인에게 다시 매매하고 제2매수인에게 등기를 경료한 경우

② **제2매매의 효력**

㉠ 원칙: 유효

ⓐ 계약 자유(자유경쟁)의 원칙상 제2매수인의 선·악 불문하고 제2매매 계약은 유효하다.

ⓑ 부동산 물권변동은 매매의 합의뿐만 아니라 이전등기까지 필요하므로 제2매수인만이 유효하게 소유권을 취득한다.

㉡ 예외

ⓐ **절대적 무효**: 제2매수인이 매도인의 배임행위에 적극적으로 가담(매매사실을 알고 + 요청)한 경우

ⓑ **제2매매가 무효인 경우의 전득자**(제3자): 제2매수인으로부터 부동산을 매수한 전득자가 선의·무과실인 경우에도 제2매매의 유효를 주장하지 못한다.

ⓒ **매도인뿐만 아니라 제2매수인 쌍방은 일체의 반환청구를 할 수 없다.**

i) 제2매수인이 적극 가담하여 이루어진 이중매매는 반사회적 법률행위에 해당하여 절대적 무효이므로, 매도인과 제2매수인 쌍방은 무효를 원인으로 무효등기의 말소청구 및 부당이득반환청구를 할 수 없다.

ii) 이중매매가 무효인 경우 매도인은 소유권에 기한 물권적 청구권으로서 목적물반환청구를 할 수 없다.

iii) 매도인이 사망 시 제1매매 사실에 대하여 선의인 상속인이 제2매수인의 적극 가담에 의하여 이중매매를 한 경우 상속인은 제2매수인에 대하여 소유권에 기한 물권적 청구권 또는 부당이득반환청구권으로서 목적물반환청구를 할 수 있다.

③ **제1매수인의 지위**

㉠ 제2매매가 유효인 경우

ⓐ 매도인의 제1매수인에 대한 소유권이전등기의무는 후발적 불능이 되어 제1매수인은 매매계약을 해제하고 채무불이행(이행불능)을 이유로 손해배상을 청구할 수 있다.

ⓑ 제1매수인이 목적물을 인도받아 점유하고 있는 상황에서 제2매수인의 목적물 인도청구 시 제1매수인은 자신의 소유권이전등기청구권 또는 매도인의 채무불이행을 원인으로 한 손해배상청구권을 피담보채권으로 하여 유치권을 주장할 수는 없다.

㉡ 제2매매가 무효인 경우

ⓐ 제1매수인은 매도인에 대한 자신의 소유권이전등기청구권을 보전하기 위하여 매도인을 대위하여 제2매수인 명의의 무효 등기 말소를 청구할 수 있

을 뿐, 제2매수인에게 직접 반환청구를 할 수는 없다.

ⓑ 제1매수인은 제2매수인에 대하여 불법행위에 기한 손해배상을 직접 청구할 수 있다.

ⓒ 제2매매계약은 사해행위를 원인으로 한 채권자취소권의 대상이 아니다.

④ **적용 범위의 확장**

㉠ 제1매매는 매매에만 국한되지 않고 다음 행위의 경우에도 적용된다.

ⓐ 명의수탁자의 처분행위에 제3자가 적극 가담한 경우

ⓑ 취득시효 완성자로부터 소유권이전등기청구를 받은 소유자의 처분행위에 제3자가 적극 가담한 경우

ⓒ 양도담보권자의 처분행위에 제3자가 적극 가담한 경우

㉡ 제2매매도 매매에만 국한되지 않는다.

ⓐ 채권자가 제1매매 사실을 알고 적극 가담하여 자신의 채권을 피담보채권으로 하여 저당권을 설정한 경우

ⓑ 제1매매 사실을 알고 적극 가담하여 증여를 받은 경우

(3) 반사회질서행위의 효과

① **절대적 무효**: 이행 전이면 이행할 필요가 없고, 이행 후에는 불법원인급여에 관한 민법 제746조를 적용한다.

② **불법원인급여의 문제**

> **제746조 【불법원인급여】** 불법의 원인으로 인하여 재산을 급여하거나 노무를 제공한 때에는 그 이익의 반환을 청구하지 못한다. 그러나 그 불법원인이 수익자에게만 있는 때에는 그러하지 아니하다.

5. 불공정한 법률행위

> **제104조 【불공정한 법률행위】** 당사자의 궁박, 경솔 또는 무경험으로 인하여 현저하게 공정을 잃은 법률행위는 무효로 한다.

(1) 요건

① **객관적 요건**: 급부와 반대급부 사이의 현저한 불균형이 존재할 것

② **주관적 요건**

㉠ 일방 당사자의 궁박·경솔·무경험

ⓐ **궁박**: 궁박은 급박한 곤궁을 의미하는 것으로서 경제적 원인에 기인할 수도 있고, 정신적 또는 심리적 원인에 기인할 수도 있다.

ⓑ **경솔**: 보통 사람이 기울일 수 있는 주의를 결여한 심리 상태

ⓒ **무경험**: 일반적 사회경험의 부족을 의미

㉡ 궁박·경솔·무경험을 모두 구비하여야 하는 것은 아니고, 그 가운데 하나만 갖추어도 충분하다.

㉢ **대리행위의 경우 궁박·경솔·무경험의 판단 기준**: 경솔·무경험은 그 대리인, 궁박은 본인을 기준으로 판단한다.

㉣ **판단 시점**: 법률행위 당시

③ **상대방에 대한 요건**: 법률행위의 상대방이 당사자 일방의 궁박·경솔 또는 무경험의 상태를 알고서 이를 이용하려는 의사, 즉 폭리행위의 악의가 있어야 한다.

(2) 효과

① **절대적 무효**: 제104조는 제103조의 예시규정이다.

② 무효행위의 추인은 불가능하다. 그러나 무효행위의 전환은 가능하다(판례).

③ 불법원인급여에 관한 제746조 단서 규정이 적용되어 수익자(폭리자)는 부당이득반환청구를 할 수 없지만, 상대방(피해자)은 부당이득반환청구를 할 수 있다.

(3) 불공정한 법률행위의 입증책임

객관적인 요건으로서 급부와 반대급부 사이에 현저한 불균형의 존재 및 주관적인 요건으로서 피해자의 궁박·경솔 또는 무경험에서 기인하였다는 점 그리고 상대방이 그 사정을 알고 이용하였다는 폭리의 악의 등 모든 요건의 무효를 주장하는 자가 입증하여야 한다.

(4) 불공정한 법률행위의 적용

① **유상계약 및 단독행위**: 적용된다.

② **부담 없는 증여·기부행위 등의 무상행위와 경매**: 적용되지 않는다.

핵심 03 법률행위의 해석 ★★★

1. 의의

① 법률행위는 의사표시를 그 필수불가결의 요소로 하므로 법률행위의 해석은 법률행위가 성립하고 난 이후에 그 법률행위를 구성하는 필수요소인 의사표시의 해석으로 귀결된다.

② 법률행위의 해석은 법률적 가치판단에 속하는 법률문제이므로, 해석이 잘못된 경우 상고사유(대법원 심판 대상)가 된다.

2. 법률행위 해석의 방법

(1) 자연적 해석

표의자가 의사표시를 잘못한 경우, 표시된 문자적·언어적 의미에 구애받지 않고 표의자의 실제의사(내심적 효과의사·진의)를 밝혀서 의사표시를 해석하는 방법(예 신분행위, 상대방 없는 단독행위, 의사와 표시가 일치하지 않음을 상대방이 알았거나 알 수 있었을 때, 오표시 무해의 원칙) ⇨ 계약의 해석은 표시내용의 객관적 의미와 함께 의사표시에 나타난 당사자의 진정한 의사를 종합적으로 고려하여야 한다(판례).

핵심암기법 신상알오 ⇨ 신분행위, 상대방 없는 단독행위, 의사와 표시가 일치하지 않음을 상대방이 알았거나 알 수 있었을 때, 오표시 무해의 원칙

(2) 규범적 해석

상대방 시각에서 표시행위의 객관적 의미(표시상의 효과의사)를 밝히는 것(예 상대방 있는 의사표시, 총완결, 모든 권리금을 인정함, 모든 경우의 화재를 임차인이 책임진다, 최선을 다한다)

(3) 보충적 해석

① 당사자간 미리 예견하지 못했던 사정이 발생하여 법률행위에 내용의 공백이 생긴 경우, 법원에서 표의자의 가상적·가정적 의사를 참작하여 그 공백을 보충하는 해석방법이다.

② 계약의 해석에서 큰 기능을 한다(예 일부무효의 법리, 무효행위의 전환).

(4) 행위자가 타인의 이름으로 매매계약을 체결한 경우, 행위자 또는 명의인 중 누구를 계약당사자로 볼 것인가에 관하여 행위자와 상대방의 의사가 일치한 경우에는 그 일치한 의사에 따라 당사자를 확정하여야 한다.

판례 법률행위의 해석

① **오표시 무해의 원칙**: 외형상 의사와 표시가 일치하지 않더라도 법률행위의 해석방법으로서 자연적 해석을 통하여 그 표시가 무엇을 의미하는지에 관하여 당사자간에 공통의 의사의 합치가 있다면 그 행위는 유효로서 착오를 이유로 취소할 수 없다.

② 타인의 명의로 계약을 체결함에 있어 당사자간의 의사의 합치가 있다면 행위자와 명의자 중 합치된 의사에 따라 당사자를 결정하여야 한다.

③ 임대인이 임대차계약서의 단서조항에 권리금액의 기재 없이 단지 '모든 권리금을 인정함'이라고 기재를 한 경우 임차인이 나중에 임차권을 승계한 자로부터 권리금을 수수하는 것을 임대인이 용인한 것으로 볼 수 있으나 임대인이 책임지고 지급하기로 약정한 것으로 볼 수는 없다.

④ 실제로 더 받을 것이 있는데도 영수증에 '총완결'이라는 문언을 부기한 경우 나머지 금원을 탕감하기로 한 것으로 본다.

3. 법률행위 해석의 기준 및 순서

① 당사자가 의도하는 목적(목적을 달성할 수 있도록 해설)

② 사실인 관습

③ 임의규정

④ 신의성실의 원칙(조리)

핵심암기법	목사임신 ⇨ 당사자가 의도하는 목적, 사실인 관습, 임의규정, 신의성실의 원칙

빈칸 채우기로 CHAPTER 마무리

❶ 법률행위의 목적은 (   )할 수 있어야 한다.

❷ 토지거래허가구역 (   )의 토지인 경우 중간생략등기는 (   )이다.

❸ (   )에 대한 변호사의 성공보수 약정은 무효이다. ⇔ (   )에 대한 성공보수 약정은 유효이다.

❹ 해외연수 근로자가 파견 복귀 후 일정기간 근무해야 하는 사규나 근로계약은 (   ).

❺ 불공정한 법률행위

> **제104조【불공정한 법률행위】** 당사자의 (   )으로 인하여 현저하게 공정을 잃은 법률행위는 무효로 한다.

- 궁박·경솔·무경험을 모두 구비하여야 하는 것은 아니고, 그 가운데 하나만 갖추어도 충분하다.
- 불공정한 법률행위의 적용: 부담 없는 증여·기부행위 등의 무상행위와 경매에는 적용되지 않는다.

❻ 행위자가 타인의 이름으로 매매계약을 체결한 경우, 행위자 또는 명의인 중 누구를 계약당사자로 볼 것인가에 관하여 행위자와 상대방의 의사가 (   ) 경우에는 그 (   ) 의사에 따라 당사자를 확정하여야 한다.

정답

① 확정 ② 내/무효 ③ 형사사건/민사사건 ④ 무효가 아니다 ⑤ 궁박, 경솔 또는 무경험
⑥ 일치한/일치한

CHAPTER
03 의사표시

▶ **연계학습** | 에듀윌 기본서 1차 [민법 上] p.229

회독체크 1 2 3

CHAPTER 미리보기

01 비정상적인 의사표시 ★★★
02 상대방 있는 의사표시의 효력발생 ★☆☆
03 의사표시의 수령 및 공시송달 ★☆☆

PART 3

핵심 01 비정상적인 의사표시 ★★★

1. 의사와 표시의 불일치(의사의 흠결)

(1) 진의 아닌 의사표시(비진의표시, 단독허위표시, 심리유보)

① **의의**

> **제107조【진의 아닌 의사표시】** ① 의사표시는 표의자가 진의 아님을 알고 한 것이라도 그 효력이 있다. 그러나 상대방이 표의자의 진의 아님을 알았거나 이를 알 수 있었을 경우에는 무효로 한다.
> ② 전항의 의사표시의 무효는 선의의 제3자에게 대항하지 못한다.

판례 **제107조의 진의**

비진의 의사표시에서 진의란 표의자가 진정 마음속으로 바라는 것을 의미하는 것이 아니라, 특정한 내용의 의사표시를 하고자 하는 표의자의 생각을 말하는 것이다.

② **효과**

㉠ **원칙**: 원칙적으로 유효이므로 표시된 대로 효력이 발생한다. ⇨ 상대방이 선의·무과실인 경우에 한함

㉡ **예외**

ⓐ 상대방이 표의자의 진의 아님을 알았거나(악의), 알 수 있었을 경우(과실)에는 무효가 된다.

ⓑ 상대방의 선의·무과실의 여부에 대한 입증책임은 무효를 주장하는 자(표의자)가 부담한다.

㉢ 제3자와의 관계

ⓐ 선의의 제3자에게 무효로 대항하지 못한다.

ⓑ 제3자의 의미: 당사자와 그의 포괄승계인(예 상속인) 이외의 자로서 그 비진의 표시로 생긴 법률관계를 기초로 하여 새로운 이해관계를 가지게 된 사람을 말한다.

ⓒ 입증책임: 제3자는 선의로 추정되므로 무효를 주장하는 자가 제3자의 악의를 입증해야 한다.

ⓓ 전득자와의 관계: 선의의 제3자로부터 다시 전득한 자는, 그가 악의이더라도 무효로써 대항하지 못한다.

판례	대리권남용(배임적 대리행위)과 비진의 의사표시
대리인이 오직 자신의 이익 또는 제3자의 이익을 위하여 대리권을 남용하였다면 비진의 의사표시에 관한 민법 제107조 규정이 유추·적용될 수 있다.	

㉣ 적용 범위

ⓐ 재산상 법률행위로서 계약 및 단독행위에 적용된다.

ⓑ 상대방 없는 단독행위에 대한 비진의 의사표시는 언제나 유효이다.

(2) 통정허위표시

① 의의

> **제108조【통정한 허위의 의사표시】** ① 상대방과 통정한 허위의 의사표시는 무효로 한다.
> ② 전항의 의사표시의 무효는 선의의 제3자에게 대항하지 못한다.

② 허위표시와 구별되는 개념

㉠ 은닉행위(유효): 부동산을 증여하면서 증여세를 회피할 목적으로 매매로 표시하여 등기가 경료된 경우를 은닉행위라 한다. 이러한 은닉행위의 수익자로부터의 전득자는 선·악 불문하고 권리를 취득한다.

㉡ 신탁행위(유효): 추심을 위한 채권 양도

③ 효과

㉠ 당사자간의 관계

ⓐ 당사자간에는 언제나 무효이므로 이미 이행한 부분은 부당이득으로 반환청구할 수 있다.

ⓑ 통정허위표시가 반사회적 행위는 아니므로 불법원인급여에 관한 제746조는 적용되지 않는다.

ⓒ 무효행위의 추인 가능: 당사자가 추인하면 그때부터 새로운 법률행위를 한 것으로 본다.

㉡ 제3자에 해당하는지 여부

제3자에 해당하는 경우	제3자에 해당하지 않는 경우
• 가장매매의 매수인으로부터 그 목적물을 다시 매수한 자 • 가장매매의 매수인으로부터 저당권을 설정받은 자 및 가장저당권설정행위에 기한 저당권의 실행으로 경락받은 자 • 가장매매의 매수인으로부터 매매계약에 의한 소유권이전등기청구권 보전을 위한 가등기를 취득한 자 • 가장매매에 기한 대금채권의 양수인 • 통정한 허위표시에 의하여 외형상 형성된 법률관계로 생긴 채권을 가압류한 경우, 그 가압류채권자 ➪ 임대차보증금반환채권을 가장 양수한 자에 대한 압류채권자, 가장전세권설정계약에 의하여 형성된 법률관계로 생긴 전세금반환채권을 가압류한 채권자 • 허위의 보증채무를 이행하여 구상권을 취득한 보증인 • 파산자가 상대방과 통정한 허위의 의사표시에 의해 성립된 가장채권을 보유하고 있다가 파산이 선고된 경우의 파산관재인	• 가장매매에 기인한 손해배상청구권의 양수인 • 채권의 가장양도에 있어서 채무자 • 제3자를 위한 계약의 제3자(수익자) • 가장매매의 매수인으로부터 그 지위를 상속받은 자 • 가장저당권 말소에 있어서 2번 저당권자 • 채권의 가장양수인으로부터 추심을 위하여 채권을 양수한 자 • 허위표시로 형성된 법률관계를 기초로 형성된 계약상의 지위를 이전받은 자 • 대리인이나 대표기관이 상대방과 통정허위표시를 한 경우에 본인이나 법인 • 저당권 등 제한물권이 가장포기된 경우의 기존의 후순위 제한물권자(이와 달리 저당권 등 제한물권의 가장포기 후에 새로이 제한물권을 설정받은 자는 제3자에 해당한다) • 채권의 가장양수인으로부터 추심을 위하여 채권을 양수한 자 등 • 제3자를 위한 계약에 있어서의 제3자(수익자)

④ **적용 범위**

㉠ 계약 및 상대방 있는 단독행위: 적용된다.

㉡ 상대방 없는 단독행위: 적용되지 않는다.

⑤ **채권자취소권과의 관계**: 통정허위표시는 무효이지만, 사해행위의 요건을 갖추면 채권자취소권의 대상이 된다.

⑥ **통정허위표시의 철회**: 통정허위표시의 철회는 가능하다. 하지만 그 철회 후 외형을 제거하기 전에 새로운 이해관계를 맺은 선의의 제3자에게 대항하지 못한다.

(3) 착오에 의한 의사표시

① **의의:** 표시된 내용과 내심의 의사가 일치하지 아니함을 표의자 자신이 알지 못한 경우

> **제109조 【착오로 인한 의사표시】** ① 의사표시는 법률행위의 내용의 중요부분에 착오가 있는 때에는 취소할 수 있다. 그러나 그 착오가 표의자의 중대한 과실로 인한 때에는 취소하지 못한다.
> ② 전항의 의사표시의 취소는 선의의 제3자에게 대항하지 못한다.

② **착오의 유형**

㉠ 표시상 착오

㉡ 내용의 착오

㉢ 기관의 착오

ⓐ **표시기관의 착오:** 표시상의 착오로 취급

ⓑ **전달기관의 착오:** 착오의 문제가 아닌 의사표시의 부도달로 문제 발생

㉣ 동기의 착오

ⓐ **의의:** 동기의 착오란 효과의사를 결정하는 과정에서 표의자가 동기나 목적에 착오를 일으키는 경우를 말한다.

ⓑ **효과:** 동기의 착오를 이유로 취소할 수 없는 것이 원칙이나, 동기가 표시되어 법률행위의 내용이 되었거나 상대방에 의하여 유발·제공된 경우에는 취소할 수 있다.

i) 동기의 착오를 이유로 그 의사표시를 취소하기 위하여 동기가 표시되어 있으면 충분하고, 상대방과 그 동기를 의사표시의 내용으로 하기로 하는 합의까지는 요하지 않는다.

ii) 상대방에 의하여 유발·제공된 동기의 착오는 표시되지 않아도 취소할 수 있다. ⇨ 예 공무원의 말을 믿고 국가에 귀속 해제된 토지를 국가에 증여한 경우

㉤ **법률의 착오:** 법률의 적용 또는 그 해석의 착오(예 양도소득세가 부과되지 않을 것으로 해석했는데 양도소득세가 부과된 경우) ⇨ 오표시 무해의 원칙과 구별된다(오표시 무해의 원칙은 당사자간의 의사의 합치에 의한 유효한 계약이 성립한 것으로서 취소할 수 있는 법률행위인 착오와 구별된다).

③ **착오에 의한 의사표시의 취소**

㉠ 법률행위 내용의 중요부분에 착오가 있어야 한다. ⇨ 표의자가 입증

ⓛ 법률행위의 중요부분에 관한 착오

ⓐ 주관적으로 표의자뿐만 아니라, 객관적으로 일반인도 착오를 알았더라면 그러한 의사표시를 하지 않았을 것이라고 여겨질 정도

ⓑ 표의자에게 경제적 불이익이 없었다면 중요부분에 해당하지 않는다(판례).

ⓒ 표의자에게 중대한 과실이 있는 경우 취소할 수 없다. ⇨ 상대방이 입증

ⓐ 중대한 과실은 표의자의 직업, 법률행위의 목적·종류 등을 종합적으로 감안하여 판단한다.

ⓑ 전문가(중개업자·공무원) 등의 말을 신뢰하여 의사표시를 한 경우, 이는 중대한 과실이 없는 것으로 인정된다.

ⓔ 상대방이 착오를 이용한 경우: 표의자에게 중대한 과실이 있더라도 취소할 수 있다.

▶ 중요부분의 착오인지 구분

중요부분의 착오인 경우	중요부분의 착오가 아닌 경우
• 토지의 현황, 경계 • 채무보증에 있어서 채무자의 동일성 • 사람 및 목적물의 동일성 • 저당가옥의 평가를 잘못하여 다액의 저당권을 설정한 경우 • 연대보증을 신원보증으로 착오한 경우 • 임대차를 사용대차로 착오한 경우	• 토지의 면적 지적, 시가 • 지적 부족 또는 수량 부족 • 매매목적물이 타인 소유임을 알지 못하는 것 • 고리대금업자인 줄 모르고 금전 소비대차 계약을 체결한 경우 • 임대인의 소유권 귀속에 관한 착오

④ **착오에 의한 의사표시 취소의 효과**

㉠ 착오에 의한 의사표시가 취소된 경우 그 착오가 표의자의 과실로 인한 경우에도 상대방에 대한 손해배상책임은 부정된다(판례).

ⓛ 착오에 의한 의사표시의 취소로 선의의 제3자에게 대항하지 못한다.

판례 착오

① 동기의 착오가 상대방에 의해 유발된 경우 동기가 표시되지 않았다고 하여 중요부분의 착오가 될 수 없는 것은 아니다.

② 토지매매계약에 있어 토지의 현황·경계에 관한 착오는 중요부분에 관한 착오이므로 이를 이유로 취소할 수 있다.

③ 매수인이 경작 가능한 농지로 알고 매수하였는데 대부분이 하천부지인 경우 매매계약의 중요부분에 관한 착오에 해당한다.

④ 甲이 채무자 란이 백지로 된 근저당설정계약서를 제시받고 그 채무자가 乙인 것으로 알고 근저당권 설정자로 서명날인하였는데 그 후 채무자가 丙으로 되어 근저당권설정등기가 경료된 경우, 이는 법률행위의 중요부분의 착오에 해당되어 취소할 수 있다.
⑤ 증여·고용·신용매매 등에서 사람의 동일성에 관한 착오는 중요부분의 착오가 된다.
⑥ 착오를 이유로 의사표시를 취소하는 자는 착오의 존재뿐 아니라 그 착오가 의사표시에 결정적인 영향을 미쳤다는 점을 입증하여야 한다.
⑦ 착오에 의한 의사표시의 경우, 표의자에게 중대한 과실이 있었다는 사실에 대한 증명책임은 법률행위의 유효를 주장하는 자가 부담한다.
⑧ 공장을 경영하는 자가 공장이 협소하여 새로운 공장을 설립할 목적으로 토지를 매수하면서 토지상에 공장을 건축할 수 있는지 여부를 알아보지 않았다면 이는 중대한 과실에 해당한다.
⑨ 표의자에게 중대한 과실이 있다 하여도 언제나 취소권이 배제되는 것은 아니다.
⑩ 공동상속인 중 1인을 단독상속인으로 믿고 그와 목적물 전부에 대한 소유권환원의 합의에 이르렀더라도 그와 같은 착오는 합의내용의 중요부분에 해당한다고 볼 수 없다.
⑪ 상대방의 경계선 침범 주장에 따라 착오로 보상금을 지급한 경우, 진정한 경계선의 착오는 동기의 착오이나 그 착오가 상대방으로부터 연유한 것으로서 법률행위의 중요부분의 착오임을 인정하여 보상금 지급 약정을 취소할 수 있다.

⑤ **적용 범위**

㉠ **원칙**: 모든 사법상의 법률행위에 적용된다.

㉡ **예외**: 적용되지 않는 경우

ⓐ **가족법상 법률행위**(신분행위): 무효

ⓑ **단체적 거래**(주식인수 청약)**행위**: 유효

ⓒ **공법상 행위**(공무원의 사직서 제출) **및 소송행위**: 유효

ⓓ **화해계약에서 착오의 문제**: 화해의 목적인 분쟁에 관한 착오를 이유로 이를 취소할 수 없지만, 화해 당사자의 자격 또는 화해의 목적인 분쟁 이외의 사항에 관하여 착오가 있는 경우에는 착오를 이유로 취소할 수 있다.

⑥ **관련 문제**

㉠ 착오와 사기는 경합하므로 표의자는 선택적으로 행사할 수 있다.

㉡ 매도인의 하자담보책임이 성립하는 경우에도 표의자는 착오를 이유로 그 의사표시를 취소할 수 있다.

㉢ 매수인의 중도금 미지급(채무불이행)을 이유로 매도인이 적법하게 계약을 해제한 경우에도 매수인은 해제로 인한 손해를 면하기 위하여 착오를 이유로 취소권을 행사하여 매매계약 전체를 무효로 할 수 있다(판례).

2. 하자 있는 의사표시

(1) 의의

> **제110조 【사기, 강박에 의한 의사표시】** ① 사기나 강박에 의한 의사표시는 취소할 수 있다.
> ② 상대방 있는 의사표시에 관하여 제3자가 사기나 강박을 행한 경우에는 상대방이 그 사실을 알았거나 알 수 있었을 경우에 한하여 그 의사표시를 취소할 수 있다.
> ③ 전 2항의 의사표시의 취소는 선의의 제3자에게 대항하지 못한다.

PART 3

① **사기(詐欺)에 의한 의사표시**: 표의자가 타인의 기망행위(속임수)에 속아서 착오를 일으킴으로써 한 의사표시를 말한다.

② **강박(强迫)에 의한 의사표시**: 표의자가 타인의 강박행위에 의하여 공포심을 가지게 되고 그 해악을 피하기 위하여 행한 의사표시를 말한다.

(2) 요건

① 사기에 의한 의사표시

㉠ 기망행위가 있을 것

㉡ 기망행위자의 2단의 고의: 표의자를 기망하여 착오에 빠지게 하려는 고의와, 다시 그 착오에 의하여 의사표시를 유도하려는 고의가 있어야 한다.

㉢ 기망행위가 위법할 것

㉣ 기망행위와 착오, 착오와 의사표시 사이에 인과관계가 있을 것: 인과관계는 일반인을 기준으로 객관적으로 판단할 것은 아니다.

② 강박에 의한 의사표시

㉠ 강박행위(해악의 고지)가 있을 것

㉡ 강박자의 2단의 고의: 표의자에게 공포심을 일으키고, 다시 그 공포심에 의하여 의사표시를 유도하려는 고의가 있어야 한다.

㉢ 강박행위에 위법성이 있을 것(모든 해악의 고지가 위법한 것은 아니다)

ⓐ 부정행위에 대한 고소·고발은 정당한 행위로서 비록 상대방의 공포심을 유발하였다 하여도 위법성이 없으므로 위법행위로서 강박행위에 해당하지 않는다.

ⓑ 해악의 고지가 위법한 강박행위가 되기 위한 요건

i) 해악의 고지로써 추구하는 목적이 부정한 이익인 경우

ii) 해악의 고지 내용이 불법적인 것을 내용으로 하는 경우

iii) 해악의 고지 수단이 불법적인 경우

㉣ 강박행위와 공포심, 공포심과 의사표시 사이에 인과관계가 있을 것: 인과관계는 일반인을 기준으로 객관적으로 판단할 것은 아니다.

(3) 효과

① **상대방이 사기·강박을 한 경우**: 언제든지 취소할 수 있다.

② **제3자에 의한 사기·강박의 경우**

㉠ 상대방 없는 의사표시: 언제든지 취소할 수 있다.

㉡ 상대방 있는 의사표시

ⓐ 상대방이 제3자의 사기·강박 사실을 알았거나 알 수 있었을 경우에 한하여 취소할 수 있다.

ⓑ 선의·악의나 과실 유무는 법률행위 당시를 표준으로 한다.

ⓒ 상대방의 대리인 등 상대방과 동일시할 수 있는 자의 사기나 강박은 제3자의 사기·강박에 해당하지 아니한다. 즉, 상대방이 그 사기·강박을 알았거나 알 수 있었는지 여부와 관계없이 취소할 수 있다.

㉢ 의사결정의 자유가 완전히 배제될 정도의 강박에 의한 의사표시는 무효이다.

③ **제3자의 보호**: 하자 있는 의사표시의 취소는 선의의 제3자에게 대항하지 못한다.

판례 사기·강박에 의한 의사표시

① 기망행위로 인하여 법률행위 중요부분에 관하여 착오가 발생한 경우 표의자는 그 법률행위를 착오 또는 사기에 의한 의사표시로 취소할 수 있다.

② 신원보증서면에 서명한다는 착각으로 연대보증에 서명날인한 경우 그 착오가 제3자의 기망에 의하여 발생하였다면 이는 착오에 의한 의사표시로 취소할 수 있다.

③ 제3자의 사기로 인하여 피해자가 주택건설사 사이에 주택에 관한 분양계약을 체결한 경우, 피해자가 제3자를 상대로 손해배상을 청구하기 위하여 반드시 그 분양계약을 취소할 필요는 없다.

④ 소극적인 진실의 은폐도 부작위에 의한 기망으로서 제110조의 기망이 될 수 있다.

⑤ 대형 백화점의 이른바 변칙세일은 기망행위로서 위법성이 인정된다.

⑥ 강박에 의한 법률행위가 하자 있는 의사표시로서 취소되는 것에 그치지 않고 더 나아가 무효로 되기 위하여는 강박의 정도가 극심하여 의사표시자의 의사결정의 자유가 완전히 박탈되는 정도에 이를 것임을 요한다.

⑦ 기망행위를 한 자가 상대방의 피용자인 경우 민법 제110조 제2항 소정의 제3자에 의한 기망행위로 볼 수 있다. ⇨ 그러므로 상대방이 알았거나 알 수 있었을 경우에만 취소할 수 있다.

⑧ 상대방의 대리인 등(은행의 지점장·출장소장·이사) 상대방과 동일시할 수 있는 자의 사기 또는 강박은 민법 제110조 제2항 소정의 제3자에 의한 사기·강박에 해당하지 않는다. ⇨ 상대방의 선·악 불문하고 언제든지 취소할 수 있다.

⑨ 고의가 아닌 과실에 의한 사기 또는 강박에 의한 의사표시는 성립하지 않는다.

⑩ 교환계약의 당사자 일방이 자기가 소유하는 목적물의 시가를 묵비하여 상대방에게 고지하지 아니하거나 혹은 허위로 시가보다 높은 가액을 시가라고 고지하였다 하더라도 이를 기망행위라고 볼 수 없다.

⑪ 의사표시 취소의 효과는 선의의 제3자에게 대항할 수 없는데, 제3자에는 취소권을 행사하기 전에 상대방과 법률행위를 한 자는 물론 의사표시를 취소한 후 그 외형이 제거되기 전에 상대방과 법률행위를 한 제3자도 포함된다.

(4) 적용 범위

가족법상 법률행위·주식거래와 같은 단체적 거래행위, 행정행위와 소송행위와 같은 공법상 행위 등에는 적용하지 않는다.

(5) 다른 제도와의 관계

① **사기와 착오의 경합**: 요건이 충족되는 경우 표의자는 선택적으로 사기 또는 착오를 주장할 수 있다.

② 사기와 하자담보책임은 경합한다.

③ **사기와 불법행위에 기한 손해배상청구**

㉠ 사기나 강박행위는 불법행위에 해당하기 때문에(제750조), 사기나 강박을 당해서 의사표시를 한 자는 그 의사표시를 취소하고 부당이득반환을 청구하거나 불법행위를 이유로 한 손해배상을 선택적으로 청구할 수 있다(병존적 경합).

㉡ 제3자의 사기에 의하여 계약을 체결한 표의자는 그 계약을 취소하지 않고 제3자에 대하여 손해배상만을 청구할 수 있다(판례).

제107조 내지 제110조의 공통점

① 가족법상 행위(신분행위)에는 적용되지 않는다. ⇨ 언제나 무효
② 공법상 행위(행정행위·소송행위)에는 적용되지 않는다. ⇨ 언제나 유효
③ 정형적 거래행위(어음·수표행위)에는 적용되지 않는다. ⇨ 언제나 유효
④ 단체적 거래행위(주식인수청약)에는 적용되지 않는다. ⇨ 언제나 유효
⑤ 선의의 제3자 보호조항이 있다. ⇨ 선의의 제3자에게 대항할 수 없다.
㉠ 제3자의 선의는 추정된다.
㉡ 제3자는 선의이면 족하고 무과실을 요하지 않는다.

핵심암기법 공주신어3 ⇨ 공법상 행위, 주식인수청약, 신분행위, 어음·수표행위, 선의의 제3자 보호조항

핵심 02 상대방 있는 의사표시의 효력발생 ★☆☆

1. 원칙 – 도달주의

① **적용 범위**: 의사의 통지, 관념의 통지에도 유추 적용된다.

② **도달의 의의**: 의사표시가 상대방의 지배하에 들어가 상대방이 그 내용을 알 수 있는 객관적인 상태에 놓이는 것을 의미한다.

③ **도달의 효과**

㉠ **의사표시의 철회**: 발신 후 도달 전에 철회가 가능하지만, 철회의 의사표시는 늦어도 본래의 의사표시와 동시에 도달해야 한다.

㉡ 의사표시의 불착·연착은 표의자의 불이익으로 돌아간다.

㉢ 의사표시 발신 후 표의자가 사망하거나 제한능력자가 된 경우에도 의사표시 효력에는 영향을 미치지 않는다.

④ **도달의 입증책임**: 도달을 주장하는 자(표의자)가 입증한다.

2. 예외 – 발신주의

① 무권대리인의 상대방의 최고에 대한 본인의 확답

② 제한능력자의 상대방의 최고에 대한 제한능력자 측의 확답

③ 채무인수 승낙 최고에 대한 채권자의 승낙의 확답

④ 사원총회의 소집 통지

⑤ 격지자 간의 계약에 있어서 승낙에 의한 계약의 성립 시기

핵심암기법	확(무제인)사격

판 례 의사표시의 도달

① 채권양도통지서가 채무자의 동업자의 사무소에서 그 신원이 분명치 않은 자에게 송달된 경우 그 채권양도의 통지가 채무자에게 도달된 것으로 볼 수 없다.

② 상대방 주소지 우편함에 투입되었다 하더라도 수신인 기재가 명백하지 않아 개봉하지 않은 경우라면 도달되었다고 볼 수 없다.

③ 최고의 의사표시가 기재된 내용증명 우편물이 발송되고 반송되지 아니하였다면 그 의사표시가 그 무렵에 송달되었다고 볼 수 있다.

④ 우편물이 등기취급의 방법으로 발송된 경우 특별한 사정이 없는 한 그 무렵 수취인에게 배달되었다고 보아도 좋을 것이나, 수취인이나 그 가족이 주민등록지에 실제로 거주하고 있지 아니하면서 전입신고만을 해 둔 경우에는 등기우편으로 발송된 납세고지서가 반송된 사실이 인정되지 않는다 하여 납세의무자에게 송달된 것이라고 볼 수는 없다.

⑤ 상대방이 의사표시의 내용을 확인하지 않은 채 그 수령을 거절한 경우에도 원칙적으로 상대방이 그 통지의 내용을 알 수 있는 객관적 상태에 놓여 있는 때에 의사표시가 도달한 것으로 보아야 한다.

핵심 03 의사표시의 수령 및 공시송달 ★☆☆

1. 의사표시의 수령능력

① **수령능력이 없는 자**

㉠ 민법은 모든 제한능력자(미성년자, 피성년후견인, 피한정후견인)를 수령능력이 없는 자로 보고 있다.

㉡ 단, 제한능력자가 행위능력이 인정되는 범위 내에서 수령능력이 인정된다.

② **제한능력자에게 도달한 의사표시의 효력**

㉠ 표의자는 그 의사표시로써 대항할 수 없다.

㉡ 제한능력자의 법정대리인이 그 도달을 안 때에는 그때부터 대항할 수 있다.

③ **제112조의 적용 범위**: 상대방 없는 의사표시, 발신주의에 의한 의사표시, 유증의 의사표시, 공시송달에 의한 의사표시에는 적용되지 않는다.

2. 의사표시의 공시송달(제113조)

① **공시송달의 요건**

㉠ 표의자의 과실 없이 상대방을 모를 때

㉡ 표의자의 과실 없이 상대방의 소재를 알지 못할 때

② **공시송달의 절차**: 「민사소송법」의 공시송달 절차에 따른다.

③ **「민사소송법」의 공시송달**

㉠ 공시송달에 의한 의사표시는 법원게시판에 그 사유를 게시한 날로부터 2주일이 경과한 때(외국의 경우 2개월)에 상대방에게 도달한 것으로 간주된다.

㉡ 법원의 명령에 의하여 일간신문에 공고 또는 관보에 게재하는 방법으로 공시송달할 수 있다. ⇨ 법원의 명령 없이 일간신문에 공고한 사실만으로는 상당한 기간 내에 도달이 추정되지 않는다.

빈칸 채우기로 CHAPTER 마무리

❶ 통정허위표시가 반사회적 행위는 아니므로 불법원인급여에 관한 제746조는 (   ).

❷ 통정허위표시는 무효이지만, 사해행위의 요건을 갖추면 (   )의 대상이 된다.

❸ 동기의 착오를 이유로 그 의사표시를 취소하기 위하여 동기가 (   )되어 있으면 충분하고, 상대방과 그 동기를 의사표시의 내용으로 하기로 하는 (   )까지는 (   ).

❹ 표의자에게 (   )이 없다면 중요부분에 (   )(판례).

❺ 착오에 의한 의사표시가 취소된 경우 그 착오가 표의자의 과실로 인한 경우에도 상대방에 대한 손해배상 책임은 (   )된다(판례).

❻ 상대방의 (   ) 등 상대방과 동일시할 수 있는 자의 사기나 강박은 제3자의 사기·강박에 해당하지 아니한다. 즉, 상대방이 그 사기·강박을 알았거나 알 수 있었는지 여부와 관계없이 취소할 수 있다.

❼ 제3자의 사기에 의하여 계약을 체결한 표의자는 그 계약을 취소하지 않고 제3자에 대하여 손해배상만을 청구할 수 (   )(판례).

❽ 제107조 내지 제110조의 공통점
- 가족법상 행위(신분행위)에는 적용되지 않는다. ⇨ 언제나 무효
- (   )에는 적용되지 않는다. ⇨ 언제나 유효
- 정형적 거래행위(어음발행)에는 적용되지 않는다. ⇨ 언제나 유효
- 단체적 거래행위(주식인수청약)에는 적용되지 않는다. ⇨ 언제나 유효
- 선의의 제3자 보호조항이 있다. ⇨ 선의의 제3자에 대항할 수 없다.
  > 제3자의 선의는 (   )된다.
  > 제3자는 선의이면 족하고 (   )을 요하지 않는다.

정답

① 적용되지 않는다 ② 채권자취소권 ③ 표시 / 합의 / 요하지 않는다 ④ 경제적 불이익 / 해당하지 않는다 ⑤ 부정 ⑥ 대리인 ⑦ 있다 ⑧ 공법상 행위(행정행위·소송행위) / 추정 / 무과실

CHAPTER

04 법률행위의 대리

▶ **연계학습** | 에듀윌 기본서 1차 [민법 上] p.268

회독체크 1 2 3

PART 3

CHAPTER 미리보기

핵심 01 대리의 의의

1. 대리의 의의

법률행위의 대리란 법률행위에 있어 의사결정 및 의사표시를 하는 자와 그에 따른 법률효과가 귀속되는 자가 분리되는 제도를 말한다.

2. 대리의 허용 범위

① 재산상 법률행위 및 준법률행위 중 의사의 통지·관념의 통지는 대리가 허용된다.

② 불법행위, 사실행위(비표현행위), 가족법상 행위(신분행위)에는 대리가 허용되지 않는다.

핵심암기법	**불사신**은 대리가 필요 없다 ⇨ **불**법행위, **사**실행위, **신**분행위

핵심 02 대리권(본인과 대리인 관계) ★★☆

1. 대리권의 의의

대리권이란 대리인이 본인을 위하여 법률행위(대리행위)를 할 수 있는 법률상의 지위 또는 자격으로서의 권한을 말한다.

2. 대리권의 발생

① **법정대리권의 발생**: 지정권자의 지정, 법률규정, 법원의 선임

② **임의대리권의 발생**: 본인의 대리권 수여(수권행위)

3. 대리권의 범위

(1) 법정대리권의 범위: 법률규정에 의해 결정된다.

(2) 임의대리권의 범위

① **수권행위로 정한 범위**: 수권행위의 해석을 통해 확정

② **수권행위로 그 범위를 정하지 않았거나 확정할 수 없는 경우**

㉠ 보존행위: 무제한 가능(예 부패하기 쉬운 물건의 처분)

㉡ 이용행위·개량행위: 권리·물건의 성질이 변하지 않는 범위 내에서 가능

㉢ 처분행위: 불가

핵심암기법	보이개(→ 투명하게) 관리한다 ⇨ **보**존행위, **이**용행위, **개**량행위

(3) 대리권의 범위를 초과하는 행위의 효력

무권대리로서 제126조의 권한을 넘는 표현대리가 된다.

판 례 | 대리권의 범위

① 부동산을 매수할 권한을 수여받은 대리인에게 그 부동산을 처분할 대리권도 있다고 볼 수는 없다.
② 부동산의 매매계약을 체결할 대리권을 수여받은 대리인은 특별한 다른 사정이 없는 한 매매계약에서 약정한 바에 따라 중도금이나 잔금을 수령할 권한도 있다고 보아야 하고(93다39379), 소유권이전등기를 할 권한을 포함한다(4290민상840).
③ 매매계약의 체결과 이행에 관하여 포괄적인 대리권을 수여받은 대리인은 매매계약에 따른 중도금이나 잔금의 지급기일을 연기해 줄 권한도 있다.
④ 계약체결의 대리권을 가진 대리인이 그 계약을 취소 또는 해제하기 위하여는 그에 관한 특별수권이 필요하다.
⑤ 금전소비대차계약을 체결한 대리인은 그 계약에 따른 이자의 결정과 계약을 연장할 권한도 가진다고 볼 것이다.
⑥ 주택 이전용 인감증명서만의 교부는 대리권의 수여로 볼 수 없다.

4. 대리권의 제한

(1) 공동대리: 대리인이 여러 명인 경우

① **원칙**: 각자 단독대리

② **예외**: 법률규정 또한 수권행위로써 공동대리로 정한 경우에만 공동으로 대리

㉠ 공동대리에서의 '공동'은 의사결정의 공동을 의미한다. ⇨ 공동으로 의사결정을 하였다면 표시는 각자 단독으로 가능하다.

㉡ 공동대리의 제한이 있는 경우에 능동대리는 반드시 공동으로 대리하여야 하나, 수동대리는 단독으로 가능하다.

㉢ 공동대리를 위반하여 단독으로 대리한 경우 권한을 넘은 무권대리가 될 수 있다.

(2) 자기계약·쌍방대리

① **원칙**: 금지

② **예외**: 가능

㉠ 본인의 허락이 있으면 가능하다.

㉡ 이행기가 도래한 채무의 변제 등 다툼이 없는 채무의 변제는 가능하다. ⇨ 대물변제, 이행기 미도래 채무의 변제, 경개(更改) 등 새로운 이해관계가 발생할 수 있는 경우에는 여전히 금지

㉢ 등기신청대리, 주식의 명의개서 등은 쌍방의 이익 충돌이 발생할 염려가 없으므로 자기계약·쌍방대리가 허용된다.

판례 **대리권의 제한**

① 법정대리인인 친권자의 그 자(子)에 대한 증여행위는 이해상반행위에 해당하지 않는다.
② 사채알선업자의 쌍방대리는 허용되므로 사채알선업자에 대한 변제가 대리인에 대한 변제로서 유효하다고 봄이 타당하다.
③ 1인의 변호사가 채권자 및 채무자의 쌍방을 대리하여 강제집행의 배당절차에 개입하는 경우에도 쌍방대리 금지 규정에 위배되는 것은 아니다.

5. 대리권의 남용(배임적 대리행위)

(1) 의의

대리인의 외형상 대리권의 범위에서 대리행위를 하였지만 실질적으로는 본인의 이익을 위해서가 아니라 대리인 자신 또는 제3자의 이익을 위해서 대리행위를 한 경우를 말한다.

(2) 효과

① **제107조 제1항 단서 유추적용설**(통설·주류의 판례)

㉠ **원칙**: 유효

㉡ **예외**: 무효, 상대방이 대리권 남용을 알았거나 알 수 있었을 경우

② **신의칙설**: 권리남용설(소수의 판례)

6. 대리권의 소멸

① **법정대리권과 임의대리권 공통의 소멸 원인**: 대리인의 사망·성년후견의 개시·파산, 본인의 사망

② **임의대리권 특유의 소멸 원인**: 원인된 법률관계의 종료, 수권행위의 철회

> **핵심암기법** **사성파사원수** ⇨ 대리인의 **사**망·**성**년후견의 개시·**파**산, 본인의 **사**망, **원**인된 법률관계의 종료, **수**권행위의 철회

핵심 03 대리행위(대리인과 상대방 관계) ★★☆

1. 대리행위와 그 효과

(1) 의의

① **대리행위**: 대리인이 본인을 위하여 제3자와 하는 법률행위

② **대리행위는 대리인의 행위**: 대리행위를 함에 있어 의사결정과 그 의사결정에 의한 표시를 모두 대리인이 한다.

(2) 현명주의

① **현명의 의의**: 대리인이 법률행위를 할 때 본인을 위한 행위임을 표시하는 것

② 능동대리의 경우 대리인이 현명하지만, 수동대리의 경우 상대방이 현명한다.

③ **'본인을 위한다'의 의미**: 법률효과의 귀속 주체가 '본인'임을 의미하는 것이지, '본인의 이익을 위해서'라는 의미는 아니다.

④ **현명 방법**: 불요식 행위

㉠ 명시적·묵시적으로 모두 가능 ⇨ 조합대리에 있어서는 반드시 조합원 전원의 성명을 제시할 필요는 없고, 상대방이 알 수 있을 정도로 조합을 표시하는 것으로 충분하다(2008다79340).

㉡ 본인의 이름만으로도 가능

⑤ **현명하지 않은 행위의 효력**

㉠ 그 대리인 자신을 위한 것으로 본다.

㉡ 다만, 상대방이 대리인으로서 한 것임을 알았거나 알 수 있었을 때에는 그 의사표시는 대리행위로서 효력이 발생한다.

⑥ **현명주의의 예외**: 상행위와 일상가사대리에는 현명주의가 적용되지 않는다.

2. 대리행위의 하자 및 대리인의 능력

(1) 대리행위의 하자에 대한 판단 기준

① **원칙**(제116조 제1항 - 대리인을 기준으로 판단)

㉠ 의사표시의 효력이 의사의 흠결, 사기, 강박 또는 어느 사정을 알았거나 과실

로 알지 못한 것으로 인하여 영향을 받을 경우에 그 사실의 유무는 대리인을 표준하여 결정한다.

㉡ 예컨대, 대리인이 착오·사기·강박 등에 의하여 의사표시를 한 경우 그 법률행위에 취소 사유가 있는 것이므로 본인이 취소할 수 있다.

② **예외**(제116조 제2항 – 본인을 기준으로 판단): 특정한 법률행위를 위임한 경우에 대리인이 본인의 지시에 좇아 그 행위를 한 때에는 본인은 자기가 안 사정 또는 과실로 인하여 알지 못한 사정에 관하여 대리인의 부지를 주장하지 못한다.

PART 3

(2) 대리인의 능력

① 대리인은 행위능력자임을 요하지 않는다.

② 의사무능력자의 행위는 절대적 무효이므로 대리인은 적어도 의사능력은 있어야 한다.

대리인이 제한능력자인 경우

① 대리행위는 제한능력을 이유로 취소할 수 없다.
② 원인된 법률관계로서 위임계약은 제한능력을 이유로 취소할 수 있다.
③ 무권대리인의 책임이 발생하지 않는다.

(3) 대리 효과(본인·상대방 간의 관계)

① 대리행위에 의한 모든 법률효과는 본인에게 직접 귀속된다.

② **본인의 능력**: 권리능력만 있으면 충분하고 의사능력·행위능력은 요하지 않는다.

③ **대리행위의 취소**: 대리행위의 효과는 모두 본인에게 귀속되므로 대리행위의 하자로 인한 취소권 및 하자담보요구권 또는 무효의 주장 등은 본인이 대리인에게 특별히 위임하지 않았다면 본인만이 행사할 수 있는 권리이다.

판 례 **불공정한 법률행위가 대리인에 의하여 이루어진 경우**

대리행위가 불공정한 법률행위에 해당하는가를 판단함에 있어서 경솔·무경험은 대리인을 기준으로 판단하고, 궁박 상태에 있었는지 여부는 본인을 기준으로 판단하여야 한다.

(4) 복대리

① **복대리인의 의의**

㉠ 복대리인은 대리인이 자신의 이름으로 선임한 본인의 대리인이다.

㉡ 복대리인은 언제나 임의대리인이다.

② **복대리인의 선임행위**: 복대리인의 선임행위는 대리행위가 아니라 복임행위로서 단순한 수권행위에 불과하다.

③ **대리인의 복임권**(복대리인을 선임할 수 있는 권리)**과 그 책임**

구분		복임권	책임
임의 대리인	원칙	복임권 없음	×
	예외	본인 승낙, 부득이한 사유	선임·감독상 과실에 대한 책임
		본인의 지명 시 책임 경감	복대리인의 부적임·불성실함을 알고도 통지·해임 태만 시에만 책임
법정대리인		그 책임으로 복대리인 선임 가능	무과실 책임
		부득이한 사유(본인 승낙 ×)	선임·감독상 과실에 대한 책임

④ **복대리인의 복임권**: 임의대리인의 복대리인 선임에 관한 제한에 따라 복대리인을 선임할 수 있다.

⑤ **복대리인의 지위**

㉠ 상대방과의 관계

ⓐ 복대리인은 그 권한의 범위 내에서 직접 본인을 대리한다.

ⓑ 복대리인의 대리행위에 관해서는 대리의 일반원칙이 그대로 적용된다.

㉡ 대리인과의 관계

ⓐ 복대리인은 대리인의 감독을 받고 대리인의 대리권의 존재 및 범위에 의존한다.

ⓑ 복대리권의 범위는 대리인의 대리권보다 클 수 없으며, 대리인의 대리권이 소멸하면 복대리인의 대리권도 소멸한다.

ⓒ 대리인의 대리권은 복대리인의 선임에 의하여 소멸하지 않으며, 대리인·복대리인은 모두 본인을 직접 대리한다.

㉢ **본인과의 관계**: 본인과 복대리인 사이에도 본인과 대리인 사이에서와 동일한 내부관계가 있다.

⑥ **복대리권의 소멸**

일반적인 소멸사유 (제127조)	• 본인의 사망 • 복대리인의 사망·성년후견의 개시·파산
대리인이 복대리인 선임행위 철회	• 대리인과 복대리인 간의 원인된 법률관계 종료 • 대리인의 복대리인에 대한 수권행위 철회
대리인의 대리권 소멸로 인한 복대리권 소멸	• 본인의 사망 • 대리인의 사망·성년후견의 개시·파산 • 임의대리에 있어서 원인된 법률관계의 종료 및 수권행위의 철회

판 례	복임권

① 대리행위의 성질상 대리인 자신에 의한 처리가 필요하지 아니한 경우에는 본인의 복대리 금지의 의사를 명시하지 아니하는 한 복대리인의 선임에 관하여 묵시적인 승낙이 있는 것으로 볼 수 있다.
② 甲이 채권자를 특정하지 아니한 채 부동산을 담보로 제공하여 금원을 차용해 줄 것을 乙에게 위임한 경우, 甲의 의사에는 복대리인 선임에 관한 승낙이 포함되어 있다고 봄이 타당하다.
③ 아파트나 오피스텔의 분양 업무는 성질상 대리인 자신에 의한 처리가 필요한 경우에 해당된다. ⇨ 복대리인 선임에 관한 묵시적 승인이 있는 것으로 볼 수 없다.
④ 복대리인이 대리권의 범위를 초과하여 대리행위를 하였더라도 본인이 이를 추인하면 그 대리행위는 소급하여 유효로 된다.

PART 3

핵심 04 협의의 무권대리

1. 계약의 무권대리

(1) 법률효과(본인에 대한 효과)

① 유동적 무효(불확정적 무효)
② 원칙적으로 본인에게는 아무런 법률효과가 발생하지 않으나, 본인의 추인 또는 추인 거절에 따라 법률효과가 달라진다.

(2) 상대방의 최고권과 철회권

최고권 (선·악 불문)	• 상당한 기간을 정하여 추인 여부의 확답을 본인에게만 최고 • 본인이 그 기간 내에 확답을 발(發)하지 아니하면 추인을 거절한 것으로 본다(발신주의).
철회권 (선의)	• 본인의 추인 전에 본인 또는 무권대리인에게 철회 • 상대방이 철회를 하면 그 법률행위는 무효로 확정되므로 그 후 본인은 추인할 수 없다.

(3) 본인의 추인권

① **성질**: 상대방의 동의나 승낙을 요하지 않는 단독행위이며 형성권이다.
② **추인의 당사자**(제132조)
㉠ **추인권자**: 본인(또는 상속인, 그 밖에 법정대리인이나 본인으로부터 추인에 관한 수권을 받은 임의대리인)

㉡ **상대방**: 대리행위의 상대방에게 하는 것이 원칙이나, 무권대리인에게도 할 수 있고 무권대리행위로 인한 권리 또는 법률관계의 승계인에게도 할 수 있다. 단, 무권대리인에게 추인을 하는 경우에는 상대방이 추인이 있었음을 알지 못하였다면, 그에 대하여 추인의 효력을 주장하지 못한다.

③ **추인의 방식**: 불요식 행위(명시적·묵시적으로 모두 가능) ⇨ 일부에 대한 추인, 내용을 변경하여 추인을 한 때에는 상대방의 동의가 없는 한 무효(판례)

④ **추인의 효과**

㉠ **원칙**: 소급 유효(단, 추인은 사후의 대리권 수여가 아니다. 즉, 추인이 있다 하여 무권대리가 유권대리가 되는 것은 아니다. 다만, 그 효과 면에서 유권대리와 동일하다는 것뿐이다)

㉡ **예외**(소급효의 제한)

ⓐ 본인과 상대방 사이의 합의에 의해 추인의 소급효를 배제할 수 있다(제133조 본문).

ⓑ 제3자의 권리를 해하지 못한다(제133조 단서).

㉢ 본인의 추인이 있게 되면 무권대리행위는 유효로 확정되므로 본인은 더 이상 추인 거절을 할 수 없게 되고, 상대방은 최고권이나 철회권을 행사할 수 없게 된다.

⑤ **묵시적 추인**

㉠ 묵시적 추인 인정(판례)

ⓐ 무권대리인으로부터 대금의 전부 또는 일부를 수령한 경우

ⓑ 상대방의 변제요구에 대하여 기한의 유예를 요청하는 경우

ⓒ 대리권 없는 처의 근저당권설정에 대해 남편이 그 아파트를 채권자에게 이전하여 청산하기로 합의하였으나 그 합의가 결렬된 경우

㉡ 묵시적 추인 부정(판례)

ⓐ 무권대리인에 대하여 본인이 이의를 제기하지 아니하고 이를 장기간 방치한 경우

ⓑ 범죄행위가 되는 무권대리행위에 대하여 장기간 형사고소를 하지 않은 경우

(4) 본인의 추인거절권

① 본인이 추인의사 없음을 적극적으로 표시하여 무권대리행위를 확정적으로 무효인 것으로 한다.

② 추인거절권의 성질이나 행사 방법은 추인권과 같다.

③ 본인의 추인거절이 있게 되면 무권대리행위는 (본인에 대하여는) 무효로 확정되므로, 그 후에는 본인이 추인할 수 없게 될 뿐만 아니라 상대방도 최고권이나 철회권을 행사할 수 없다(단, 상대방 측에서 표현대리의 성립을 주장하는 것은 별개의 문제이므로 주의한다).

판례 법률행위의 추인

① 자(子)가 대리권 없이 부(父) 소유의 부동산을 매도한 사실에 관하여 매수인이 子를 고소하겠다고 하는 관계로 父가 매매대금에 해당하는 돈을 반환해 주겠다고 하면서 그 매매계약을 해약해 달라고 요청하고 또 그 금원반환기일에 금원을 반환하지 못하게 되자 그 기일의 연기를 구하였다고 하는 사실만으로는 父가 子의 무권대리행위를 추인한 것이라고 단정할 수 없다.

② 무권대리행위가 범죄가 되는 경우에 그 사실을 알고도 장기간 형사고소를 하지 아니하였다는 사실만으로 무권대리행위에 대한 묵시적 추인이 있었다고 볼 수는 없다.

③ 처가 남편의 인감과 관계서류를 위조하여 남편 소유의 부동산을 매도한 것에 대하여 남편이 처의 제3자에 대한 채권 등을 양도받고 처와 이혼하는 한편, 처의 위 처분행위와 이에 따른 사문서위조행위를 불문에 붙이기로 합의하였다면 남편은 처의 무권대리행위를 추인한 것이라고 볼 수 있다.

④ 甲 소유의 농지를 甲의 모친이 乙에게 판 대금으로 딴 곳에 농토를 매수하여 경작하고 乙은 그 토지를 점유경작하고 있음에도 불구하고 甲이 군에서 돌아와서 모친에게 나무라기는 하였으나 10여 년간 乙에게 아무런 말이 없었다면 甲은 무권대리인인 그 모친에게 대하여 그 매매계약을 묵시적으로 추인하였다고 볼 수 있다.

⑤ 무권대리행위의 추인에 특별한 방식이 요구되는 것이 아니므로 명시적인 방법뿐만 아니라 묵시적인 방법으로도 할 수 있고, 그 추인은 무권대리인, 그 대리행위의 직접상대방 및 그 무권대리행위로 인한 권리 또는 법률관계의 승계인에게도 할 수 있다.

⑥ 본인의 장남이 서류를 위조하여 매도한 부동산을 본인이 매수인에게 인도하고 10여 년간 아무런 이의를 제기하지 않은 경우 본인이 무권대리인인 그 장남의 매매행위를 묵시적으로 추인한 것으로 볼 수 있다.

⑦ 본인이 매매계약을 체결한 무권대리인으로부터 매매대금의 전부 또는 일부를 받은 경우 추인으로 보아야 한다.

⑧ 무권대리인이 차용한 금원의 변제기일에 채권자가 본인에게 그 변제를 독촉하자 본인이 유예를 요청한 경우 추인으로 볼 수 있다.

⑨ 처가 타인으로부터 금원을 차용하면서 승낙 없이 남편 소유 부동산에 근저당권을 설정한 것을 알게 된 남편이, 처의 채무변제에 갈음하여 아파트와 토지를 처가 금전을 차용한 자에게 이전하고 그 토지의 시가에 따라 사후에 정산하기로 합의한 경우 이는 그 처의 행위를 추인한 것으로 보아야 하고 다시 정산이 이루어지지 않았음을 이유로 취소할 수 없다.

⑩ 무권대리행위의 추인은 법률행위 전부에 대하여 행하여야 하고 일부에 대한 추인 또는 그 내용을 변경하여 추인을 하였을 경우에는 상대방의 동의를 얻지 못하는 한 효력이 없다.

(5) 상대방에 대한 무권대리인의 책임(제135조)

> **제135조 【상대방에 대한 무권대리인의 책임】** ① 다른 자의 대리인으로서 계약을 맺은 자가 그 대리권을 증명하지 못하고 또 본인의 추인을 받지 못한 경우에는 그는 상대방의 선택에 따라 계약을 이행할 책임 또는 손해를 배상할 책임이 있다.
> ② 대리인으로서 계약을 맺은 자에게 대리권이 없다는 사실을 상대방이 알았거나 알 수 있었을 때 또는 대리인으로서 계약을 맺은 사람이 제한능력자일 때에는 제1항을 적용하지 아니한다.

① **책임발생의 요건**

㉠ 무권대리인이 대리권을 증명하지 못하고 추인도 받지 못할 것

㉡ 무권대리인이 제한능력자가 아닐 것 ⇨ 대리행위 시 행위능력자일 것

㉢ 선의·무과실의 상대방이 철회권을 행사하지 않고 있을 것

㉣ 표현대리가 성립하지 않을 것

② 상대방이 악의 또는 과실이 있거나 무권대리인이 제한능력자인 경우에는 제135조 제1항의 책임을 지지 않는다. ⇨ 무권대리인이 입증

③ **책임의 내용**: 상대방의 선택에 따라 계약의 이행 또는 손해배상의 책임을 진다(무과실 책임).

2. 단독행위의 무권대리

(1) 상대방 없는 단독행위

언제나 절대적 무효로서 본인의 추인도 허용하지 않는다.

(2) 상대방 있는 단독행위

① **원칙**: 무효

② **예외**

㉠ **능동대리**: 상대방이 대리인이라고 칭하는 자의 대리권 없는 행위에 '동의하거나' 또는 '대리권을 다투지 아니한 때'에 한하여 계약의 무권대리와 동일한 효력이 발생한다.

㉡ **수동대리**: 수동대리에 있어서는 무권대리인의 '동의를 얻어서' 행하여진 경우에만 계약의 무권대리와 마찬가지의 효력이 생긴다.

핵심 05 표현대리 ★★★

1. 표현대리의 개관

구분	대리권 수여의 표시에 의한 표현대리(제125조)	권한을 넘은 표현대리(제126조)	대리권 소멸 후의 표현대리(제129조)
공통점·효과	• 표현대리는 상대방을 보호하기 위한 제도로서 상대방만이 주장할 수 있고, 상대방이 표현대리를 주장하지 않는 한 법원도 표현대리를 직권으로 판단할 수 없다. • 표현대리가 성립하면 그에 대하여 본인이 전적으로 책임지고 상대방의 과실을 이유로 과실상계의 법리를 적용하여 본인의 책임을 경감할 수 없다. • 유권대리의 주장 속에 무권대리에 속하는 표현대리의 주장이 포함되어 있다고 할 수는 없다. • 표현대리가 성립하는 경우 상대방 보호는 충분하므로 상대방은 무권대리로서 철회를 할 수는 있으나 무권대리인에게 제135조의 책임을 주장할 수 없다.		
요건	• 본인의 대리권 수여표시가 있을 것(단, 수여표시 방법에는 제한이 없다) • 수여표시 통지를 받은 자와 행위 • 표시된 범위 내의 행위	• 기본대리권 존재(기본대리권이 대리행위와 동종·유사할 필요는 없다) • 기본대리권의 범위를 넘은 대리행위가 존재 • 상대방의 정당한 이유 존재 ⇨ 선의·무과실(판례)	• 대리행위 전에 대리권이 존재했을 것 • 대리행위 당시 대리권이 소멸했을 것 • 과거 소멸한 대리권 범위 내에서 대리행위
입증책임	모든 입증책임은 본인 부담(다수·판례)	• 상대방이 정당한 이유 입증(판례) • 본인이 입증(다수)	모든 입증책임은 본인 부담(다수·판례)
적용범위	임의대리에 한하여 적용	• 임의·법정대리 모두 적용 • 일상가사대리도 기본대리권 • 제125조, 제129조 대리권의 범위 초과 시에도 적용	임의·법정대리 모두 적용

2. 표현대리의 유형 및 효과

(1) 대리권 수여의 표시에 의한 표현대리(제125조)

① **의의**: 본인이 제3자(대리행위의 상대방)에 대하여 타인에게 대리권을 수여하였음을 표시하였으나, 실제로는 대리권을 수여하지 않은 경우

② **성립요건**

㉠ 본인이 제3자에게 대리권 수여의 표시를 하였을 것

ⓐ 대리권 수여표시의 법적 성질은 준법률행위의 일종인 관념의 통지로 본다.

ⓑ 방법에는 특별한 제한이 없다. 따라서 서면으로 하든 구두로 하든, 특정인에 대한 것이든 신문광고와 같이 불특정인에 대한 것이든 문제될 것이 없다.

ⓒ 반드시 대리권 또는 대리인이라고 하는 말이나 문자를 사용한 경우에 한정되는 것은 아니고, 대리권을 추단시키는 일정한 직함·명칭·상호 등의 사용의 승낙 또는 묵인도 대리권 수여의 표시로 본다.

ⓓ 대리권 수여표시를 철회하여 제125조에 의한 표현대리의 성립을 저지할 수 있다.

㉡ **표시된 범위 내의 행위일 것**: 표시된 대리권의 범위를 넘은 때에는 제126조의 권한을 넘은 표현대리를 적용한다.

㉢ 대리권 수여표시의 상대방과 법률행위를 하였을 것

ⓐ 표시를 특정인에게 한 경우에 그 특정인만이 제125조의 보호를 받으며, 그러한 표시가 있었음을 우연히 알게 된 제3자와의 사이에 대리행위가 행하여졌더라도 제125조의 적용은 없다.

ⓑ 반면, 통지가 광고 등에 의하여 이루어진 경우(불특정인에 대한 표시)에는 그 광고를 본 모든 사람이 제3자가 될 수 있다.

㉣ 상대방이 선의·무과실일 것

ⓐ 상대방은 대리권 없음을 알지 못하고(선의) 과실이 없어야 한다.

ⓑ **입증책임**: 본인이 상대방의 악의 또는 과실에 대한 입증책임을 진다.

③ **적용 범위**: 제125조에 의한 표현대리는 임의대리에만 적용되고 법정대리에는 적용되지 않는다.

(2) 권한을 넘은 표현대리(제126조)

① **의의**: 대리인이 대리권의 범위를 넘은 대리행위를 하였더라도 일정한 요건하에 본인에게 그 효과를 귀속시키는 경우를 말한다.

② **성립요건**

㉠ 대리인에게 일정한 대리권(기본대리권)이 존재할 것

ⓐ 대리권 없는 자가 서류·인감증명서·인감을 위조하는 등의 대리행위를 한 경우는 권한을 넘은 표현대리가 성립하지 않는다.

ⓑ 비록 사자(使者)라도 대리권을 추단할 만한 외형을 갖추고 상대방이 사자를 대리인으로 믿을 만한 정당한 이유가 있으면 표현대리가 성립하나, 사실행위만을 할 권한을 기본대리권으로 하여 표현대리는 성립하지 않는다.

㉡ 대리인이 기본대리권의 범위를 넘은 대리행위(월권행위)를 할 것

ⓐ 대리행위가 있어야 하고, 대리행위로 인정될 만한 행위가 없었다면 비록 상대방의 신뢰가 있더라도 권한을 넘은 표현대리가 적용될 여지가 없다.

ⓑ 권한을 넘은 대리행위와 기본대리권이 동종 내지 유사할 필요는 없다.

i) 기본대리권이 공법상의 권리(등기신청행위)이고 표현대리행위(월권행위)가 사법상의 행위(대물변제)일지라도 제126조의 표현대리가 적용된다.

ii) 부부의 일방이 정당한 대리권 없이 타방을 대리하여 그 재산권을 처분한다든지 금전을 차용하는 경우와 같이 부부간의 일상가사대리권의 범위를 넘어 법률행위를 한 경우에도 제126조를 적용할 수 있다.

ⓒ 제125조와 제129조의 표현대리가 그 성립하는 범위를 초과하는 경우에도 제126조의 표현대리가 성립한다.

㉢ 상대방이 대리인에게 대리권이 있다고 믿고 또한 그렇게 믿을 만한 정당한 이유가 있을 것

ⓐ 정당한 이유는 선의·무과실을 의미한다(판례).

ⓑ **판단 시기**: 무권대리행위 성립 당시의 사정을 기초로 하여 판단해야 한다(판례). ⇨ 계약체결 당시 대리권의 존재 여부를 확인하지 아니하고, 잔금 지급 시 위임장 등을 확인하였다면 표현대리는 성립하지 않는다.

ⓒ **입증책임**: 상대방이 스스로 정당한 이유를 입증해야 한다(판례). 그러나 다수설은 본인에게 상대방의 악의 또는 과실에 대한 입증책임이 있다고 한다.

③ **적용 범위**: 임의대리뿐만 아니라 법정대리의 경우에도 적용된다.

(3) 대리권 소멸 후의 표현대리(제129조)

① **성립요건**

㉠ 대리권이 소멸된 후 대리행위를 하였을 것

ⓐ 대리인이 과거에 대리권을 가지고 있었으나, 대리권이 소멸한 후에 대리행위를 한 경우에 한하여 제129조가 적용된다.

ⓑ 처음부터 전혀 대리권이 존재하지 않았던 경우에는 적용되지 않는다.

㉡ **상대방이 선의·무과실일 것**: 본인이 상대방의 악의 또는 과실을 입증하여야 한다.

㉢ **대리인이 권한 내의 행위를 하였을 것**: 이미 소멸한 대리권의 범위를 초과하는 대리행위를 하였을 경우에는 제126조의 표현대리가 문제된다.

② **적용 범위**: 임의대리, 법정대리에 모두 적용된다는 것이 통설·판례이다.

(4) 표현대리의 효과

① 표현대리는 상대방을 보호하기 위한 제도로서 상대방만이 표현대리를 주장할 수 있다.

㉠ 상대방이 표현대리를 주장하지 않는 한 법원이 표현대리의 성립 여부를 직권으로 판단할 수 없다.

㉡ 본인은 상대방이 표현대리를 주장하기 전에 무권대리로서 추인은 할 수 있으나 표현대리를 주장할 수는 없다.

② 표현대리의 효과는 본인에게 전적으로 귀속된다.

㉠ 표현대리의 요건이 충족되면 그 표현대리인이 한 법률행위의 효과는 본인에게 전적으로 귀속된다.

㉡ 본인은 표현대리행위에 의하여 전적인 책임을 져야 하고, 상대방에게 과실이 있다고 하더라도 과실상계의 법리를 유추·적용하여 본인의 책임을 경감할 수 없다(판례).

③ 표현대리의 상대방은 당해 표현대리행위의 직접상대방만을 의미하고, 그로부터 다시 권리를 전득한 자는 상대방에 해당하지 않는다.

④ 표현대리도 기본적으로 무권대리에 해당한다.

㉠ 표현대리도 무권대리에 해당하므로 유권대리에 관한 주장 속에 무권대리에 속하는 표현대리에 관한 주장이 포함되어 있다고 볼 수 없다.

㉡ 표현대리가 성립하는 경우에도 본인에게는 추인권·추인거절권이 있고, 상대방에게는 철회권, 최고권이 있다.

⑤ 표현대리가 성립하는 경우 제135조는 성립하지 않는다.

㉠ 표현대리가 성립하면 이로써 상대방 보호는 충분하다.

㉡ 상대방이 표현대리를 주장하지 않고 철회도 하지 않은 채 제135조의 무권대리인의 상대방에 대한 책임을 주장할 수는 없다.

⑥ **복임권 없는 자가 선임한 복대리인의 행위와 표현대리**

㉠ 대리인이 임의로(복임권 없이) 선임한 복대리인(또는 사자)을 통하여 권한 외의 법률행위를 한 경우, 상대방이 그 행위자를 대리권을 가진 대리인으로 믿었고 또한 그렇게 믿는 데에 정당한 이유가 있는 때에는 권한을 넘은 표현대리(제126조)가 성립할 수 있다(97다48982).

㉡ 대리인이 대리권 소멸 후 복대리인을 선임하여 복대리인으로 하여금 상대방과 대리행위를 하도록 한 경우에도, 상대방이 대리권 소멸 사실을 알지 못하여 복대리인에게 적법한 대리권이 있는 것으로 믿었고 그와 같이 믿은 데 과실이 없다면 대리권 소멸 후의 표현대리(제129조)가 성립할 수 있다(97다55317).

PART 3

판례 **표현대리**

① 기본적인 대리권이 없는 자에 대하여는 권한을 넘은 표현대리나 대리권 소멸 후의 표현대리가 성립할 여지가 없다.
② 표현대리의 법리가 적용될 권한을 넘은 행위는 그 대리인이 가지고 있는 진실한 대리권과 동종임을 필요로 하지 않는다. 그러므로 대리인의 권한유월이 범죄를 구성한다 하더라도 표현대리의 법리를 적용하는데 지장이 없다(63다326).
③ 현명하지 않은 경우 표현대리는 성립하지 않는다.
④ 乙이 甲으로부터 부동산에 관한 담보설정의 대리권을 수여받고도 그 부동산에 관하여 자기 앞으로 소유권이전등기를 하고 丙에게 소유권이전등기를 경료한 경우, 丙은 乙을 甲의 대리인으로 믿고서 행위한 것이 아니므로 표현대리가 성립할 수는 없다.
⑤ 사술을 써서 대리행위의 표시를 하지 않고 단지 본인의 성명을 모용하여 자기가 마치 본인 명의로 직접 법률행위를 한 경우에는 특별한 사정이 없는 한 표현대리가 성립할 수 없다.
⑥ 제126조의 표현대리에서 제3자는 표현대리의 직접상대방만을 의미한다.

▶ 협의의 무권대리와 표현대리 비교

구분	내용
협의의 무권대리	유동적 무효 – 본인의 추인: 소급하여 유효 – 본인의 추인 거절: 무효 확정 ⇨ 상대방에 대한 무권대리인의 책임 발생
표현대리	• 대리권 없는 자의 무권대리행위에 본인이 그 원인을 제공한 경우: 본인이 전적으로 책임 • 거래안전을 위해 본인의 이익을 희생하고 상대방을 보호하는 제도

빈칸 채우기로 CHAPTER 마무리

❶ 현명하지 않은 행위의 효력
- 그 대리인 자신을 위한 것으로 (   ).
- 다만, 상대방이 대리인으로서 한 것임을 알았거나 알 수 있었을 때에는 그 의사표시는 대리행위로서 효력이 발생한다.

❷ 특정한 법률행위를 위임한 경우에 대리인이 (   )에 좇아 그 행위를 한 때에는 본인은 자기가 안 사정 또는 과실로 인하여 알지 못한 사정에 관하여 대리인의 부지를 (   ).

❸ 대리인은 (   )임을 요하지 않는다.

❹ 복대리권의 범위는 대리인의 대리권보다 클 수 (   ), 대리인의 대리권이 소멸하면 복대리인의 대리권도 소멸한다.

❺ 본인의 추인이 있게 되면 무권대리 행위는 유효로 확정되므로 본인은 더이상 추인 거절을 할 수 없게 되고, 상대방은 (   )을 행사할 수 없게 된다.

❻ 제125조에 의한 표현대리는 (   )에만 적용되고 (   )에는 적용되지 않는다.

❼ (   )와 기본대리권이 동종 내지 유사할 필요는 없다.

정답

① 본다 ② 본인의 지시 / 주장하지 못한다 ③ 행위능력자 ④ 없으며 ⑤ 최고권이나 철회권
⑥ 임의대리 / 법정대리 ⑦ 권한을 넘은 대리행위

CHAPTER

05 법률행위의 무효와 취소

▶ **연계학습** | 에듀윌 기본서 1차 [민법 上] p.314

회독체크 1 2 3

CHAPTER 미리보기

01 법률행위의 무효 ★☆☆

02 무효인 법률관계 ★★☆

03 취소할 수 있는 법률행위 ★★☆

04 취소권의 소멸 ★★☆

PART 3

핵심 01 법률행위의 무효 ★☆☆

1. 무효와 취소의 비교

구분	무효	취소
기본적 효과	성립한 법률행위가 처음부터 당연히 효력이 없는 것으로 확정된 것	성립하여 효력이 발생한 법률행위를 취소권자의 취소로 인하여 법률행위 성립 당시로 소급하여 효력이 소멸하는 것
주장권자 및 시간 경과의 효과	• 누구나, 언제나 주장할 수 있다. • 무효를 방치한 상태에서 시간이 지나도 유효로 되지 않는다.	• 취소권자만 취소할 수 있고, 취소할 때까지는 유효하다. • 추인할 수 있는 날로부터 3년, 법률행위를 한 날로부터 10년 경과 시 취소권이 소멸한다.
추인	추인에 의하여 무효인 행위를 유효로 할 수는 없으나, 표의자가 무효임을 알고 추인한 때에는 새로운 법률행위를 다시 한 것으로 본다.	• 추인에 의하여 유효로 확정된다. • 소급효의 문제는 발생하지 않는다.
부당이득 반환	선의의 수익자는 현존이익, 악의의 수익자는 받은 이익과 이자, 그리고 손해도 배상한다.	무효의 경우와 같으나 제한능력을 이유로 취소한 경우 제한능력자는 언제나 현존이익만을 반환한다.

2. 무효의 원인과 효과

(1) 무효의 원인

구분	무효의 원인	비고
당사자	의사무능력자의 법률행위	절대적 무효
목적	• 반사회질서의 법률행위(제103조) • 불공정한 법률행위(제104조) • 강행법규에 위반하는 내용의 법률행위 또는 탈법행위 • 목적을 확정할 수 없는 법률행위 • 원시적 불능을 목적으로 하는 법률행위	
의사표시	• 비진의표시(제107조) • (통정)허위표시(제108조)	상대적 무효

(2) 무효의 효과

① 성립한 법률행위가 그 처음부터 효력이 발생하지 않는다.

② 이행 전이면 이행할 필요가 없으나 이미 이행된 부분은 부당이득으로 상대방에게 반환하여야 하고, 그 반환의 범위는 수익자의 선의·악의에 따라 다르다.

㉠ 선의: 이익이 현존하는 범위 내에서 반환한다.

㉡ 악의: 받은 이익에 이자 및 손해의 배상까지도 고려해야 한다.

핵심 02 무효인 법률관계 ★★☆

1. 일부무효의 법리(제137조)

> **제137조【법률행위의 일부무효】** 법률행위의 일부분이 무효인 때에는 그 전부를 무효로 한다. 그러나 그 무효부분이 없더라도 법률행위를 하였을 것이라고 인정될 때에는 나머지 부분은 무효가 되지 아니한다.

(1) 원칙: 전부 무효

(2) 예외: 일부만 무효, 나머지는 유효

① 법률행위의 분할가능성(㉰ 토지와 건물을 함께 매매한 경우 등)

② 나머지 부분만이더라도 법률행위를 했을 것이라는 가상적 의사가 있을 것(이는 보충적 해석을 통해서 밝혀 낸다) ⇨ 일부무효에 관한 제137조는 일부 취소 ⇨ 일부 불능에도 확대 적용한다.

③ **토지거래허가구역 내의 토지와 건물을 일괄하여 매매한 경우**: 토지에 관한 당국의 거래허가가 없으면 건물만이라도 매매하였을 것이라고 볼 수 있는 특별한 사정이 인정되는 경우에 한하여 토지에 대한 매매거래허가가 있기 전에 건물만의 소유권이전등기를 명할 수 있다고 보아야 할 것이고, 그렇지 않은 경우에는 토지에 대한 거래허가가 있어 그 매매계약의 전부가 유효한 것으로 확정된 후에 토지와 함께 이전등기를 명하는 것이 옳을 것이다(92다16836).

PART 3

2. 무효행위의 전환

(1) 전환의 요건

① 일단 성립한 법률행위가 무효이어야 한다.

② 무효인 법률행위가 다른 법률행위의 요건을 갖추고 있어야 한다.

③ 당사자가 그 행위의 무효를 알았더라면 다른 법률행위를 하는 것을 의욕하였으리라고 인정되어야 한다.

(2) 전환의 유형

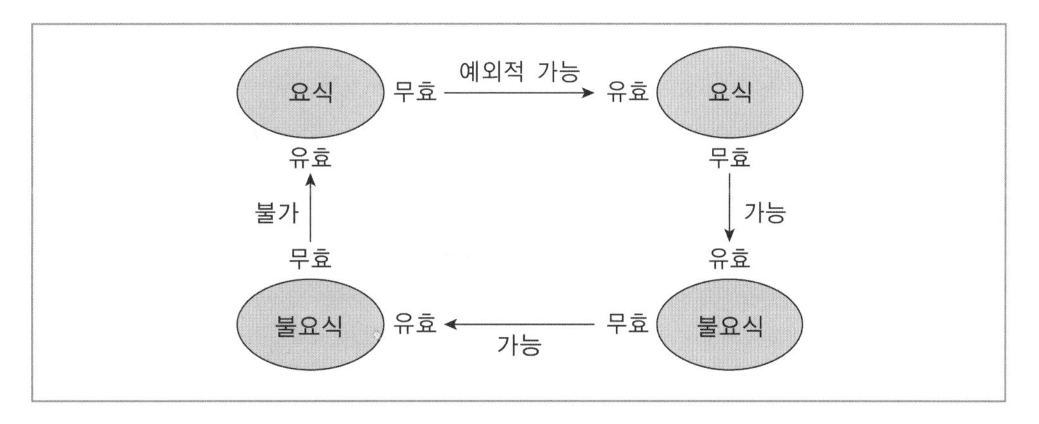

① **무효인 요식 행위에서 유효인 요식 행위로의 전환**: 예외적으로 인정(신분행위)

㉠ 무효인 혼인 중 출생한 자를 출생신고(무효) ⇨ 인지의 효력(유효)

㉡ 입양의 의사로 친생자 출생신고(무효) ⇨ 입양의 효력(유효)

② **무효인 요식 또는 불요식 행위에서 유효인 불요식 행위로의 전환**: 가능

⇨ 연착된 승낙(제530조), 조건·변경을 가한 승낙(제534조)을 새로운 청약으로 인정하는 것

③ **무효인 불요식 행위에서 유효인 요식 행위로의 전환**: 불가능

④ **불공정한 법률행위**: 제104조 불공정한 법률행위로서 무효인 경우에도 전환요건에 부합하는 경우 전환 가능(판례)

⑤ **단독행위**: 상속의 포기와 같은 무효인 단독행위도 협의 분할의 유효로 전환 인정(판례)

(3) 전환의 효과

무효인 법률행위가 유효로 되는 것이 아니고, '다른' 법률행위로서의 효력을 발생한다.

3. 무효행위의 추인

(1) 추인의 요건

① 무효행위를 한 당사자가 무효의 원인이 종료한 후에 법률행위가 무효임을 알고 추인하여야 한다.

② 새로운 법률행위로서의 요건을 갖추어야 한다.

(2) 추인의 효과

① **원칙**(비소급효)

㉠ 추인한 때로부터 새로운 법률행위를 한 것으로 본다(제139조 단서).

㉡ 강행법규 위반, 반사회질서, 불공정한 행위로서 무효가 된 법률행위는 추인하더라도 그 행위가 유효로 되지 않는다.

② **예외**: 당사자의 약정에 의해 채권적 효력은 소급적 추인이 가능, 법률규정 또는 판례에 의하여 물권적 소급효도 가능(무권대리 추인, 무권리자 처분행위 추인)

판 례 | 법률행위의 무효·취소

① 매도인의 기망에 의해 매매계약 체결 시 토지의 일정 부분을 매매대상에서 제외시키는 특약을 한 경우, 그 특약만을 기망에 의한 법률행위로서 취소할 수는 없다.

② 하나의 법률행위의 일부분에 취소 사유가 있고, 그 법률행위가 가분적이거나 그 목적물의 일부가 특정될 수 있다면, 그 일부만의 취소도 가능하다.

③ 무효행위의 추인은 무효인 법률행위 자체를 사후에 유효로 하는 것이 아니라, 그때부터 새로운 법률행위로서 유효하게 되는 것이다.

④ 취득시효가 완성된 사실을 알고 있는 부동산의 소유자가 그 부동산을 제3자에게 처분하였고 제3자가 이 처분행위에 적극 가담한 경우, 제3자 명의로 경료된 등기는 무효로서 추인에 의하여 유효로 되지 않는다.

⑤ 매매계약이 불공정한 법률행위에 해당하여 무효인 경우에도 무효행위의 전환에 관한 민법 제138조가 적용될 수 있다.

⑥ 타인의 권리를 자기의 이름으로 또는 자기의 권리로 처분한 경우 그 처분행위는 무효이나 후에 본인이 그 처분을 인정하였다면 특별한 사정이 없는 한 무권대리에 있어서 본인의 추인과 같이 그 처분은 소급하여 본인에 대하여 효력이 있다.

⑦ 상속재산 전부를 상속인 중 1인에게 상속시킬 생각으로 그 나머지 상속인이 상속을 포기하였으나 그 신고가 법정기간이 도과한 후에 이루어진 경우 그 상속의 포기는 상속재산의 협의분할로 볼 수 있다.

4. 유동적 무효에 관한 판례 이론

(1) 토지거래허가구역 내 토지에 대한 매매를 허가권자의 허가 없이 체결한 경우

(2) 법률효과

① **허가받기 전:** 허가받을 조건의 매매계약 ⇨ 불확정적 무효로서 허가를 받기 전까지는 물권적 효력은 물론 채권적 효력도 발생하지 않는다.

② **유효 확정**

㉠ 허가권자의 허가 ⇨ 소급하여 유효가 되므로 다시 계약할 필요가 없다.

㉡ 허가구역지정의 해제 ⇨ 유효 확정

㉢ 허가구역지정 기간이 만료된 후 재(再)지정되지 않은 경우 ⇨ 유효 확정

③ **무효 확정**

㉠ 허가의 배제·잠탈 목적의 거래계약의 경우

㉡ 관할관청의 불허가 처분이 있는 경우. 다만, 당사자 일방이 불허가를 유도할 목적으로 서류의 불성실한 기재로 인하여 서류의 보완을 요구하면서 불허가 처분이 있었다면 여전히 불확정적 무효 상태에 있다.

㉢ 당사자 일방 또는 쌍방이 허가 절차에 협력하지 않겠다는 명시적 의사표시가 있는 경우

㉣ 정지조건부 토지거래 계약이 토지거래 허가 전에 정지조건의 불성취가 확정이 된 경우

㉤ 사회질서 위반, 비정상적인 의사표시 등을 이유로 무효·취소를 주장하며 허가절차 거절 의사를 분명히 한 경우

㉥ 계약금을 해약금으로 하여 계약이 해제된 경우

판례 유동적 무효 이론

① 허가가 있기 전에 매도인이 소유권이전을 위한 등기서류의 이행제공을 하였다고 하더라도, 매수인이 이행지체에 빠지는 것은 아니며, 매도인은 매수인의 대금지급 의무 불이행을 이유로 계약을 해제할 수 없다.
② 당사자 일방이 허가협력을 불이행하는 경우 그 이행을 소구할 수 있고, 손해배상도 청구할 수 있다.
③ 허가 절차 협력의무는 선이행의무이므로 위반을 이유로 유동적 무효 상태에 있는 거래계약 자체를 해제할 수는 없다.
④ 일방이 허가신청절차에 협력하지 않고 매매계약을 일방적으로 철회한 경우, 상대방은 협력의무 불이행과 인과관계 있는 손해의 배상을 청구할 수 있다.
⑤ 유동적 무효 상태에 있는 토지거래계약에 있어서 매매계약의 당사자는 협력의무 이행을 청구할 수 있으므로, 이러한 이행청구권도 채권자대위권의 행사에 의하여 보전할 수 있는 채권에 해당한다.

⑥ 유동적 무효 상태에 있는 계약의 계약금을 교부받은 자가 계약금의 배액을 상환하고 계약해제를 요구한 경우, 상대방이 이를 거절하고 잔금을 제공하였더라도 다른 약정이 없는 한, 계약은 적법하게 해제된다.
⑦ 토지거래계약이 하자 있는 의사표시에 의하여 이루어진 경우, 거래당사자는 이를 이유로 허가신청 협력에 대한 거절 의사를 명백히 함으로써 그 계약을 확정적으로 무효화시키고, 자신의 거래허가 절차에 협력할 의무를 면할 수 있다.
⑧ 매수인은 매매대금의 제공 없이도 매도인에게 토지거래 허가신청 절차에 협력할 것을 청구할 수 있다.
⑨ 토지거래의 허가를 받았다 하더라도 이는 당사자 중 일방의 이행의 착수로 볼 수 없으므로 매도인은 계약금의 배액을 상환하고 계약을 해제할 수 있다.
⑩ 매수인은 토지거래 허가 신청 절차의 협력청구권을 피보전 권리로 하여 해당 토지의 처분금지 가처분을 구할 실익이 있다.
⑪ 허가를 받지 아니한 상태에서 매매계약에 따른 소유권이전등기청구권을 피보전 권리로 하여 해당 토지의 처분금지 가처분을 청구할 수는 없다.

핵심 03 취소할 수 있는 법률행위 ★★☆

1. 취소권자

(1) 의사표시를 한 자

① **제한능력자**(미성년자·피성년후견인·피한정후견인): 제한능력자가 법정대리인의 동의 없이 취소한 경우, 이 취소의 의사표시를 다시 제한능력을 이유로 취소할 수는 없다.

② **착오·사기·강박에 의하여 의사표시를 한 자**

(2) 대리인

① **법정대리인**: 법정대리인은 고유의 취소권이 있고, 제한능력자의 취소권을 대리로 행사하는 것은 아니다.

② **임의대리인**: 임의대리인은 취소권 행사에 관한 특별수권이 있는 경우에만 취소할 수 있다.

(3) 승계인

① **포괄승계인**: 포괄승계인은 취소권을 당연히 승계한다.

② **특정승계인**: 취소권만의 특정승계는 인정하지 않는다.

판례	법률행위의 취소

① 취소의 의사표시가 착오, 사기·강박 등에 의하여 행해졌다는 등의 취소사유가 있으면 다시 취소할 수 있다.
② 법률행위 취소를 전제로 하는 이행의 청구나 이를 전제로 한 이행거절의 의사표시 가운데는 취소의 의사표시가 포함되어 있다고 볼 수 있다.

2. 취소의 상대방 및 방법

(1) 상대방에 대한 의사표시

법률행위의 직접상대방에 대한 의사표시로써 취소

(2) 일부취소: 제137조 일부무효의 법리 준용

법률행위가 가분적이거나 그 목적물의 일부가 특정될 수 있는 경우, 그 법률행위의 일부분에만 취소사유가 있고 나머지 부분만이라도 이를 유지하려는 당사자의 가정적 의사가 인정되는 경우에는 그 일부만의 취소도 가능하다.

3. 취소의 효과

(1) 법률행위를 취소하면 그 법률행위는 소급적 무효가 된다.

① **제한능력을 이유로 한 취소**: 법률효과의 절대적·소급적 소멸
② **착오·사기·강박에 의한 취소**: 선의의 제3자에게 대항하지 못한다.
③ **취소 후 추인**: 취소할 수 있는 법률행위가 취소된 이상, 이를 추인하여 유효로 할 수는 없으나 무효인 법률행위의 추인 요건과 효력으로서 추인할 수는 있다.

(2) 부당이득반환의무

① **원칙**
㉠ 선의수익자: 받은 이익이 현존하는 한도 내에서 반환
㉡ 악의수익자: 받은 이익 + 이자 + 손해배상
② **제한능력자에 대한 특칙**: 제한능력자는 언제나 현존이익만 반환한다. ⇨ 의사능력의 흠결을 이유로 법률행위가 무효가 되는 경우에도 유추 적용된다.
③ **동시이행**: 쌍방의 부당이득반환은 동시이행관계에 있다.

핵심 04 취소권의 소멸 ★★☆

1. 취소할 수 있는 행위의 추인

(1) 요건

① **추인권자**: 추인은 취소권의 포기를 의미하므로 취소권자만이 추인할 수 있다.

② **추인시기**: 추인은 취소의 원인이 종료한 후에 하여야 한다.

③ 법정대리인이 추인하는 경우에는 위 ②와 같은 제한이 없다.

④ 그 행위가 취소할 수 있는 것임을 알고 하여야 한다.

(2) 방법: 상대방에 대한 의사표시

(3) 각종 추인과 그 효과

구분	내용
취소할 수 있는 법률행위의 추인	• 취소한 법률행위는 처음부터 무효인 것으로 본다. • 취소할 수 있는 법률행위를 추인하면 유효한 법률행위로 확정된다(취소권의 포기가 됨).
무효인 법률행위의 추인	• 무효인 법률행위는 추인하여도 그 효력이 생기지 아니한다. • 무효인 법률행위를 당사자가 알고 추인한 경우에는 새로운 법률행위로 본다(비소급적 추인).
무권대리에 대한 추인	무권대리행위는 무효(유동적 무효)이나 본인이 이를 추인하면 행위시에 소급하여 유효로 된다. ⇨ 무권리자의 처분행위에 준용

2. 법정추인

(1) 요건

① **법정추인의 사유**

㉠ 전부나 일부의 이행

㉡ 이행의 청구

㉢ 담보의 제공

㉣ 취소할 수 있는 행위로 취득한 권리의 전부나 일부의 양도 ⇨ 취소권자가 취소로 인한 부당이득반환청구권이나 사기·강박으로 인한 손해배상청구권을 제3자에게 양도한 경우 취소권은 소멸하지 않는다.

㉤ 강제집행

㉥ 경개

핵심암기법 이행(전부나 일부의 이 행), 이청(이 행의 청 구), 담양강경(담 보의 제공, 권리의 전부나 일부의 양 도, 강 제집행, 경 개)

② **시기**: 취소의 원인이 종료한 후에 행하여진 것이어야 한다.

③ **방법**

㉠ 취소권자가 위의 행위를 함에 있어서 이의를 보류하지 않았어야 한다(제145조 단서).

㉡ 추인의 의사 유무, 취소권의 존재 인지 여부는 따지지 않는다.

(2) 효과

법률상 추인으로 간주하고, 취소할 수 있는 법률행위는 유효한 것으로 확정된다.

3. 제척기간의 경과 – 취소권의 단기소멸

① 취소권의 행사기간은 제척기간으로서 법원의 직권판단 대상이다.

② 취소권은 추인할 수 있는 날로부터 3년 내에, 법률행위를 한 날로부터 10년 내에 행사하여야 한다(제146조). ⇨ 먼저 도래한 날 기준으로 취소권이 소멸한다.

㉠ 추인할 수 있는 날이란 취소의 원인이 종료하여 취소도 추인도 자유롭게 할 수 있게 된 날을 의미한다(판례).

㉡ 취소로 인한 부당이득반환청구권의 소멸시효는 취소권을 행사한 때로부터 소멸시효가 진행한다(판례).

빈칸 채우기로 CHAPTER 마무리

❶ 법정추인의 사유: 취소할 수 있는 행위로 취득한 권리의 전부나 일부의 양도 ⇨ 취소권자가 취소로 인한 부당이득반환청구권을 제3자에게 양도한 경우 취소권은 (   ).

❷ 취소권은 추인할 수 있는 날로부터 (   ) 내에, 법률행위를 한 날로부터 (   ) 내에 행사하여야 한다(제146조).

정답

① 소멸하지 않는다 ② 3년 / 10년

CHAPTER

06 조건과 기한

▶ **연계학습** | 에듀윌 기본서 1차 [민법 上] p.337

회독체크 1 2 3

CHAPTER 미리보기

01 조건부 법률행위 ★★★

02 기한부 법률행위 ★★☆

핵심 01 조건부 법률행위 ★★★

1. **조건부 법률행위**(조건이 붙어 있는 법률행위)

(1) 조건부 법률행위의 효력 판단

조건이 붙은 법률행위에 있어서 그 효력을 판단하는 시점은 법률행위의 성립 시이다.

(2) 조건을 붙일 수 없는 법률행위

① 어음·수표 행위, 단 어음 보증에 조건을 붙이는 것은 가능

② 단독행위, 단 단독행위의 경우 상대방에게 이익만 주는 경우(채무의 면제, 유증)와 상대방이 동의한 경우에는 조건을 붙일 수 있다.

③ 신분행위(가족법상의 법률행위)

핵심암기법	어단신 ⇨ 어음·수표 행위, 단독행위, 신분행위

④ 조건을 붙일 수 없는 법률행위에 조건을 붙인 경우는 법률행위 전부가 무효이다.

2. **정지조건·해제조건**

(1) 조건성취의 효과: 비소급이 원칙이다(임의규정).

① 정지조건 있는 법률행위는 조건이 성취된 때로부터 그 효력이 생긴다.

② 해제조건 있는 법률행위는 조건이 성취된 때로부터 그 효력을 잃는다.

③ 당사자가 조건성취의 효력을 그 성취 전에 소급하게 할 의사를 표시한 때에는 그 의사에 의한다.

(2) 조건부 법률행위에 대한 입증(판례)

① **조건성취에 대한 입증**: 그 조건의 성취로 권리를 취득하려는 자가 조건의 성취를 입증해야 한다.

② **정지조건부 법률행위에 해당한다는 사실의 입증**: 법률행위에 정지조건이 붙어 있다는 사실은 그 법률효과의 발생을 다투는 자에게 입증책임이 있다.

> 핵심암기법 **성취해다** ⇨ 그 조건의 **성**취로 권리를 **취**득하려는 자가 조건의 성취를 입증해야 한다. / 법률행위에 **해**당한다는 사실의 입증: 법률행위에 정지조건이 붙어 있다는 사실은 그 법률효과의 발생을 **다**투는 자에게 입증책임이 있다.

PART 3

3. 조건 성부 확정 전의 효력 – 기대권·희망권 ⇨ 현존하는 재산권

(1) 소극적 보호규정(제148조)

① 조건 있는 법률행위의 당사자는 조건의 성부가 미정한 동안에 조건의 성취로 인하여 생길 상대방의 이익을 해하지 못한다.

② 조건부 권리를 침해하는 처분행위는 조건성취의 효과를 방해하는 범위 내에서 무효이고 불법행위 혹은 채무불이행을 이유로 손해배상책임을 지게 된다.

③ 조건부 권리가 부동산에 관한 것인 경우 보존행위로써 가등기도 가능하다.

(2) 적극적 보호규정(제149조)

조건부 권리도 일반규정에 의한 처분·상속·보존 또는 담보로 제공할 수 있다.

4. 조건의 성취 또는 불성취 의제

(1) 조건성취·불성취에 대한 반신의 행위

① 조건의 성취로 인하여 불이익을 받을 당사자가 신의성실에 반하여 조건의 성취를 방해한 때에는 상대방은 그 조건이 성취한 것으로 주장할 수 있다.

② 조건의 성취로 인하여 이익을 받을 당사자가 신의성실에 반하여 조건을 성취시킨 때에는 상대방은 그 조건이 성취하지 아니한 것으로 주장할 수 있다.

(2) 조건성취의 의제 시점

조건의 성취로 인하여 불이익을 받을 당사자가 신의성실에 반하여 조건의 성취를 방해한 경우, 조건이 성취된 것으로 의제되는 시점은 이러한 신의성실에 반하는 행위가 없었더라면 조건이 성취되었으리라고 추산되는 시점이다(98다42356).

5. 가장조건

(1) 불법조건

① 조건이 선량한 풍속 기타 사회질서에 위반한 것인 때에는 그 법률행위를 무효로 한다.

② 불법조건이 붙은 법률행위는 그 조건만 무효가 아니라 법률행위 전부가 무효가 된다. ⇨ 부첩관계 종료를 해제조건으로 하는 증여계약은 그 계약 전부가 무효이다(판례).

(2) 기성조건과 불능조건

① 조건이 법률행위 당시에 이미 성취한 것인 경우(기성조건)에는 그 조건이 정지조건이면 조건 없는 법률행위로 하고, 해제조건이면 그 법률행위는 무효로 한다.

② 조건이 법률행위 당시에 이미 성취할 수 없는 것인 경우(불능조건)에는 그 조건이 해제조건이면 조건 없는 법률행위로 하고, 정지조건이면 그 법률행위는 무효로 한다.

핵심암기법	기·해·무/불·정·무

(3) 법정조건

법정조건은 당사자가 임의로 부가한 것이 아니기 때문에 조건이 아니지만, 민법의 조건에 관한 규정이 유추 적용될 수 있다.

판 례 법률행위의 부관

① 정지조건부 법률행위에 해당한다는 사실은 그 법률행위로 인한 법률효과의 발생을 저지하는 사유로서 그 법률효과의 발생을 다투려는 자에게 입증책임이 있다.

② 정지조건부 법률행위의 조건이 성취되었다는 사실에 대한 입증책임은 권리를 취득하려는 자에게 있다. ⇨ 정지조건부 채권양도에 있어서 정지조건이 성취되었다는 사실은 채권양도의 효력을 주장하는 자에게 그 입증책임이 있다.

③ 조건의 성취로 인하여 불이익을 받을 당사자가 신의성실에 반하여 조건의 성취를 방해한 경우, 조건이 성취된 것으로 의제되는 시점은 이러한 신의성실에 반하는 행위가 없었다면 조건이 성취되었으리라 추산되는 시점이다.

④ 부관이 붙은 법률행위에 있어서 부관에 표시된 사실이 발생하지 아니하면 채무를 이행하지 않아도 된다고 보는 것이 상당한 경우에는 이를 정지조건으로 보아야 한다.

⑤ 약혼예물의 수수는 혼인의 불성립을 해제조건으로 하는 증여와 유사한 계약이다.

⑥ 채무면제, 해제, 취소 등은 조건을 붙이지 못하는 것이 원칙이나, 상대방의 동의가 있는 경우 또는 채무면제와 같이 상대방에게 이익만 주는 단독행위에는 조건을 붙일 수 있다.

⑦ 어음·수표행위에는 조건이나 기한을 붙이지 못하는 것이 원칙이나, 시기를 붙이는 것 또는 어음보증에 조건을 붙이는 것은 가능하다.

핵심 02 기한부 법률행위 ★★☆

1. 기한의 종류

(1) 시기와 종기

① **시기**: 기한이 도래함으로써 법률행위의 효력이 발생하는 것

② **종기**: 기한이 도래함으로써 효력이 소멸하는 것

(2) 확정기한과 불확정기한

① 기한의 내용인 사실이 발생하는 시기가 확정되어 있는 것(예 내년 1월 1일)이 확정기한이고, 그렇지 않은 것(예 甲이 사망한 때)이 불확정기한이다.

② 부관이 붙은 법률행위에 있어서 부관에 표시된 사실이 발생한 때는 물론, 그 사실이 발생하지 아니하는 것으로 확정된 때에도 반드시 이행해야 한다고 해석이 된다면 이는 불확정기한으로 보아야 한다(판례).

2. 기한부 법률행위의 효력

(1) 기한 도래의 효과

① 시기 있는 법률행위는 그 기한이 도래한 때로부터 효력이 생기고, 종기 있는 법률행위는 그 기한이 도래한 때로부터 효력이 소멸한다.

② 기한 도래의 효과는 소급효가 없으며(절대적), 당사자가 소급효의 특약을 하였더라도 무효이다.

(2) 기한 도래 전의 효력(제154조)

조건부 권리에 관한 제148조 및 제149조는 기한부 권리에 준용한다.

3. 기한의 이익

(1) 의의

① 기한이 도래하지 않음으로써 당사자가 가지는 이익으로서, 법률행위의 종류에 따라 기한이익을 가지는 자가 다르고 기한이익을 가지는 자에 관한 민법 규정은 임의규정이다.

② **기한이익을 가지는 자에 관한 임의규정**: 반대특약 가능

㉠ 무상임치의 경우 임치인이, 사용대차의 경우 사용차주가 기한이익을 갖는다.

㉡ **무이자 금전소비대차**: 소비차주만이 기한이익을 갖는다.

㉢ **이자부 금전소비대차·임대차·유상임치**: 당사자 쌍방이 기한이익을 갖는다.

㉣ 기한의 이익이 누구를 위한 것인지 분명하지 않을 경우 일반적으로 채무자를 위한 것으로 추정한다(제153조 제1항).

③ **기한이익의 포기**

㉠ 기한의 이익을 가지는 자는 그 이익을 포기할 수 있다. 다만, 그로 말미암아 상대방의 이익을 해하지 못한다.

㉡ 예컨대, 이자부 소비대차나 임대차와 같이 기한이익이 당사자 쌍방을 위한 경우에, 기한의 이익을 포기하는 자는 상대방의 손해를 배상하고 기한의 이익을 포기할 수는 있다.

㉢ 보증채무에서 주채무자의 기한이익의 포기는 보증인에게 효력이 미치지 아니한다.

(2) 기한의 이익 상실 사유

① 채무자가 담보를 손상하거나 감소 또는 멸실하게 한 때

② 채무자가 담보 제공의 의무를 이행하지 않은 때

③ 채무자가 파산한 때

④ 당사자간의 특약이 있는 때(형성권적 기한이익 상실 특약으로 추정 – 판례)

빈칸 채우기로 CHAPTER 마무리

❶ 정지조건 있는 법률행위는 ( )로부터 그 효력이 생긴다.

❷ 해제조건 있는 법률행위는 ( )로부터 그 효력을 잃는다.

❸ 기성조건과 불능조건
- 조건이 법률행위 당시에 이미 성취한 것인 경우(기성조건)에는 그 조건이 정지조건이면 ( )로 하고 해제조건이면 그 법률행위는 ( )로 한다.
- 조건이 법률행위 당시에 이미 성취할 수 없는 것인 경우(불능조건)에는 그 조건이 해제조건이면 ( )로 하고 정지조건이면 그 법률행위는 ( )로 한다.

❹ 부관이 붙은 법률행위에 있어서 부관에 표시된 사실이 발생한 때는 물론, 그 사실이 발생하지 아니하는 것으로 확정된 때에도 반드시 이행해야 한다고 해석이 된다면 이는 ( )으로 보아야 한다(판례).

❺ 기한의 이익을 가지는 자는 그 이익을 ( )할 수 있다. 다만, 그로 말미암아 상대방의 이익을 해하지 못한다.

정답

① 조건이 성취된 때 ② 조건이 성취된 때 ③ 조건 없는 법률행위 / 무효 / 조건 없는 법률행위 / 무효
④ 불확정기한 ⑤ 포기

CHAPTER 07

기간과 소멸시효

▶ **연계학습** | 에듀윌 기본서 1차 [민법 上] p.354

회독체크 1 2 3

PART 3

CHAPTER 미리보기

01 기간의 계산방법 ★☆☆
02 소멸시효의 의의
03 소멸시효의 요건 ★★☆
04 소멸시효의 중단 ★★★
05 소멸시효의 정지 ★★☆
06 소멸시효 완성의 효과

핵심 01 기간의 계산방법 ★☆☆

1. 자연적 계산방법

기간의 단위를 시·분·초로 정한 경우에는 즉시부터 기산하고, 해당 시·분·초가 종료됨으로써 기간이 만료한다.

2. 역법적 계산방법

기간을 일·주·월·연으로 정한 때

(1) 기산점

① **원칙**: 초일(初日) 불산입

② **예외**: 초일을 산입하는 경우

㉠ 기간이 오전 0시부터 시작하는 경우에는 초일을 산입한다.

㉡ 연령 계산 시 출생일을 산입한다.

(2) 만료점

① 해당 일·주·월 또는 연의 말일이 종료함으로써 기간이 만료한다.

② **기간을 주·월 또는 연으로 정한 때**: 역(曆)에 의하여 계산

㉠ 해당 주·월 또는 연의 처음부터 기산하는 경우: 최후의 주·월 또는 연의 말일로써 기간이 만료한다.

㉡ 해당 주·월 또는 연의 처음부터 기산하지 않는 경우: 최후의 주·월 또는 연에서 기산일의 전(前)일로써 기간이 만료한다.

③ 기간을 월 또는 연으로 정한 경우에 최종 월에 해당일이 없으면 최종 월의 말일로 써 기간이 만료한다.

④ 기간의 말일이 토요일 또는 공휴일에 해당하는 때에는 그 익일로 기간이 만료한다. 공휴일이란 국경일·일요일을 비롯한 휴일을 말하며, 공휴일에는 임시공휴일이 포함된다. ⇨ 기간의 초일이 공휴일이라 하더라도 기간은 초일부터 기산한다(판례).

판 례　기간 말일의 의미

정년이 60세라는 것은 만 60세에 달하는 날을 의미하는 것이지, 만 60세가 만료되는 날을 의미하는 것은 아니다.

(3) 기간 역산의 계산방법: 기간의 계산방법 준용

사례 – 사원총회의 소집 통지

7월 27일 15:00에 소집예정인 때, 정관에 특별한 규정이 없는 경우 소집통지일의 계산 ⇨ 사원총회 소집규정(일주일 전에 통지서 발송)에 의거하여 계산하면 7월 19일(24:00)까지 통지서 발송

핵심 02 소멸시효의 의의

1. 소멸시효와 제척기간

(1) 제척기간의 의의

법률이 규정하고 있는 권리의 존속기간(통설), 혹은 권리를 행사할 수 있는 기간(판례)을 말한다. 제척기간이 만료되면 그 권리는 당연히 소멸한다.

(2) 소멸시효와 제척기간의 비교

구분	소급효	포기	중단·정지	강행규정	변론주의 적용
소멸시효	○	○	○	○(편면적)	○(원용해야)
제척기간	×	×	×	○	×(직권판단)

⇨ 매도인에 대한 하자담보에 기한 손해배상청구권에 대하여는 민법 제582조의 제척기간이 적용되고, 민법 제582조의 제척기간 규정으로 인하여 위 소멸시효 규정의 적용이 배제된다고 볼 수 없으며, 이때 다른 특별한 사정이 없는 한 무엇보다도 매수인이 매매의 목적물을 인도받은 때부터 그 소멸시효가 진행한다고 해석함이 상당하다(2011다10266).

2. 소멸시효의 성질

① 법정기간(소멸시효기간)의 계속

② 법률요건으로서의 시효

③ 재산관계에 대하여만 적용

④ **편면적 강행규정**: 당사자간의 법률행위로 소멸시효기간의 가중·연장은 불가하나 단축·경감은 가능

PART 3

핵심 03 소멸시효의 요건 ★★☆

1. 요건

① 권리가 소멸시효의 대상이 되어야 한다.

② 권리자가 그의 권리를 행사할 수 있음에도 행사하지 않아야 한다(권리의 불행사).

③ 권리불행사 상태가 일정한 기간(소멸시효기간) 계속되어야 한다.

2. 소멸시효의 대상

(1) 소멸시효의 대상이 되는 권리는 채권과 소유권 이외의 재산권으로 한정하고, 신분권·인격권과 같은 비재산적 권리에는 이를 적용하지 않는다.

(2) 소멸시효에 걸리지 않는 권리

① **형성권**: 언제나 제척기간 대상이지(다수설) 소멸시효 대상이 아니다.

② **상린권**: 소유권의 일부 권능

③ **점유권**: 점유를 상실하면 점유권은 소멸하므로 소멸시효 대상이 아니다.

④ **담보물권**: 담보물권의 성질상 피담보채권이 존재하는 한 단독으로 소멸시효에 걸리지 않는다. ⇔ 용익물권은 소멸시효에 걸린다.

⑤ **공유물분할청구권**: 소유권의 일부 권능으로서 형성권

⑥ **비재산권**(가족권·인격권)

⑦ **물권적 청구권**: 성질상 물권이 존재하는 한 단독으로 소멸시효에 걸리지 않는다.

⑧ **소유권**: 항구성을 특징으로 한다. 소멸시효에 걸리지 않는다.

⑨ **등기청구권**: 원칙적으로 소멸시효에 걸린다. 하지만 매도인이 목적물을 인도받아 사용·수익하고 있는 한 소멸시효에 걸리지 않는다(판례).

핵심암기법	형 – 상 – 점 – 담 – 분 – 비 – 물청 – 소 – 등청

판 례 **등기청구권의 소멸시효**

① 부동산의 소유권이전청구권은 매도인으로부터 목적물을 인도받아 사용·수익하고 있는 동안에는 소멸시효에 걸리지 않는다.
② 목적물을 인도받아 사용·수익하던 매수인이 목적물을 제3자에게 처분하고 더 이상 사용·수익하지 않는 경우에도 더 적극적인 권리행사 중으로 보아 매도인에 대한 소유권이전등기청구권은 소멸시효에 걸리지 않는다.

3. 소멸시효의 기산점 – 권리를 행사할 수 있음에도 권리의 불행사

(1) 소멸시효는 권리를 행사할 수 있는 때로부터 진행한다.

(2) 권리의 불행사란 권리행사에 법률상의 장애가 없는 것을 의미한다.

① 법률상 장애가 존재하는 경우에는 소멸시효가 진행하지 않는다.
② 사실상 장애는 소멸시효의 진행을 막지 못한다.
㉠ 권리자의 개인적 사정(질병)이나 법률지식의 부족
㉡ 권리 존재의 부지 또는 채무자의 부재(예 지방자치단체에 대하여 부당이득반환청구권을 가지고 있는 자가 그 청구권의 존재나 권리행사가능성을 모르는 경우)

(3) 소멸시효의 기산점

① **기한을 정한 채권**: 확정기한이 도래한 때
② **불확정기한부 채권**: 그 기한이 객관적으로 도래한 때(안 때 ×)
③ **기한을 정하지 않은 채권**: 채권이 성립(발생)한 때
④ **조건부·기한부 권리**: 조건성취 시, 기한(객관적) 도래 시
⑤ **선택채권**: 선택권을 행사할 수 있을 때
⑥ **채무불이행에 대한 손해배상청구권**: 채무불이행 시(판례)
⑦ **불법행위에 기한 손해배상청구권**
㉠ 피해자가 가해자 및 손해를 안 날로부터 3년, 불법행위를 한 때로부터 10년
㉡ 미성년자의 성적 피해에 대한 손해배상청구권은 그가 성년이 된 날부터 진행
⑧ **물권**: 일반적으로 권리가 발생한 때
⑨ **부작위채권**: 채무자가 위반행위를 한 때

판 례 **의사의 진료에 관한 채권의 소멸시효의 기산점**

민법 제163조 제2호의 소정의 의사의 치료에 관한 채권에 있어서는 특약이 없는 한 그 개개의 진료가 종료될 때마다 각각의 당해 진료에 필요한 비용의 이행기가 도래하여 그에 대한 소멸시효가 진행된다고 해석함이 상당하고, 입원치료 중에 환자에 대하여 치료비를 청구함에 아무런 장애가 없으므로 퇴원 시부터 소멸시효가 진행된다고 볼 수 없다 할 것이다.

4. 소멸시효의 기간

(1) 일반규정

① 일반채권의 소멸시효기간은 10년이다. ⇔ 상사(商事)채권의 소멸시효기간은 5년이다.

② **채권 및 소유권을 제외한 기타 재산권**: 지역권은 20년의 소멸시효에 걸린다.

(2) 단기소멸시효

① **3년의 단기소멸시효**: 전문성·기술성을 바탕으로 발생한 채권

㉠ 이자, 부양료, 급료, 사용료 기타 1년 이내의 기간으로 정한 금전 또는 물건의 지급을 목적으로 한 채권

㉡ 의사, 조산사, 간호사 및 약사의 치료, 근로 및 조제에 관한 채권

㉢ 도급받은 자, 기사 기타 공사의 설계 또는 감독에 종사하는 자의 공사에 관한 채권

㉣ 변호사, 변리사, 공증인, 공인회계사 및 법무사의 직무에 관한 채권

㉤ 생산자 및 상인이 판매한 생산물 및 상품의 대가 ⇨ 3년의 단기소멸시효가 적용되는 민법 제163조 제6호 소정의 '상인이 판매한 상품의 대가'란 상품의 매매로 인한 대금 그 자체의 채권만을 말하는 것으로서, 상품의 공급 자체와 등가성 있는 청구권에 한한다(95다39854).

㉥ 수공업자 및 제조업자의 업무에 관한 채권 ⇨ 세무사를 상법 제4조 또는 제5조 제1항이 규정하는 상인이라고 볼 수 없고, 세무사의 직무에 관한 채권이 상사채권에 해당한다고 볼 수 없으므로, 세무사의 직무에 관한 채권에 대하여는 민법 제162조 제1항에 따라 10년의 소멸시효가 적용된다(2021다311111).

② **1년의 단기소멸시효**: 의·식·주, 오락과 관련된 채권

㉠ 여관, 음식점, 대석, 오락자의 숙박료, 음식료, 대석료, 입장료, 소비물의 대가 및 체당금의 채권

㉡ 의복, 침구, 장구 기타 동산의 사용료 채권

㉢ 노역인, 연예인의 임금 및 그에 공급한 물건의 대금채권

㉣ 학생 및 수업자의 교육, 의식 및 유숙에 관한 교주, 숙주, 교사의 채권

(3) 단기소멸시효에 걸리는 채권도 재판상 판결로 확정되면 10년으로 연장된다.

핵심 04 소멸시효의 중단 ★★★

1. 소멸시효의 중단 사유

(1) 청구

① **최고**: 최고 후 6개월 이내에 임의출석, 화해를 위한 소환, 파산절차 참가, 재판상의 청구, 압류 또는 가압류, 가처분 등 강력한 조치를 취해야 시효중단의 효력이 유지된다. ⇔ 채권자가 확정판결에 기한 채권 실현을 위해 「민사소송법」상의 재산명시 신청을 하고 그 결정이 채무자에게 송달된 경우, 시효중단 사유인 최고로서 효력이 있다.

② **임의출석**: 화해가 성립되지 않을 경우 1월 이내에 소송을 제기하지 않으면 시효중단의 효력이 없다.

③ **화해를 위한 소환**: 화해를 위한 소환은 상대방이 출석하지 아니하거나 화해가 성립되지 아니한 때에는 1월 내에 소를 제기하지 않으면 시효중단의 효력이 없다.

④ **파산절차의 참가**: 파산절차의 참가는 채권자가 이를 취소하거나 그 청구가 각하된 때에는 시효중단의 효력이 없다.

⑤ **재판상 청구**

㉠ 재판상 청구는 민사소송의 절차에 의하여 권리를 행사하는 것이다.

ⓐ 민사소송이라면 본소(이행의 소, 확인의 소, 형성의 소), 반소, 응소 모두 시효중단의 효력을 인정한다.

ⓑ 채무자가 제기한 소송에 채권자가 응소한 경우, 그 응소사실만으로 소멸시효가 중단되는 것은 아니고, 응소한 채권자가 자신의 권리를 주장하여 이것이 받아들여진 경우에 소멸시효 중단의 효력이 발생한다.

㉡ 재판상의 청구가 있더라도 소의 각하·기각이나 취하가 있으면 시효중단의 효력이 없다. 그러나 6월 내에 재판상의 청구, 파산절차 참가, 압류 또는 가압류, 가처분을 한 때에는 시효는 최초의 재판상 청구로 인하여 중단된 것으로 본다.

⑥ **지급명령**: 지급명령은 그 신청 시에 시효중단의 효력이 발생하나, 지급명령이 채무자에게 송달되지 않거나 그 신청이 각하되면 시효중단의 효력이 발생하지 않는다.

핵심암기법	최임화파재지 ⇨ **최**고, **임**의출석, **화**해를 위한 소환, **파**산절차의 참가, **재**판상 청구, **지**급명령

⑦ 일부에 대한 청구는 일부에 대한 시효중단의 효력이 발생하는 것이 원칙이지만, 일부 청구의 취지가 전부를 청구하기 위한 것이라면 전부에 대한 시효중단의 효력이 발생한다.

(2) 압류·가압류·가처분

① 압류, 가압류 및 가처분은 권리자의 청구에 의하여 또는 법률의 규정에 따르지 아니함으로 인하여 취소된 때에는 시효중단의 효력이 없다.

② 압류, 가압류 및 가처분은 시효의 이익을 받은 자에 대하여 하지 아니한 때에는 이를 그에게 통지한 후가 아니면 시효중단의 효력이 없다.

PART 3

(3) 승인

① 관념의 통지로서 채무의 승인은 소멸시효가 진행된 후 완성 전에만 승인할 수 있다. ⇔ 소멸시효 완성 후의 채무 일부변제는 시효 완성 사실을 알고 시효이익을 포기한 것으로 추정한다(권리의 포기 – 의사표시로서 단독행위).

② 승인은 소멸시효 완성으로 인하여 이익을 받을 자 또는 그 대리인이 시효 완성으로 권리를 상실한 자 또는 그 대리인에 대하여 하여야 한다.

③ 채무자의 채무승인으로 인하여 중단된 소멸시효는 그 승인이 상대방에게 도달한 때로부터 다시 시작된다.

④ 일부에 대한 채무 승인은 채무 전부에 대한 소멸시효 중단의 효과가 발생한다.

2. 소멸시효 중단의 효과

(1) 효력범위

① 시효가 중단되면 이미 진행한 기간은 소멸한다(시효가 갱신된다).

② **인적 범위**: 시효중단의 효력은 당사자와 그 승계인에게만 미친다.

㉠ 당사자란 시효중단행위에 관여한 자만을 의미한다.

㉡ 승계인에는 포괄승계인과 특정승계인이 포함된다.

③ **시효중단의 효력범위 확대**

㉠ 주채무자에 대한 소멸시효 중단의 효력은 보증인에게도 영향을 미친다.

㉡ 요역지가 수인의 공유인 경우, 공유자 1인에 의한 지역권 소멸시효의 중단은 다른 공유자를 위하여 효력이 있다.

㉢ 연대채무자 1인에 대한 소멸시효 중단의 효력은 다른 연대채무자에게도 효력이 있다.

핵심암기법	주보 – 지역 – 연대

판례	재판상 청구에 의한 시효중단의 효력범위

① 손해배상청구권을 공동상속한 자 가운데 1인이 자기의 상속분을 행사하여 승소판결을 얻었더라도 다른 공동상속인의 상속분까지 시효중단의 효력이 미치는 것은 아니다.
② 공유자 중 1인에 대하여 제기한 보존행위로서 재판상의 청구는 나머지 공유자에 대하여는 시효중단의 효력이 없다.

(2) 중단 후의 시효진행

① 시효가 중단된 후에 그 시효의 기초가 되는 사실상태가 다시 계속되면, 그때부터 다시 시효기간이 진행한다.

② 재판상의 청구로 중단된 때에는 재판이 확정된 때로부터, 압류·가압류·가처분으로 중단된 때에는 그 절차가 끝났을 때로부터, 승인으로 중단된 때에는 승인이 상대방에게 도달한 때로부터 새로운 시효기간을 계산하게 된다.

핵심 05 소멸시효의 정지 ★★☆

1. 의의

소멸시효가 만료될 즈음에 권리자가 시효를 중단시키는 것이 곤란하거나 불가능한 사정이 있는 경우에 그 사정이 소멸할 때까지 일정한 기간 동안 시효 진행을 멈추게 하였다가 그러한 사정이 없어진 때에 다시 소멸시효를 진행시키는 제도이다.

2. 시효정지의 사유

(1) 제한능력자를 위한 정지

① 소멸시효 기간 만료 전 6월 내에 제한능력자의 법정대리인이 없는 때에는 그가 능력자가 되거나 법정대리인이 취임한 때로부터 6월 내에는 소멸시효가 완성하지 아니한다.

② 재산을 관리하는 부모 또는 후견인에 대한 제한능력자의 권리는 그가 능력자가 되거나 후임의 법정대리인이 취임한 때로부터 6월 내에는 소멸시효가 완성하지 아니한다.

(2) 혼인관계의 종료에 의한 정지

부부 일방의 타방에 대한 권리는 혼인관계가 종료한 때로부터 6월 내에는 소멸시효가 완성하지 아니한다.

(3) 상속재산에 관한 정지

상속재산에 속한 권리나 상속재산에 대한 권리는 상속인의 확정, 관리인의 선임 또는 파산선고가 있은 때로부터 6월 내에는 소멸시효가 완성하지 아니한다.

(4) 천재·사변에 의한 정지

천재 기타(객관적) 사변으로 인하여 소멸시효를 중단할 수 없을 때에는 그 사유가 종료한 때로부터 1월 내에는 소멸시효가 완성하지 아니한다.

PART 3

핵심 06 소멸시효 완성의 효과

1. 권리의 소멸

(1) 절대적 소멸설(다수·판례)

소멸시효의 완성으로 권리는 당연히 소멸한다.

(2) 상대적 소멸설

소멸시효의 완성으로 권리가 당연히 소멸하지는 않고, 다만 시효의 이익을 받을 자에게 권리의 소멸을 주장할 권리(원용권)가 생길 뿐이다.

(3) 시효 완성 후 채무의 변제

① **절대적 소멸설**: 비채변제(판례)

㉠ 완성사실을 알고 변제: 악의의 비채변제

㉡ 완성사실을 <u>모르고</u> 변제: 도의관념에 부합된 비채변제

㉢ 부당이득의 반환을 청구할 수 없다.

② **상대적 소멸설**: 유효한 채무의 변제

판 례	소멸시효 완성 후 채무의 변제
채무자가 소멸시효 완성 후 채무를 일부 변제한 때에는 그 액수에 대하여 다툼이 없는 한 그 채무 전체를 묵시적으로 승인한 것으로 보아야 하고, 이 경우 시효 완성의 사실을 알고 그 이익을 포기한 것으로 추정되므로, 일부 변제에 충당될 때까지 채무자가 아무런 이의를 제기하지 아니하였다면, 경매절차의 진행을 채무자가 알지 못하였다는 등의 다른 특별한 사정이 없는 한 채무자는 시효 완성의 사실을 믿고 그 채무를 묵시적으로 승인하여 시효의 이익을 포기한 것으로 보아야 한다.	

2. 소급효

① 소멸시효 완성의 효과는 그 기산일에 소급하여 효력이 생긴다.

② 소멸시효 완성으로 채무를 면하게 되는 자는 기산일 이후의 이자를 지급할 필요가 없다.

③ 시효로 소멸하는 채권이 그 소멸시효가 완성하기 전에 상계할 수 있었던 것이면 채권자는 시효 완성 후에도 상계할 수 있다.

④ 연대채무자 중 1인의 채무가 소멸시효 완성으로 소멸하면 그 채무의 부담비율에 관하여 다른 연대채무자도 채무를 면한다.

3. 시효이익

시효가 완성됨에 따라 얻는 당사자의 이익이다.

(1) 원용권자

채권의 소멸시효가 완성된 경우 이를 원용할 수 있는 자는 원칙적으로 채권의 소멸시효이익을 직접 받는 채무자이다. ⇔ 채권자대위소송에서 제3채무자는 채권자의 채무자에 대한 권리가 시효로써 소멸하였음을 주장할 수 있다(×).

(2) 시효이익의 포기

① 시효이익의 포기는 처분행위이므로 시효이익을 포기하는 자는 처분능력과 처분권한이 있음을 요한다.

② 소멸시효의 이익은 미리 포기하지 못한다.

③ 시효이익의 포기는 상대적이다. 따라서 시효이익을 받을 자가 수인인 경우에 그 중의 1인이 시효이익을 포기한 경우 그 효과는 다른 자에게 미치지 않는다.

㉠ 주채무자의 채권자에 대한 시효이익 포기의 효과는 보증인에게는 효력이 미치지 않는다.

㉡ 연대채무자 중 어느 1인의 시효이익의 포기는 다른 연대채무자에게 효력이 없다.

(3) 시효 완성 후의 포기

소멸시효 완성 후의 시효이익의 포기는 상대방 있는 단독행위이다.

(4) 주된 권리에 대한 소멸시효 완성(주물·종물이론 확장 적용)

① 주된 권리의 소멸시효가 완성한 때에는 종된 권리에도 그 효력이 미친다.

② 원본채권이 시효로 소멸하면 이자채권도 역시 시효로 소멸한다.

PART 3

빈칸 채우기로 CHAPTER 마무리

❶ (   )은 원칙적으로 소멸시효에 걸린다. 하지만 매도인이 목적물을 인도받아 사용·수익하고 있는 한 소멸시효에 걸리지 않는다.

❷ 일반채권의 소멸시효기간은 (   )이다.

❸ 단기소멸시효에 걸리는 채권도 재판상 판결로써 확정되면 (   )으로 연장된다.

❹ 소멸시효 완성으로 채무를 면하게 되는 자는 기산일 이후의 이자를 지급할 필요가 (   ).

❺ 시효로 소멸하는 채권이 그 소멸시효가 (   )에 상계할 수 있었던 것이면 채권자는 시효완성 후에도 상계할 수 있다.

❻ 주된 권리의 소멸시효가 완성한 때에는 종된 권리에 그 효력이 (   ).

정답

① 등기청구권 ② 10년 ③ 10년 ④ 없다 ⑤ 완성하기 전 ⑥ 미친다

PART 4

물권법

최근 5개년 평균 출제비율

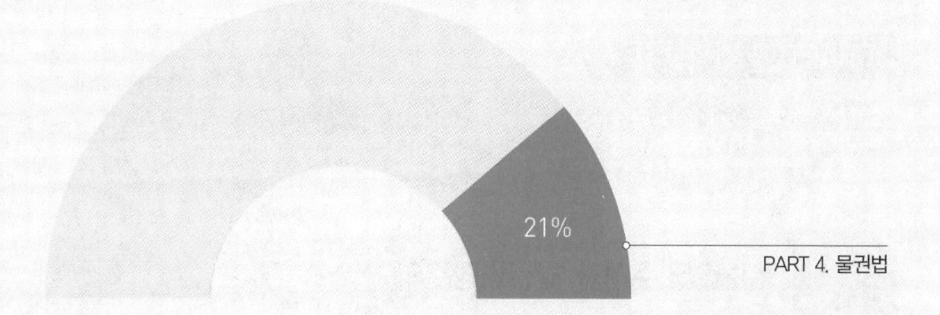

최근 5개년 CHAPTER별 평균 출제비율 & 빈출 키워드

CHAPTER	출제비율	빈출 키워드
01. 물권법 총론	1.0%	물권의 종류, 물권의 일반적 효력
02. 물권의 변동	4.0%	물권변동 일반, 등기, 동산 물권변동
03. 점유권	1.5%	점유권의 효력
04. 소유권	4.0%	소유권의 취득, 공동소유
05. 용익물권	4.0%	지상권, 전세권
06. 담보물권	6.5%	유치권, 저당권

PART 4 | 합격전략

PART 4 물권법, PART 5 채권법은 2014년 제17회 시험부터 40% 내외로 출제 비중이 확정되었습니다. 이 중 물권법은 매년 8문항 이상 계속 출제되고 있습니다. 물권법은 민법 총칙에 비해 출제 비중은 적어도 학습분량이 상당할 뿐만 아니라 출제난도가 점점 높아지는 경향이 있어 이에 잘 대비하여야 합니다. 민법 총칙을 공부하며 물권에 관한 중요부분을 연관지어 학습하는 것을 추천합니다.

CHAPTER

01 물권법 총론

▶ **연계학습** | 에듀윌 기본서 1차 [민법 下] p.8

회독체크 1 2 3

CHAPTER 미리보기

01 일물일권주의와 물권법정주의 ★☆☆

02 물권적 청구권 ★★★

핵심 01 일물일권주의와 물권법정주의 ★☆☆

1. 일물일권주의(물권의 객체)

⇨ 물건에 대한 배타적·직접적 지배관계로부터 발생

(1) 의의

하나의 물건 위에 서로 내용이 같은 물권이 둘 이상 동시에 성립할 수 없다.

⇔ 서로 다른 내용의 물권은 동시 성립이 가능하다.

(2) 일물일권주의의 예외

① **토지나 건물의 일부에 대한 용익물권 설정**

② **토지에 대한 구분지상권**

③ **집합건물의 구분소유권**: 「집합건물의 소유 및 관리에 관한 법률」

④ **공장저당권**: 「공장 및 광업재단 저당법」

판례 **물권의 객체로서 물건**

① 건물을 신축한 자는 보존등기를 경료하지 않아도 그 건물의 소유권을 원시취득한다.

② 독립된 부동산으로서 건물이라고 하기 위해서는 최소한의 기둥과 지붕 그리고 주벽으로 이루어지면 되고, 사회통념상 건물로 인정되어야 한다.

③ 파종 후 수개월 이내에 수확할 수 있는 농작물은 권원 없이 타인의 토지에 경작한 것이라도 경작자가 소유권을 취득한다.

2. 물권법정주의(물권의 종류)

> **제185조 【물권의 종류】** 물권은 법률 또는 관습법에 의하는 외에는 임의로 창설하지 못한다.

(1) 의의

① 제185조의 '법률'은 형식적 의미의 법률만을 의미(명령·규칙은 포함 ×)한다.

② **관습법에 의한 물권의 창설을 인정**: 물권의 성립에 있어 관습법과 법률에 대등한 효력 부여

③ **'임의로 창설하지 못한다'의 의미**: 종류 강제, 내용 강제

(2) 물권의 종류

① **민법상의 물권**: 점유권, 소유권, 지상권, 지역권, 전세권, 유치권, 질권, 저당권

② **특별법상의 물권**: 가등기담보권·양도담보권(가등기담보 등에 관한 법률), 상사유치권(상법) 등

③ **관습법상의 물권**: 관습법상의 법정지상권, 분묘기지권

PART 4

판례 **물권의 종류**

① 사도통행권과 온천권은 물권법정주의에 위배되는 것으로 관습법상의 물권이 아니다.
② 무허가 미등기 건물의 양수인에게 그 소유권이전등기를 경료받지 않는 한 소유권 또는 소유권에 준하는 관습법상의 물권이 있다고 볼 수 없다.
③ 공원은 공공용물에 해당하고 공원시설을 이용할 수 있는 소위 근린공원이용권은 배타적 지배 관계가 성립할 수 있는 성질의 권리가 아니다.
④ 부동산과 동산의 부합의 경우 언제나 부동산의 소유자가 부합한 물건의 소유권을 취득한다.
⑤ 물권법정주의에 위반하여 당사자간의 합의로 새로운 종류의 물권을 창설하기로 하는 합의는 전부가 무효이나, 법률과 다른 내용의 물권을 정하기로 한 합의는 그 전부가 무효는 아니다.

핵심 02 물권적 청구권 ★★★

1. 의의

물권적 청구권이란 물권에 대한 배타적 지배가 침해 또는 방해받거나 방해받을 염려가 있는 경우에, 그 방해의 제거 또는 예방에 필요한 행위를 청구할 수 있는 권리를 말한다.

2. 법적 성질

물권적 청구권은 독립된 청구권이지만 물권에 부종하는 권리이므로, 물권과 분리하여 물권적 청구권만을 양도하거나 다른 권리의 목적으로 할 수 없다.

3. 청구권자 및 상대방

물권 실효성 확보를 위하여 현재 물권자만이 현재 물권자의 물권행사를 방해하고 있거나 방해할 염려가 있는 행위를 하는 자에게만 행사할 수 있다.

4. 유형

(1) 민법상의 근거

① 점유권에 기한 물권적 청구권(점유보호청구권)

② 소유권에 기한 물권적 청구권

③ 기타 제한물권에 기한 물권적 청구권은 본권인 소유권에 기한 물권적 청구권을 준용한다.

④ 저당권 및 지역권은 물건을 배타적으로 지배하는 권리가 아니므로 물권적 반환청구권을 인정하지 않는다.

⑤ 유치권은 유치권 자체에 기한 목적물반환청구권은 인정하지 아니하고, 점유권에 기한 목적물반환청구권을 준용한다.

(2) 내용에 따른 분류

① 목적물반환청구권(점유의 회수)

② 방해제거청구권(점유의 보유)

③ 방해예방청구권(점유의 보전)

5. 행사 요건

① 물권에 대한 현실적인 침해 또는 방해가 있거나 방해할 염려가 있을 것

② 침해자의 고의·과실은 물권적 청구권의 성립요건이 아니고, 침해자의 고의·과실이 있으면 손해배상을 같이 청구할 수 있다. ⇨ 물권적 청구권이 손해배상청구권을 당연히 포함하는 것은 아니다.

6. 소멸시효에 걸리는지 여부

① **소유권·담보물권에 기한 물권적 청구권:** 소멸시효에 걸리지 않는다.

② **용익물권에 기한 물권적 청구권:** 20년의 소멸시효에 걸린다.

판 례 **물권의 효력**

① 甲의 소유물을 乙이 자신의 것으로 잘못 알고 점유하는 경우에는 甲은 乙의 과실 유무를 불문하고 乙에 대하여 반환청구할 수 있다.
② 물권적 청구권이 손해배상청구권을 당연히 포함하는 것은 아니다.
③ 소유물의 점유를 침탈당한 소유자는 본권을 이유로 반환청구하거나, 점유회수를 청구할 수 있다.
④ 매매를 원인으로 소유권이전등기를 경료해 준 자는 불법 점유자에 대하여 소유권에 기한 물권적 청구권을 행사하지 못한다.
⑤ 甲이 점유하고 있는 물건을 乙이 침탈하여 선의의 丙에게 양도하고, 다시 丙이 악의의 丁에게 양도한 때에는 甲은 丁에게 점유권에 기하여 그 물건의 반환을 청구하지 못한다.
⑥ 甲이 자기 소유의 토지에 대하여 乙에게 지상권을 설정해 준 후, 그 토지를 丙이 불법으로 점유하고 있다면 乙뿐만 아니라 甲도 丙에 대하여 방해배제를 청구할 수 있다.
⑦ 대항력을 갖추지 못한 임차인은 임대인이 방해자에 대하여 갖는 물권적 청구권을 대위행사할 수 있다.
⑧ 건물을 신축하여 그 소유권을 원시취득한 甲으로부터 그 건물을 미등기인 상태로 매수한 乙은 그 건물을 불법점유하고 있는 丙에 대하여 甲을 대위하여 그 건물의 명도를 청구할 수 있다.

PART 4

빈칸 채우기로 CHAPTER 마무리

❶ 물권법정주의: 물권은 법률 또는 관습법에 의하는 외에는 임의로 창설(   ).

정답

① 하지 못한다

CHAPTER

02 물권의 변동

▶ **연계학습** | 에듀윌 기본서 1차 [민법 下] p.25

회독체크 1 2 3

CHAPTER 미리보기

핵심 01 물권변동의 원인 ★★★

1. 부동산에 관한 법률행위로 인한 물권의 득실변경(제186조)

⇨ 등기하여야 그 효력이 생긴다.

① **득실변경의 의미:** 물권의 변동(발생·변경·소멸)은 물론 처분의 제한을 포함한다.

② 부동산에 관한 물권변동 중 점유권·유치권과 같이 현재 물건에 대한 사실상의 지배로 인하여 인정되는 권리 등은 등기대상이 아니다.

③ 공유물분할의 소송절차 또는 조정절차에서 공유자 사이에 공유토지에 관한 현물분할의 협의가 성립하여 그 합의사항을 조서에 기재함으로써 조정이 성립하였다고 하더라도, 공유자들이 협의한 바에 따라 토지의 분필절차를 마친 후 각 단독소유로 하기로 한 부분에 관하여 다른 공유자의 공유지분을 이전받아 등기를 마침으로써 비로소 그 부분에 대한 대세적 권리로서의 소유권을 취득하게 된다고 보아야 한다(2011두1917 전합).

2. 등기를 요하지 아니하는 부동산 물권취득(제187조)

(1) 상속, 공용징수, 판결, 경매 기타 법률의 규정에 의한 부동산에 관한 물권의 취득은 등기를 요하지 아니한다. 그러나 등기를 하지 아니하면 이를 처분하지 못한다.

⇨ 등기하지 않아도 물권을 취득하고 제3자에게 대항할 수 있다.

① **경매:** 경락인(매수인)이 경락대금 완납 시 ⇨ 경매는 국가기관이 행하는 공·경매만을 의미한다.

② **공용징수**: 협의수용의 경우에는 협의로 정한 때, 재결수용의 경우에는 관할 토지수용위원회가 재결로서 정한 수용개시일이다.

③ **상속**: 피상속인 사망 시

④ **판결**: 형성판결의 확정 시 ⇨ 판결은 형성판결만을 의미하고, 이행판결(소유권이전등기의 이행판결), 확인판결은 이에 해당하지 않는다.

⑤ **기타 법률규정에 의한 물권변동**: 매매계약의 무효·취소·해제 및 해제조건의 완성으로 인한 물권의 복귀, 제한물권의 소멸통고·소멸청구, 법정지상권 등

(2) 구체적 사건에서의 쟁점

① **원인행위의 실효에 따른 물권의 복귀 문제**: 원인된 채권행위가 무효·취소·해제·해제조건이 성취되면, 물권변동도 처음부터 없었던 것이 되어 말소등기 없이도 물권은 당연히 원소유자에게 복귀한다(판례). ⇨ 물권행위의 유인성·비독자성

② **재단법인 출연재산의 귀속 시기**: 출연자와 법인 사이에는 등기 없이도 출연재산이 재단법인의 성립 시 또는 유언의 효력발생 시에 법인에 귀속되지만, 법인이 이로써 제3자에게 대항하기 위해서는 부동산에 관한 것이면 제186조에 의거하여 등기가 필요하다(판례).

③ **부동산 물권의 점유시효취득**(제245조 제1항): 법률규정에 의한 물권변동이지만, 취득시효 완성 시 등기청구권(채권적 청구권)만 발생할 뿐, 소유권을 취득하기 위하여는 제245조 제1항에 정한 바에 따라 등기하여야 그 물권변동의 효력이 발생한다. ⇨ 매도인 甲이 신축한 무허가 건물이 매수인 乙에게 등기 없이 점유만 이전되었다면 乙은 건물소유권을 취득할 수 없다(판례).

④ 제한물권의 소멸청구(제287조, 제311조) 또는 소멸통고(제313조)는 말소등기 없이도 법정 기일에 물권이 소멸한다.

▶ 물권변동의 원인

제186조가 적용되는 경우	제187조가 적용되는 경우
• 제한물권의 설정 • 부동산의 점유취득 시효가 완성된 경우 • 부동산 소유권이전등기청구 소송에서 승소판결이 확정된 경우 • 매매예약완결권 행사에 의한 부동산 소유권 취득	• 혼동에 의한 저당권의 소멸 • 존속기간 만료에 의한 용익물권의 소멸 • 집합건물의 구분소유자가 취득하는 공용부분의 지분 • 매매계약의 무효, 취소, 해제, 해제조건의 완성으로 인한 물권의 복귀 • (관습상) 법정지상권·전세권의 법정갱신

핵심 02 부동산 물권의 변동과 등기 ★★☆

1. 등기의 유효요건

실체권리와 등기의 합치

2. 실체권리관계와 등기의 불일치

(1) 등기의 불법(무단) 말소

등기가 원인 없이 말소되었다 하여 그 표시된 권리가 소멸하는 것은 아니고, 권리자는 말소회복등기를 청구할 수 있다.

(2) 권리내용의 양적 불합치

① **물권적 합의의 내용보다 등기의 양이 많은 경우**: 합의 범위 내에서 유효

② **물권적 합의의 내용보다 등기의 양이 적은 경우**: 민법 제137조 일부무효의 법리에 따라 유·무효 판단

(3) 표시상의 불일치

① 등기의 선·후를 불문하고 실체와 부합하는 등기만이 유효이다.

② 실체와 부합하지 않는 등기의 경정등기도 무효이다.

(4) 이중으로 경료된 부동산의 소유권보존등기

① **동일인 명의**: 언제나 먼저 경료된 등기가 유효이다.

② **명의자가 다른 경우**: 먼저 경료된 등기가 원인 무효가 아닌 한, 나중에 경료된 소유권보존등기 또는 이에 터 잡은 소유권이전등기는 절대적 무효이다.
⇨ 등기부 취득시효도 인정하지 않는다.

(5) 등기 과정의 불일치: 중간생략등기

① 중간생략등기 금지 규정은 단속규정으로서 당사자 사이의 중간생략등기의 합의에 관한 사법상 효력까지 무효로 한다는 취지는 아니다(92다39112).

② 이미 경료된 중간생략등기는 실체관계와 부합하면 유효이다. 따라서 중간생략등기에 관한 합의가 없었다는 사유만으로 그 등기를 무효라고 할 수는 없다(판례).

③ **직접 등기청구 가능 여부**

㉠ 중간생략등기에 관한 3자 간의 합의가 있으면 최종양수인은 최초양도인에 대하여 직접 이전등기할 것을 청구할 수 있다(판례).

㉡ 중간생략등기에 관한 3자 간의 합의는 반드시 동시에 이루어질 필요는 없으며 순차적으로도 가능하다.

㉢ 중간생략등기의 합의가 있더라도 당사자간의 각 매매계약의 효력에는 아무런 영향을 미치지 않는다.

㉣ 중간생략등기의 합의가 있었다 하여 중간매수인의 매도인에 대한 등기청구권이 소멸되는 것은 아니며, 최초의 매도인이 매수인인 중간자에 대하여 가지고 있는 매매대금청구권의 행사가 제한되는 것도 아니다.

㉤ 중간생략등기의 합의가 없는 한 최종양수인은 중간자의 소유권이전등기청구권을 대위행사(순차적으로 청구)할 수 있을 뿐이다.

㉥ **채권양도의 법리에 의한 등기청구권의 양도 불가**: 최종양수인이 중간자로부터 소유권이전등기청구권을 양도받았다고 하더라도 최초양도인이 그 양도에 대하여 동의하지 않고 있다면 최종양수인은 최초양도인에 대하여 채권양도를 원인으로 하여 소유권이전등기를 직접 청구할 수 없다(판례).

④ **토지거래허가구역 내 중간생략등기는 무효**: 강행규정인 토지거래허가규정 위반으로 절대적 무효이다.

⑤ **중간생략등기 이론의 확장**

㉠ 미등기 부동산의 양수인이 직접 자신 명의로 보존등기(모두생략등기)를 경료한 경우라도 실체관계와 부합하면 유효이다.

㉡ 상속재산의 양도 시 피상속인으로부터 양수인에게 직접 이전등기가 경료(상속인에 의한 등기)된 경우라도 실체관계와 부합하면 유효이다.

3. 실체권리관계와 등기의 일치(등기의 효력발생)

(1) 가등기의 효력

① 가등기는 그 본등기 시에 본등기의 순위를 가등기의 순위에 의하도록 하는 순위보전적 효력만이 있을 뿐이고, 가등기 자체는 아무런 실체법상 효력을 갖지 아니한다(판례).

② 가등기가 경료되었다 하여 당사자 사이에 특정한 법률관계가 성립된 것으로 추정되는 것은 아니나, 가등기가 원인 없이 말소된 경우 말소회복등기는 청구할 수 있다.

③ 가등기 경료 후 소유권의 변동이 있는 경우에 가등기에 기한 본등기는 현재 등기명의자가 아닌 가등기 의무자를 상대로 청구한다.

④ 가등기상의 권리도 재산권으로서 양도가 가능하므로 가등기상의 권리를 양도한 경우 가등기에 대한 부기등기로서 공시할 수 있다.

⑤ 가등기에 기한 본등기 시 본등기의 순위는 가등기 시로 소급하지만 권리변동의 시기는 본등기 시 발생하며, 중간처분등기는 모두 직권으로 말소된다.

(2) 본등기의 효력

① **대항적 효력**: 등기의 내용은 제3자에게 대항할 수 있다.

② **권리변동적 효력**

③ **순위 확정력**

④ **추정적 효력**

㉠ 의의: 등기명의자는 이에 부합하는 권리관계가 존재하는 것으로 추정된다.

㉡ 물적 범위

ⓐ **적법추정**: 절차, 대리권, 권리, 등기원인, 불이익을 위한 추정력 인정

ⓑ 가등기에는 추정력이 인정되지 않는다.

㉢ 인적 범위

ⓐ **원용할 수 있는 자**: 등기의 추정력은 등기명의자뿐만 아니라 제3자(임차인)도 추정의 효과를 원용할 수 있다.

ⓑ **원용의 상대방**: 제3자뿐만 아니라 전 등기명의자에 대해서도 물적 효력이 추정된다.

㉣ 추정의 효과

ⓐ **입증책임**: 법률상 추정이므로 추정의 효력을 부정하는 자가 입증책임을 진다.

ⓑ **무과실 추정**: 등기의 내용을 신뢰하고 거래한 자는 무과실로 추정된다.

⑤ **후등기 저지력**

핵심 03 등기청구권 ★★☆

1. 등기청구권의 발생 원인과 성질

① **법률행위로 인한 물권변동의 경우**: 채권적 청구권

② **실체관계와 등기가 불일치하는 경우**: 물권적 청구권

③ **취득시효**(제245조)**의 경우**: 채권적 청구권

④ **기타의 경우**

㉠ 부동산임차권 등기: 채권적 청구권

㉡ 부동산환매권 등기: 채권적 청구권

2. 등기를 갖추지 않은 부동산 매수인의 지위

① 형식주의의 원칙상 등기를 갖추지 않은 매수인은 소유권을 취득할 수 없고, 소유권은 여전히 매도인에게 귀속된다.

② **부동산 매수인의 등기청구권**: 채권적 청구권

㉠ 등기를 갖추지 않은 매수인의 등기청구권은 채권적 청구권으로서 10년의 소멸시효에 걸리는 것이 원칙이다.

㉡ 매수인이 아직 소유권이전등기를 경료받지 아니하였다 하여도 매매계약의 이행으로 목적물을 인도받아 점유·사용하는 때에는 권리를 행사하는 것으로 보아야 하므로, 이때 등기청구권은 소멸시효에 걸리지 않는다.

㉢ 매수인이 목적물을 제3자(전득자)에게 매도하고 점유를 승계해 준 경우에도 더 적극적인 권리행사로 보아 그 매수인의 등기청구권은 소멸시효에 걸리지 않는다.

㉣ 매수인으로부터 목적물을 매수한 전득자는 위와 같은 토지의 점유·사용권을 취득한 것으로 봄이 상당하므로, 매도인은 매수인으로부터 다시 위 토지를 매수한 전득자 또는 그와 임대차관계에 있는 임차인에 대하여 토지소유권에 기한 물권적 반환청구권을 행사할 수 없다. ⇨ 매수인이 부동산을 인도받아 점유하는 경우에는 점유권이 인정되므로, 매도인이 소유권에 기하여 반환청구할 경우 이를 거절할 수 있다.

판 례 | 등기청구권

① 매매로 인한 소유권이전등기청구권은 특별한 사정이 없는 한 그 권리의 성질상 양도가 제한되고 그 양도에 채무자의 승낙이나 동의를 요한다.
② 부동산 매수인의 소유권이전등기청구권의 법적 성질은 채권적 청구권으로서 10년간 행사하지 않으면 시효로서 소멸하는 것이 원칙이다.
③ 부동산 매수인이 목적물을 인도받아 사용·수익하고 있는 경우 그 소유권이전등기청구권은 소멸시효가 진행되지 않는다.
④ 부동산의 매수인이 그 목적물을 인도받아 사용·수익하다가 그 부동산을 처분하고 점유를 승계하여 준 경우에도 그 등기청구권의 소멸시효는 진행되지 않는다.
⑤ 취득시효 완성자의 등기청구권은 채권적 청구권이다.

PART 4

핵심 04 동산 물권변동과 공시방법

1. 권리자로부터의 취득

(1) 동산 물권변동의 요소로서 인도

① 현실인도

② 간이인도

③ 점유개정

④ 목적물반환청구권의 양도

(2) 민법 제188조의 적용 범위

① 법률행위에 의한 소유권의 양도

② 기타 동산 물권의 양도

2. 선의취득(무권리자로부터의 취득, 점유의 공신력)

(1) 요건

① **객체에 대한 요건**

㉠ 동산 ⇔ 부동산은 선의취득 불가

㉡ 점유가 아닌 등기·등록으로 공시하는 동산은 선의취득의 대상이 아니다.

㉢ 금전은 선의취득의 대상이 아니다.

② **양도인(처분자)에 대한 요건**

㉠ **무권리자가 점유할 것**: 직접·간접점유, 자주·타주점유 불문

㉡ 점유자는 무권대리인이 아닐 것

③ 유효한 거래행위(경매 포함)에 의하여 점유가 이전될 것

④ 양수인(취득자)은 평온·공연·선의·무과실로서 점유를 취득할 것, 여기서 선의·무과실은 점유개시 당시에만 존재하면 되고, 그 취득자의 선의, 무과실은 동산질권자가 입증하여야 한다(80다2910).

⑤ 현실인도, 간이인도, 목적물반환청구권의 양도에 의한 선의취득은 인정되나, 점유개정에 의한 선의취득은 인정되지 않는다(통설·판례).

(2) 효과

① 소유권의 원시취득

② 부당이득반환의무 없음

(3) 도품 또는 유실물에 관한 특칙

① **요건**: 도품 또는 유실물(금전은 제외)

② **효과**

㉠ 피해자 또는 유실자가 2년 내에 물건의 반환을 청구할 수 있고, 그 상대방은 현재 그 물건을 점유하고 있는 선의취득자이다.

㉡ 취득자가 경매나 공개시장 또는 동 종류의 물건을 판매하는 상인에게서 선의(무과실 포함)로 매수한 경우에는 취득자가 지급한 대가를 변상하여야 한다.

핵심 05 물권의 소멸 ★★☆

PART 4

1. 물권의 일반적 소멸 원인

① 목적물의 멸실
② 혼동
③ 소멸시효
④ 물권의 포기
⑤ 몰수
⑥ 공용징수

2. 혼동

(1) 의의

병존할 수 없는 둘 이상의 권리가 동일인에게 귀속되어 그중 보존의 실익이 없는 권리가 소멸하는 것

(2) 소유권과 제한물권의 혼동

① **원칙**: 제한물권이 소멸한다.

② **예외**: 제한물권이 소멸하지 않는 경우

㉠ 혼동한 제한물권이 제3자의 권리의 목적인 때

㉡ 해당 물건에 후순위 권리자가 있을 때

(3) 제한물권과 그 제한물권을 목적으로 하는 다른 권리의 혼동

① **원칙**: 제한물권과 그 제한물권을 목적으로 하는 다른 권리가 혼동한 경우(다른 제한물권이 동일인에게 귀속되는 경우)에는 그 다른 권리는 원칙적으로 소멸한다.

② **예외**: 다른 권리가 소멸하지 않는 경우

㉠ 혼동한 제한물권이 제3자의 권리의 목적인 때

㉡ 후순위 제한물권이 성립한 때

(4) 점유권과 광업권은 혼동으로 소멸하는 권리가 아니다.

(5) 혼동에 의한 물권 소멸의 효과

① **원칙**: 혼동으로 인하여 부동산 물권은 등기 없이 절대적 소멸한다.

② **예외**: 혼동을 일으키는 전제가 된 권리의 취득행위 자체가 무효·취소·해제 등으로 효력을 잃게 된 경우에는 소멸하였던 권리가 부활한다.

빈칸 채우기로 CHAPTER 마무리

❶ 원인행위의 실효에 따른 물권의 복귀 문제: 원인된 채권행위가 무효·취소·해제·해제조건이 성취되면, 물권변동도 처음부터 없었던 것이 되어 (　　　　　) 없이도 물권은 당연히 원소유자에게 복귀한다(판례).

❷ 이중으로 경료된 부동산의 소유권보존등기
- 동일인 명의: 언제나 (　　　　　) 등기가 유효이다.
- 명의자가 다른 경우: (　　　　　) 등기가 원인 무효가 아닌 한, 나중에 경료된 소유권보존등기 또는 이에 터 잡은 소유권이전등기는 (　　　　　)이다.
  ⇨ 등기부 취득시효도 인정(　　　　　).

❸ (　　　　　) 내 중간생략등기는 무효: 강행규정인 토지거래허가규정 위반으로 절대적 무효이다.

❹ 가등기에 기한 본등기 시 본등기의 순위는 (　　　　　) 시로 소급하지만 권리변동의 시기는 (　　　　　) 시 발생하며, 중간처분등기는 모두 직권으로 말소된다.

❺ 등기를 갖추지 않은 매수인의 등기청구권은 채권적 청구권으로서 (　　　　　)의 소멸시효에 걸리는 것이 원칙이다.

❻ 매수인이 아직 소유권이전등기를 경료받지 아니하였다 하여도 매매계약의 이행으로 (　　　　　) 받아 점유·사용하는 때에는 권리를 행사하는 것으로 보아야 하므로, 이때 등기청구권은 소멸시효에 걸리지 않는다.

❼ 매수인이 목적물을 제3자(전득자)에게 매도하고 점유를 (　　　　　)해 준 경우에도 더 적극적인 권리행사로 보아 그 매수인의 등기청구권은 소멸시효에 (　　　　　).

정답

① 말소등기　② 먼저 경료된 / 먼저 경료된 / 절대적 무효 / 하지 않는다　③ 토지거래허가구역　④ 가등기 / 본등기
⑤ 10년　⑥ 목적물을 인도　⑦ 승계 / 걸리지 않는다

CHAPTER 03

점유권

▶ **연계학습** | 에듀윌 기본서 1차 [민법 下] p.68

회독체크 1 2 3

PART 4

CHAPTER 미리보기

01 점유와 점유권 ★★☆ | 02 점유의 효력 ★★★

핵심 01 점유와 점유권 ★★☆

1. 점유권

① 점유권은 물건에 대한 사실상 지배 상태(점유) 자체를 권리로 인정한 것이다.

② 사실상 지배란 물건에 대한 현실적·직접적 실력행사만을 의미하는 것은 아니다.

2. 점유의 관념화

(1) 점유보조자

> **제195조 【점유보조자】** 가사상, 영업상 기타 유사한 관계에 의하여 타인의 지시를 받아 물건에 대한 사실상의 지배를 하는 때에는 그 타인만을 점유자로 한다.

① 사실상의 현실적인 지배는 성립하지만, 점유권이 인정되지 않는 자(㊞ 영업장의 점원, 공무원 등)

② 점유보조자는 점유자가 아니므로 점유보호청구권이 인정되지 않는다.

③ 점유보조자도 점유주를 위한 자력구제권은 행사할 수 있다.

(2) 간접점유

> **제194조 【간접점유】** 지상권, 전세권, 질권, 사용대차, 임대차, 임치 기타의 관계로 타인으로 하여금 물건을 점유하게 한 자는 간접으로 점유권이 있다.

① **점유매개관계**(전세권, 지상권, 질권, 임대차 등)**에 의한 점유**

㉠ 점유매개관계가 반드시 유효한 법률관계일 필요는 없다. ⇨ 임대차계약의 해지 상태에서 임차인이 점유하고 있는 경우

㉡ 점유매개관계가 중첩적으로 존재할 수도 있다. ⇨ 임대차와 전대차

② **간접점유의 효과**

㉠ 대외적 관계: 점유 침탈자에 대한 관계

ⓐ 간접점유자도 점유권이 있는 점유자이므로 점유보호청구권을 인정하나, 간접점유자는 자신에게 반환할 것을 직접 청구할 수는 없고, 먼저 직접점유자에게 반환할 것을 청구할 수 있다.

ⓑ 직접점유자가 목적물을 반환받지 못하거나 반환받기를 거부할 경우에는 간접점유자도 자신에게 직접 반환할 것을 청구할 수 있다.

㉡ 대내적 관계: 직접점유자와 간접점유자의 관계

ⓐ 직접점유자는 간접점유자에 대하여 점유보호청구권·자력구제권을 행사할 수 있다.

ⓑ 간접점유자는 직접점유자에 대하여 점유보호청구권 행사가 불가능하다.

㉢ 간접점유자에게는 자력구제권이 없다.

(3) 상속인의 점유(상속에 의한 점유의 승계)

상속인이 목적물에 대한 피상속인의 점유권의 존재 유무 또는 상속의 개시 여부를 모르는 경우에도 점유권을 승계한다.

판 례 **점유의 관념화**

① 건물의 소유자가 현실적으로 건물이나 그 부지를 점거하지 않더라도 특별한 사정이 없는 한 건물의 부지에 대한 점유가 인정된다.
② 점유보조자는 독립한 점유 주체가 아니므로 그에 대한 인도청구는 원칙적으로 허용되지 않는다.
③ 처 乙이 남편 甲의 소유인 주택이 경매로 매각된 사실을 알면서 계속 점유하면서 경락자 丙의 명도청구를 거부하는 경우 丙은 乙을 상대로 명도청구할 수 없다.
④ 점유보조자도 자력구제권은 행사할 수 있다.
⑤ 직접점유자의 점유한 권리는 간접점유자로부터 전래된 것이어야 하고, 간접점유자는 직접점유자에게 반환청구권을 가져야 한다.
⑥ 약정에 따라 인도의무를 진 직접점유자가 그 후 간접점유자가 된 경우라도 그를 상대로 위 약정에 기한 인도청구를 할 수 있다.

3. 점유의 모습(태양)

(1) 자주점유와 타주점유

① **소유의 의사 유무로 구분**

㉠ 소유의 의사 유무는 점유의 원인이 된 권원의 성질에 의해 객관적으로 결정한다.

ⓛ 목적물을 점유하는 자의 (점유 권원이 불분명한 경우에도) 자주점유는 추정된다.

ⓒ **자주점유의 추정이 깨어지는 경우:** 무단불법의 점유가 입증된 경우

② **점유의 전환**

㉠ 타주점유에서 자주점유로의 전환

ⓐ **타주점유자가 새로운 권원에 의거하여 소유의 의사로 점유 시작:** 임차인의 목적물 매수 또는 경락

ⓑ **소유의 의사표시 이후의 점유:** 타주점유자가 자기에게 점유를 시킨 자에 대해 소유의 의사표시를 한 이후부터 타주점유는 자주점유가 된다.

ⓒ 타주점유자가 점유물에 대한 소유권이전등기를 경료한 사실만으로 타주점유가 자주점유로 전환되는 것은 아니다(판례).

ⓓ 상속은 새로운 권원이 될 수 없다(판례).

ⓛ 자주점유에서 타주점유로의 전환

ⓐ 인도의무(부동산의 경락 허가, 매매대금의 수령)가 있는 매도인의 점유

ⓑ 부동산 매매계약이 해제된 후 매수인의 점유

ⓒ 토지의 점유자가 이전의 토지소유자를 상대로 토지에 대한 소유권이전등기 청구소송을 제기하였다 패소 확정되었다는 사실만으로 자주점유가 타주점유로 전환되는 것은 아니다(판례).

(2) 선의의 점유와 악의의 점유

본권이 있다는 믿음의 유무에 따른 구분

> **제197조 【점유의 태양】** ① 점유자는 소유의 의사로 선의, 평온 및 공연하게 점유한 것으로 추정한다.
> ② 선의의 점유자라도 본권에 관한 소에 패소한 때에는 그 소가 제기된 때로부터 악의의 점유자로 본다.

① 본권이 없음에도 본권이 있다고 믿고 하는 점유는 선의의 점유이고, 본권이 없음을 알고 또는 의심하면서 하는 점유는 악의의 점유이다.

② 점유자의 선의는 추정되나, 무과실은 추정되지 않는다.

③ **선의의 의미:** 선의의 점유자라 함은 과실수취권을 포함하는 권원이 있다고 오신한 점유자를 말하고, 다만 그와 같은 오신을 함에는 오신할 만한 정당한 근거가 있어야 한다(판례).

판례 점유의 모습(태양)

① 공유자 1인이 공유토지 전부를 점유하는 경우, 특별한 사정이 없는 한 다른 공유자의 지분비율의 범위 내에서는 타주점유이다.
② 점유자가 점유 개시 당시에 소유권 취득의 원인이 될 수 있는 법률요건이 없다는 사실을 잘 알면서 타인 소유의 부동산을 무단점유한 것이 입증된 경우에는 특별한 사정이 없는 한 소유의 의사가 있는 점유라는 추정은 깨어진다.
③ 점유자가 스스로 매매 등과 같은 자주점유의 권원을 주장하였으나 이것이 인정되지 않았다는 이유만으로 자주점유의 추정이 깨어지는 것은 아니다.
④ 매매계약이 해제되면 매수인의 점유는 자주점유에서 타주점유로 전환된다.
⑤ 매매대상 토지의 면적이 공부상 면적을 상당히 초과하는 경우 그 초과 부분에 대한 점유는 타주점유이다.
⑥ 소유자가 제기한 소유권이전등기 말소청구소송에서 매수인인 점유자가 패소한 경우 그때부터 타주점유가 된다.
⑦ 무허가 건물을 매수할 당시 이미 그 건물의 부지가 타인의 소유라는 사정을 잘 알면서도 건물만을 매수한 후 그 건물부지에 대한 점유가 개시된 사실이 입증된 경우 자주점유의 추정은 깨어진다.
⑧ 타주점유자인 피상속인을 상속한 자가 새로운 권원에 의하여 다시 소유의 의사로 점유를 한 경우에는 자주점유로 전환된다.
⑨ 계약명의신탁에서 명의신탁자는 소유권 취득의 원인이 되는 법률요건이 없이 그와 같은 사실을 잘 알면서 타인의 부동산을 점유한 것이어서 타인의 소유권을 배척하고 점유할 의사를 가지지 않았다고 할 것이므로 소유의 의사로 점유한다는 추정은 깨어진다(2019다249428).

핵심 02 점유의 효력 ★★★

1. 점유의 추정적 효력

(1) 태양의 추정

① 점유자의 자주점유, 선의의 점유, 평온·공연한 점유는 추정된다.
② 전후 양(兩) 시점에 점유한 사실이 있으면 그 점유는 계속한 것으로 추정된다.
③ 점유자의 무과실은 추정되지 않는다.

(2) 권리의 적법 추정

① **물적 범위**: 점유자가 점유물에 대하여 행사하는 권리는 적법하게 보유할 것으로 추정된다. 이때 점유물은 동산에 한정되고, 부동산의 경우에는 등기의 권리적법 추정력으로 인하여 점유의 권리적법은 추정되지 않는다.
② **인적 범위**
㉠ **원용자**: 추정의 효과는 점유자뿐만 아니라 제3자도 이를 원용할 수 있다.
㉡ **상대방**: 제3자에 대하여 원용 가능하나 전 소유자에 대하여는 스스로 적법한 권원을 주장·입증하여야 한다.

2. 점유자와 회복자의 관계

(1) 과실의 취득

> **제201조【점유자와 과실】** ① 선의의 점유자는 점유물의 과실을 취득한다.
> ② 악의의 점유자는 수취한 과실을 반환하여야 하며 소비하였거나 과실로 인하여 훼손 또는 수취하지 못한 경우에는 그 과실의 대가를 보상하여야 한다.
> ③ 전항의 규정은 폭력 또는 은비에 의한 점유자에 준용한다.

① 선의의 점유자의 과실취득권

㉠ 선의의 점유자가 과실을 취득함에 상대방에 손해가 발생해도 부당이득반환의 문제는 발생하지 않는다.

㉡ 선의의 점유자는 과실취득권이 있지만 그에게 과실(過失)이 있는 경우에는 불법행위로 인한 손해배상책임을 진다(판례).

② 악의의 점유자의 과실반환의무

㉠ 악의의 점유자는 수취한 과실을 반환하여야 하며, 소비하였거나 과실(過失)로 인하여 훼손 또는 수취하지 못한 경우에는 그 과실의 대가를 보상하여야 한다.

㉡ 악의의 점유자라도 그 과실(過失) 없이 수취하지 못한 과실은 반환·보상의 의무가 없다.

(2) 점유물의 멸실·훼손에 대한 책임

> **제202조【점유자의 회복자에 대한 책임】** 점유물이 점유자의 책임 있는 사유로 인하여 멸실 또는 훼손한 때에는 악의의 점유자는 그 손해의 전부를 배상하여야 하며 선의의 점유자는 이익이 현존하는 한도에서 배상하여야 한다. 소유의 의사가 없는 점유자는 선의인 경우에도 손해의 전부를 배상하여야 한다.

(3) 점유자의 비용상환청구권

> **제203조【점유자의 상환청구권】** ① 점유자가 점유물을 반환할 때에는 회복자에 대하여 점유물을 보존하기 위하여 지출한 금액 기타 필요비의 상환을 청구할 수 있다. 그러나 점유자가 과실을 취득한 경우에는 통상의 필요비는 청구하지 못한다.
> ② 점유자가 점유물을 개량하기 위하여 지출한 금액 기타 유익비에 관하여는 그 가액의 증가가 현존한 경우에 한하여 회복자의 선택에 좇아 그 지출금액이나 증가액의 상환을 청구할 수 있다.
> ③ 전항의 경우에 법원은 회복자의 청구에 의하여 상당한 상환기간을 허여할 수 있다.

점유자의 비용상환청구권은 점유자가 회복자로부터 목적물의 반환청구를 받거나 또는 목적물을 반환한 때에 행사할 수 있다(판례). ⇨ 소유권이전등기의 말소만을 구하는 경우 점유자는 유익비상환청구권으로 유치권 행사의 항변을 구할 수 없다(판례).

3. 점유권의 보호

(1) 점유보호청구권

> **제204조【점유의 회수】** ① 점유자가 점유의 침탈을 당한 때에는 그 물건의 반환 및 손해의 배상을 청구할 수 있다.
> ② 전항의 청구권은 침탈자의 특별승계인에 대하여는 행사하지 못한다. 그러나 승계인이 악의인 때에는 그러하지 아니하다.
> ③ 제1항의 청구권은 침탈을 당한 날로부터 1년 내에 행사하여야 한다.
>
> **제205조【점유의 보유】** ① 점유자가 점유의 방해를 받은 때에는 그 방해의 제거 및 손해의 배상을 청구할 수 있다.
> ② 전항의 청구권은 방해가 종료한 날로부터 1년 내에 행사하여야 한다.
> ③ 공사로 인하여 점유의 방해를 받은 경우에는 공사착수 후 1년을 경과하거나 그 공사가 완성한 때에는 방해의 제거를 청구하지 못한다.
>
> **제206조【점유의 보전】** ① 점유자가 점유의 방해를 받을 염려가 있는 때에는 그 방해의 예방 또는 손해배상의 담보를 청구할 수 있다.
> ② 공사로 인하여 점유의 방해를 받을 염려가 있는 경우에는 전조 제3항의 규정을 준용한다.

(2) 점유권에 기인한 소와 본권에 기인한 소는 서로 영향을 미치지 아니한다. ⇨ 본권에 관한 소에서 패소한 점유자도 점유에 관한 소로써 그 점유물의 반환소송을 제기할 수 있다(판례).

(3) 점유에 기인한 소는 본권에 관한 이유로 재판하지 못한다. ⇨ 점유물반환청구의 소에 있어서 상대방이 설사 소유권 그 밖의 본권을 가지고 있다고 하더라도 이를 이유로 점유물반환의 청구를 부인하지 못한다(판례).

4. 자력구제권

(1) 자력구제권을 행사할 수 있는 자

직접점유자 및 점유보조자에게는 인정되지만, 간접점유자에게는 인정되지 않는다.

(2) 종류

자력방위권, 자력탈환권(동산 – 현장에서 또는 추적하여, 부동산 – 침탈 후 직시)

판례 점유권의 효력

① 선의의 점유자가 과실을 취득함으로써 타인에게 손해를 입힌 경우, 그 과실 취득으로 인한 이득을 그 타인에게 반환할 의무가 없다.
② 악의의 점유자는 자주점유·타주점유 구분 없이 점유물이 멸실·훼손된 경우 손해 전부에 대하여 책임을 진다.
③ 점유자가 유익비를 지출한 당시 계약관계 등 적법한 점유의 권원을 가진 경우 그 상환에 관하여는 점유자와 회복자의 관계에 관한 법리를 적용하여서는 아니 된다.

④ 자기에게 본권이 없는 것을 알면서 타인의 물건을 점유하고 있는 자도 보존을 위해 필요비를 지출한 경우 회복자에게 그 상환을 청구할 수 있다.
⑤ 회복자가 소유권이전등기의 말소를 구하는 경우에 점유자의 비용상환청구권에 기한 유치권의 항변은 인정할 수 없다.
⑥ 점유자는 그 비용을 지출할 당시의 소유자가 누구였는지 관계없이 점유회복 당시의 소유자에 대하여 비용의 상환을 청구할 수 있다.
⑦ 乙이 甲으로부터 임차한 물건을 제3자인 丙이 절취한 경우, 甲은 丙을 상대로 乙에게 그 물건의 반환을 청구할 수 있다.
⑧ 점유의 권리적법 추정은 원칙적으로 부동산 물권에는 적용이 없다.

PART 4

빈칸 채우기로 CHAPTER 마무리

❶ 목적물을 점유하는 자의 (점유 권원이 불분명한 경우에도) 자주점유는 (　　　　　　)된다.

❷ 토지의 점유자가 이전의 토지소유자를 상대로 토지에 대한 소유권이전등기 청구소송을 제기하였다 패소 확정되었다는 사실만으로 자주점유가 타주점유로 (　　　　　　)(판례).

❸ (　　　　　　)라 함은 과실수취권을 포함하는 권원이 있다고 오신한 점유자를 말하고, 다만 그와 같은 오신을 함에는 오신할 만한 정당한 근거가 있어야 한다(판례).

❹ (　　　　　　)는 수취한 과실을 반환하여야 하며, 소비하였거나 과실(過失)로 인하여 훼손 또는 수취하지 못한 경우에는 그 과실의 대가를 보상하여야 한다.

❺ 악의의 점유자는 그 과실(過失) 없이 멸실·훼손된 과실은 보상의 의무가 (　　　　　　).

❻ 점유자의 (　　　　　　)은 점유자가 회복자로부터 목적물의 반환청구를 받거나 또는 목적물을 반환한 때에 행사할 수 있다(판례).

❼ 점유권에 기인한 소와 본권에 기인한 소는 서로 영향을 (　　　　　　).

❽ 점유에 기인한 소는 본권에 관한 이유로 (　　　　　　).

정답

① 추정　② 전환되는 것은 아니다　③ 선의의 점유자　④ 악의의 점유자　⑤ 없다　⑥ 비용상환청구권
⑦ 미치지 아니한다　⑧ 재판하지 못한다

CHAPTER

04 소유권

▶ **연계학습** | 에듀윌 기본서 1차 [민법 下] p.92

회독체크 1 2 3

CHAPTER 미리보기

01 소유권의 의의 ★★★

02 공동소유 ★★★

핵심 01 소유권의 의의 ★★★

1. 토지소유권의 범위

> **제212조 【토지소유권의 범위】** 토지의 소유권은 정당한 이익 있는 범위 내에서 토지의 상하에 미친다.

① 지하수·온천수에 관한 권리는 토지소유권의 내용으로서 독립된 물권이 아니다.

② 미채굴 광물에 대하여는 토지소유권의 효력이 영향을 미치지 않는다.

2. 상린관계

(1) 건물의 구분소유자 간의 상린관계

(2) 토지소유자 간의 상린관계

① **인지(隣地)사용권**: 인지소유자는 담·건물을 축조 또는 수리하기 위하여 인접 토지를 사용할 수 있으나, 이웃 사람의 승낙이 없으면 주거에 들어가지 못한다.

② **주위토지통행권**

㉠ 내용

ⓐ 어느 토지와 공로(公路) 사이에 그 토지의 용도에 필요한 통로가 없는 경우(포위지)에 그 토지소유자는 주위의 토지를 통행 또는 통로로 하지 아니하면 공로에 출입할 수 없거나 과다한 비용을 요하는 때에는 그 주위의 토지를 통행할 수 있고 필요한 경우에는 통로를 개설할 수 있다.

ⓑ 다른 토지를 통행하거나 통로를 개설할 때에 통행지 소유자의 손해가 가장 적은 장소와 방법을 선택하고 통행지 소유자의 손해를 보상한다.

ⓒ 현재 토지의 용법에 필요한 범위 내에서만 사용할 수 있을 뿐, 미리 장래의 용도에 대비하여 「건축법」상의 도로를 확보할 수 있는 것은 아니다.

㉡ 무상 주위토지통행권

ⓐ 토지의 분할 또는 일부 양도로 포위지가 발생한 경우, 무상의 주위토지통행권이 인정된다.

ⓑ 무상의 주위토지통행권은 분할 또는 일부 양도의 당사자 사이에만 인정되고, 그 토지의 특별승계인 사이에는 통행권의 범위를 다시 정해야 한다.

(3) 상린관계는 지상권·전세권·토지임차권에 준용된다.

판 례	**상린관계**
	① 주위토지통행권에 기한 통행지 소유자는 통행권자의 허락을 얻어 사실상 통행하고 있는 자에게 손해의 보상을 청구할 수 없다. ② 분할이나 토지의 일부 양도로 포위된 토지의 특정승계인의 경우에는 주위토지통행권에 관한 일반원칙에 따라 그 통행권의 범위를 따로 정해야 한다. ③ 기존의 통로보다 더 편리하다는 이유만으로 다른 곳으로 통행할 권리를 갖는 것은 아니다. ④ 현재의 토지 용법에 부합되는 이용 범위에서 인정되는 것이고 앞으로의 이용 상황까지 미리 대비하여 통행로를 정할 수는 없다. ⑤ 주위토지통행권이 인정된다고 하더라도 통행지 소유자의 점유를 배제할 권능까지 있는 것은 아니므로 통행지 소유자는 이를 전적으로 점유하고 있는 통행권자에 대하여 그 인도를 청구할 수 있다.

3. 소유권의 취득시효

(1) 시효취득의 대상 권리

소유권, 지상권, 지역권, 분묘기지권, 지적재산권, 어업권, 광업권

핵심암기법	소 / 지지분지어광 ⇨ **소**유권, **지**상권, **지**역권, **분**묘기지권, **지**적재산권, **어**업권, **광**업권

시효취득의 대상 권리	시효취득의 대상이 될 수 없는 권리
• 소유권 • 지상권 • 계속되고 표현된 지역권 • 분묘기지권 • 지적재산권(저작권, 특허권, 상표권 등) • 어업권·광업권	• 점유를 수반하지 않는 물권(저당권) • 한번 행사하면 소멸하는 권리 (취소권, 환매권, 해제권) • 신분권(부양청구권, 친족권, 상속권) • 불계속·비표현 지역권 • 점유권·유치권 • 채권

(2) 부동산의 취득시효

> **제245조 【점유로 인한 부동산소유권의 취득기간】** ① 20년간 소유의 의사로 평온, 공연하게 부동산을 점유하는 자는 등기함으로써 그 소유권을 취득한다.
> ② 부동산의 소유자로 등기한 자가 10년간 소유의 의사로 평온, 공연하게 선의이며 과실 없이 그 부동산을 점유한 때에는 소유권을 취득한다.

① **대상**

㉠ 국유지(일반재산)도 취득 가능, 지역권에도 준용

㉡ 토지의 전부 또는 일부(토지의 일부에 대하여 등기부 취득시효 ×), 공유지분도 취득 가능(공유물 전부를 점유해야 한다) ⇨ 1필의 토지의 일부에 대하여 분필절차 없이도 취득시효가 완성된 경우라 하더라도 그 소유권 취득을 위하여는 분필절차를 거쳐 소유권이전등기를 경료되어야 한다.

㉢ 자기 소유 물건, 성명불상자의 물건도 취득 가능

② **공통 요건**

㉠ 소유의 의사(자주점유 – 점유개시 시에만 있으면 된다)로, 평온·공연한 점유

㉡ 각각의 특별요건

점유취득시효	등기부 취득시효
• **20년간 점유의 계속**: 점유의 승계 인정 • **등기하여야 소유권 취득**: 소유권이전등기청구권 발생(등기청구권은 채권적 청구권) • 시효 완성 당시 소유자에게 청구 • 토지 일부에 대하여도 인정된다.	• **등기**: 등기부상 소유자로 등기되어 있어야 한다(무효등기도 인정). • **선의·무과실의 점유**: 점유개시 당시에만 선의·무과실이면 된다. • 10년간의 점유 • 등기의 승계 및 점유의 승계가 인정된다.

③ **효과**

㉠ **소급효**: 소유권 취득의 효력은 점유를 개시한 때로 소급되므로, 점유기간 중 부당이득의 문제는 발생하지 않는다.

㉡ **권리의 원시취득**: 실무상 이전등기의 형식을 취하나 실체는 원시취득이다.

㉢ 취득시효 완성의 효과

ⓐ **등기청구권 발생**: 소유권이전등기를 경료하여야 소유권을 취득

ⓑ 등기청구권의 성질은 채권적 청구권이다. ⇨ 취득시효완성으로 인한 소유권이전등기청구권의 양도의 경우에는 매매로 인한 소유권이전등기청구권에 관한 양도제한의 법리가 적용되지 않는다(2015다36167).

ⓒ 소유권이전등기청구의 상대방은 시효 완성 당시의 소유자이다.

㉣ 취득시효 완성 후 등기청구권 행사 전에 법률상 소유자가 변경된 경우에는 새로운 소유자의 선·악을 불문하고 점유취득시효를 주장할 수 없으나, 새로운 소유자의 소유권 취득을 기산점으로 하여 다시 점유취득시효를 완성한 점유자는 새로운 취득시효 완성 당시의 소유자에 대하여 등기청구권을 행사할 수 있다(판례).

㉤ 토지소유자가 점유자의 시효 완성 사실을 알면서 양도한 경우, 이중 매매의 법리가 적용된다.

판례 취득시효

① 점유에 의한 취득시효는 점유라는 객관적 징표를 요하는 것이므로 분할되지 아니한 1필 토지의 일부나 공유지분에 대하여도 시효취득이 인정된다.
② 시효 완성 후 시효 완성자로부터 대상 토지를 양수하여 점유를 승계한 점유자는 전 점유자의 소유자에 대한 소유권이전등기청구권을 대위 행사할 수 있을 뿐, 전 점유자의 취득시효 완성의 효과를 주장하여 직접 자기에게 소유권이전등기를 청구할 권한은 없다.
③ 취득시효 완성 후 제3자가 소유권을 취득한 경우 시효 완성자의 등기청구가 이행불능 상태에 빠진 것이지, 등기청구권 자체가 소멸된 것은 아니다. 따라서 시효 완성 후 제3자에게 소유권이 이전되었다가 소유권이 다시 전 소유자에게 복귀된 경우, 시효 완성자는 시효 완성을 주장하여 등기청구권을 행사할 수 있다.
④ 시효 완성 후 토지가 수용된 경우 시효 완성자가 토지소유자에 대하여 등기청구권을 행사하는 등 시효 완성을 주장한 경우에 한하여 대상청구권을 주장할 수 있다.
⑤ 국유재산도 잡종(일반)재산의 경우 시효취득이 인정되나, 시효 완성 후 그 재산이 행정재산으로 되면 시효취득을 이유로 소유권이전등기를 청구할 수 없다.
⑥ 건물을 소유하기 위하여 그 건물 부지를 평온·공연하게 20년을 점유한 자는 등기함으로써 그 부지에 대한 지상권을 취득한다.
⑦ 관할 위반의 등기처럼 외관상 부적법한 등기임이 명백하여 점유 부분을 표상하지 못하는 등기를 근거로 등기부 취득시효가 부정된다.

(3) 동산소유권의 취득시효

구분	점유취득시효(제246조 제1항)	단기취득시효(제246조 제2항)
의의	10년간 소유의 의사로 평온·공연하게 동산을 점유한 자는 그 소유권을 취득한다.	점유를 개시한 때에 선의·무과실이었고 5년간 소유의 의사로 평온·공연하게 동산을 점유한 자는 그 소유권을 취득한다.
요건	• 10년간의 자주점유 • 평온·공연한 점유	• 5년간의 자주점유 • 선의·무과실의 점유 개시 • 평온·공연한 점유

PART 4

4. 첨부(부합·혼화·가공)

(1) 부합

① **부동산에의 부합**

㉠ 부합의 정도

ⓐ 사회관념상 부합물이 거래상 독립성을 잃을 정도로 결합될 것

ⓑ 분리하는 데 과다한 비용이 들고, 분리할 경우 그 경제적 가치가 현저히 감소할 것

ⓒ 부동산에 부합되는 물건은 동산뿐만 아니라 부동산도 인정된다.

㉡ 효과

ⓐ **원칙**: 부동산의 소유자가 부합한 동산의 소유권 취득

ⓑ **예외**: 타인의 권원에 의하여 부속된 것은 부속시킨 자의 소유로 남는다.

② **동산 간의 부합**

㉠ 주종의 구별이 가능한 경우: 주된 동산의 소유자가 소유권을 취득한다.

㉡ 주종의 구별이 불가능한 경우: 각 물건의 소유자가 부합 당시의 가액의 비율로 합성물을 공유한다.

(2) 혼화

동산 간의 부합에 관한 법리 적용

(3) 가공

① **원칙**: 소유권은 원재료의 소유자에게 귀속한다.

② **예외**: 가공으로 인한 가액의 증가가 원재료의 가액보다 현저히 다액인 때에는 가공자의 소유로 한다.

5. 소유권에 기한 물권적 청구권

(1) 소유물반환청구권

> **제213조 【소유물반환청구권】** 소유자는 그 소유에 속한 물건을 점유한 자에 대하여 반환을 청구할 수 있다. 그러나 점유자가 그 물건을 점유할 권리가 있는 때에는 반환을 거부할 수 있다.

(2) 소유물방해제거청구권 및 소유물방해예방청구권

> **제214조 【소유물방해제거, 방해예방청구권】** 소유자는 소유권을 방해하는 자에 대하여 방해의 제거를 청구할 수 있고 소유권을 방해할 염려 있는 행위를 하는 자에 대하여 그 예방이나 손해배상의 담보를 청구할 수 있다.

판례 **물권적 청구권**

① 소유물반환의무를 부담하는 자는 사실심 변론종결 당시의 점유자로서, 그의 점유를 취득한 원인이나 귀책사유의 유무는 불문한다.
② 타인의 토지 위에 무단으로 건물을 신축한 자로부터 점유를 이전받았으나 아직 등기를 갖추지 않은 양수인에 대한 소유물반환청구도 인정된다.
③ 부동산 임차권은 채권이지만 그 임차권이 대항력을 갖춘 경우에는 임차권에 기한 방해배제청구권도 인정된다.
④ 물권적 청구권을 행사하는 경우에 그 비용은 상대방이 부담하여야 한다.

핵심 02 공동소유 ★★★

1. 물건의 공유

> **제262조【물건의 공유】** ① 물건이 지분에 의하여 수인의 소유로 된 때에는 공유로 한다.
> ② 공유자의 지분은 균등한 것으로 추정한다.

(1) 의의

① 하나의 소유권을 지분의 비율로 분량적으로 소유한다.
② 공유자는 공유물 전부를 지분의 비율로 사용·수익하고 의무를 부담한다.
③ 지분권의 행사 ⇨ 자신의 지분 범위 내에서만 행사할 수 있다.
　㉠ 지분의 처분: 공유자는 그 지분을 자유로이 처분할 수 있다.
　㉡ 공유자가 대외적으로 채권적 청구권을 행사하는 것은 지분권의 행사로 본다.

(2) 공유물의 보존·관리·처분

① **보존행위**: 각 공유자 단독으로 공유물 전부에 대하여 행사 가능(물권적 청구권 행사)
② **관리행위**(사용·수익 방법을 정하는 것): 지분의 과반수로 결정
③ **처분·변경**: 공유자 전원의 동의 필요
④ **지분의 대외적 주장**
　㉠ 지분의 확인청구 등
　　ⓐ 각 공유자는 다른 공유자 또는 제3자에 의하여 자신의 지분을 침해당한 경우, 지분을 침해하는 다른 공유자 또는 제3자를 상대로 단독으로 지분 확인의 소를 제기할 수 있다.
　　ⓑ 수인이 공동으로 부동산을 매수하였는데 매도인이 소유권이전등기를 하지 않는 경우, 각 공유자는 단독으로 자신의 지분에 관하여 소유권이전등기를 청구할 수 있다.

ⓛ 각 공유자의 방해제거청구와 손해배상청구

ⓐ 공유물에 관하여 제3자가 원인무효의 등기명의를 가지고 있는 경우에, 공유자가 원인무효의 등기의 말소등기를 청구하는 것은 공유자의 보존행위이므로 이를 이유로 하여 공유자 각자가 그 등기 '전부'의 말소를 청구할 수 있다(판례). ⇨ 각 공유자는 단독으로 그의 지분권에 기하여 전체에 대하여 말소등기를 청구할 수는 없다.

ⓑ 공유자 중 한 사람은 공유물에 경료된 원인무효의 등기에 관하여 각 공유자에게 해당 지분별로 진정명의회복을 원인으로 한 소유권이전등기를 이행할 것을 단독으로 청구할 수 있다(판례).

ⓒ 소수지분의 공유자가 공유물을 배타적으로 점유하는 경우 다른 공유자는 지분권을 근거로 방해제거와 손해배상을 청구할 수 있다.

ⓓ 침해행위가 불법행위를 구성하는 경우, 이를 이유로 한 손해배상청구나 부당이득반환청구는 각 공유자가 자신의 지분에 해당하는 범위 내에서만 행사할 수 있다(판례).

(3) 공유물 분할자유와 분할금지의 특약

> **제268조【공유물의 분할청구】** ① 공유자는 공유물의 분할을 청구할 수 있다. 그러나 5년 내의 기간으로 분할하지 아니할 것을 약정할 수 있다.
> ② 전항의 계약을 갱신한 때에는 그 기간은 갱신한 날로부터 5년을 넘지 못한다.

① **공유물분할청구권**(형성권): 공유자는 언제든지 공유물의 분할을 청구할 수 있다. 그러나 분할절차에는 공유자 전원이 참석하여야 한다.

② **분할의 방법**

㉠ **원칙**: 협의에 의한 분할 ⇨ 분할 등기 시 분할의 효력 발생

ⓐ 현물분할　　ⓑ 대금분할　　ⓒ 가격배상

⇨ 공유물분할의 조정절차에서 협의에 의하여 조정조서가 작성되더라도 그 즉시 공유관계가 소멸하는 것은 아니고, 이를 근거로 분할등기가 경료된 때 공유관계가 소멸한다.

㉡ **협의가 성립되지 않은 경우**: 재판에 의한 분할(공유물 분할의 소) ⇨ 필요적 공동소송으로써 형성판결

ⓐ **원칙**: 현물분할

ⓑ **예외적으로 대금분할**: 현물분할이 불가능하거나 현물분할 시 가치가 현저히 저하될 경우, 경매 방법으로 매각하여 대금분할 ⇨ 법원은 가격배상의 방식으로 분할을 명할 수도 있다(판례).

ⓒ 판결 확정 시 분할의 효력발생

③ **공유물 분할의 효과**

㉠ 공유관계의 종료

㉡ **분할효과의 불소급**: 지분상의 저당권 그대로 존속 ⇨ 분할된 각 부분의 지분의 범위 내에서 공동저당이 성립한다.

㉢ 공유자 간의 분할된 부분의 지분비율로 매도인의 담보책임을 부담한다.

판 례 공유

① 과반수의 지분 공유자가 공유물을 배타적으로 점유하고 있다면 이는 관리방법으로서 적법하므로 과반수에 미달하는 다른 공유자는 과반수 지분권자에게 공유물의 반환이나 방해배제를 구할 수 없으나, 그로 말미암아 그 특정부분의 사용·수익을 전혀 하지 못하여 손해를 입고 있는 소수 지분권자에 대하여 그 지분에 상응하는 임료 상당의 부당이득을 반환할 의무가 있다.
② 제3자 명의로 원인무효의 소유권이전등기가 경료되어 있는 경우 각 공유자는 단독으로 지분권에 기하여 지분 비율에 따른 말소등기청구를 할 수도 있고, 보존행위로서 제3자에 대하여 그 등기 전부의 말소를 구할 수도 있다.
③ 공유물에 대한 불법점유자를 상대로 손해배상금이나 부당이득의 반환을 청구하는 경우, 각 공유자는 자신의 지분비율에 해당하는 것만을 청구할 수 있을 뿐이다.
④ 공유자 중 1인이 다른 공유자의 동의를 얻지 않고 공유부동산을 처분하여 소유권이전등기가 경료된 경우, 다른 공유자는 이전등기 전부에 대하여 말소등기를 청구할 수는 없고, 자기 지분 범위 내에서만 말소등기를 청구할 수 있다.
⑤ 공유자 전원이 분할 절차에 참가하지 않은 공유물의 분할은 무효이다.

2. 합유

(1) 합유의 특징

① 조합의 재산 소유 형태이다.

② **합유물에 대한 지분**: 합유지분은 인정하되, 처분은 합유자 전원의 동의를 요한다.

③ 합유자 중 1인이 사망한 경우 그의 지분은 나머지 합유자에게 지분의 비율로 귀속이 되고, 상속인에게 상속되지 않는다.

(2) 합유 관계의 내용

① **합유물의 보존 및 처분·변경**

㉠ 보존행위: 각 합유자 단독으로 할 수 있다.

㉡ 처분·변경: 합유자 전원의 동의가 필요하다.

② 합유 관계가 존속하는 한 합유물의 분할은 불가능하다.

(3) 합유의 종료

① 조합의 해산

② 합유물의 양도

3. 총유

(1) 총유의 특징

① 비법인 사단(종중·교회 등)의 재산 소유 형태이다.

② **총유물에 대한 지분**: 지분이 인정되지 않으며, 지분의 처분도 불가능하다.

③ 관리·처분과 사용·수익은 사원총회의 결의에 의한다.

(2) 총유의 등기

① 부동산의 총유는 등기를 하여야 한다.

② 등기신청은 비법인 사단의 명의로, 그 대표자 또는 관리인이 신청한다.

(3) 총유관계의 내용

① **관리·처분**: 사원총회의 결의에 의한다.

② **사용·수익**: 정관 기타 규약에 정한 바에 의한다.

③ **보존행위**: 사원총회의 결의를 얻어 단독으로도 가능하다.

④ **총유물의 분할**: 총유물의 분할은 절대적으로 불가능하다.

빈칸 채우기로 CHAPTER 마무리

❶ 취득시효 완성 후 등기청구권 행사 전에 법률상 소유자가 변경된 경우에는 새로운 소유자의 선·악을 불문하고 점유취득시효를 주장할 수 (　　　　　　), 새로운 소유자의 소유권 취득을 기산점으로 하여 다시 점유취득시효를 완성한 점유자는 새로운 취득시효 완성 당시의 소유자에 대하여 등기청구권을 행사할 수 (　　　　　　)(판례).

❷ 토지소유자가 점유자의 시효완성 사실을 (　　　　　　) 양도한 경우, 이중매매의 법리가 적용된다.

❸ 점유에 의한 취득시효는 점유라는 객관적 징표를 요하는 것이므로 분할되지 아니한 (　　　　　　)에 대하여도 시효취득이 인정된다.

❹ 공유자 중 한 사람은 공유물에 경료된 (　　　　　　)에 관하여 각 공유자에게 해당 지분별로 진정명의회복을 원인으로 한 소유권이전등기를 이행할 것을 단독으로 청구할 수 있다(판례).

❺ 합유 관계가 존속하는 한 합유물의 분할은 (　　　　　　)하다.

❻ 총유물에 대한 지분: 지분은 인정(　　　　　　), 지분의 처분도 (　　　　　　)하다.

정답

① 없으나 / 있다　② 알면서　③ 1필 토지의 일부나 공유지분　④ 원인무효의 등기　⑤ 불가능
⑥ 되지 않으며 / 불가능

CHAPTER

05 용익물권

▶ **연계학습** | 에듀윌 기본서 1차 [민법 下] p.136 회독체크 1 2 3

CHAPTER 미리보기

01 지상권 ★★★

02 지역권 ★☆☆

03 전세권 ★★★

핵심 01 지상권 ★★★

1. 지상권의 의의

> **제279조【지상권의 내용】** 지상권자는 타인의 토지에 건물 기타 공작물이나 수목을 소유하기 위하여 그 토지를 사용하는 권리가 있다.

① 지상물을 소유하기 위해 타인의 토지를 사용하는 권리

② 토지를 객체로 하므로 지상물이 멸실해도 존속기간이 만료되지 않는 한 지상권은 소멸하지 않는다.

2. 지상권의 성립

(1) 법률행위

① **지상권 설정 계약 + 등기**: 지료의 지급은 지상권의 성립요소가 아니다(무상의 지상권 설정 가능). ⇨ 지상권 설정계약은 토지의 처분권이 없는 자도 할 수 있다.

② 나대지에 저당권을 설정하면서 저당권의 담보가치 하락을 막기 위하여 저당토지상에 지상권을 설정하는 경우, 저당권의 피담보채권이 변제 및 기타 사유로 소멸하면 지상권도 효력을 잃는다(판례).

(2) 법률의 규정

① **상속·판결·경매·공용징수·취득시효 및 기타 법률의 규정**

② **법정지상권의 취득**: 저당물 경매, 전세권설정 등

③ **관습법상 법정지상권의 취득**: 저당물 경매 이외의 처분 행위

3. 지상권의 존속기간

(1) 존속기간을 약정하는 경우

① **최단기간**(제280조)

㉠ 석조, 석회조, 연와조 또는 이와 유사한 견고한 건물이나 수목의 소유를 목적으로 하는 때에는 30년 이상

㉡ 견고한 건물이 아닌 기타 건물의 소유를 목적으로 하는 때에는 15년 이상

㉢ 건물 이외의 공작물의 소유를 목적으로 하는 때에는 5년 이상

② **최장기간**: 최장기간의 제한은 없으므로 영구무한의 지상권 약정도 가능하다.

(2) 존속기간을 약정하지 않은 경우

① 지상물의 종류와 구조에 따른 기간 ⇨ 제280조에 정한 기간

② 지상물의 종류와 구조를 정하지 아니한 경우 15년

③ **편면적 강행규정**: 존속기간과 관련 지상권자에 불리한 약정은 무효이다.

(3) 지상권의 갱신

① **계약갱신과 존속기간**: 당사자가 계약을 갱신하는 경우 지상권의 존속기간은 갱신한 날로부터 제280조의 최단존속기간보다 단축하지 못한다. 그러나 당사자는 이보다 장기의 기간을 정할 수 있다.

② **지상권자의 갱신청구권과 매수청구권**

> **제283조 【지상권자의 갱신청구권, 매수청구권】** ① 지상권이 소멸한 경우에 건물 기타 공작물이나 수목이 현존한 때에는 지상권자는 계약의 갱신을 청구할 수 있다.
> ② 지상권설정자가 계약의 갱신을 원하지 아니하는 때에는 지상권자는 상당한 가액으로 전항의 공작물이나 수목의 매수를 청구할 수 있다.

➲ 지상물매수청구권은 형성권으로서 매수청구 당시의 시가 상당액으로 매매계약이 성립한다.

4. 지상권의 법적 성질과 효력 – 토지에 대하여만 성립

(1) 타인의 토지에 대한 사용권으로서 설정행위로 정한 범위 내에서 배타적으로 사용·수익할 수 있다. ⇨ 유익비상환청구권 행사 가능, 필요비는 상환청구할 수 없다.

(2) 용익물권으로서 토지의 일부 또는 전부에 대하여 설정할 수 있다.

(3) 물권적 청구권: 목적물반환청구권, 방해제거 및 방해예방청구권 인정

(4) 지상권의 처분

> **제282조【지상권의 양도, 임대】** 지상권자는 타인에게 그 권리를 양도하거나 그 권리의 존속기간 내에서 그 토지를 임대할 수 있다.

① **처분의 자유**: 지상권의 양도·임대를 금하는 특약은 원칙적으로 효력이 없다.

② **담보의 제공**: 지상권은 저당권의 목적이 될 수 있다.

③ **지상물의 양도와 지상권**: 지상권과 지상물의 소유권은 별개의 독립된 물권으로서 지상건물에 대한 소유권을 취득하였다 하여 토지에 대한 지상권을 취득하였다 할 수는 없다. 단, 별도의 특약이 없는 한 지상물의 양도는 그 지상물의 소유를 목적으로 하는 지상권에 대한 양도의 묵시적 합의가 있는 것으로 본다.

(5) 지료

① 지료는 지상권의 성립요건이 아니나 지료를 약정한 경우 이를 등기할 수 있고, 등기한 경우 제3자에게 대항할 수 있다.

② **지료의 지급 의무가 있는 경우**

㉠ 지료 증감청구권(형성권) 인정

㉡ 지상권자가 지료를 2년 이상 연체 시 지상권설정자의 지상권소멸청구로 지상권은 소멸한다.

5. 지상권의 소멸

(1) 소멸 사유

① **물권 일반의 소멸 사유**: 목적물 멸실(토지의 포락), 단 지상물의 멸실은 지상권의 소멸 사유가 아니다.

② **지상권 특유의 소멸 사유**

㉠ **지상권설정자의 지상권소멸청구**: 지상권자가 2년 이상의 지료를 지급하지 아니한 때 ⇨ 형성권으로서 소멸청구로 소멸의 효과 발생

㉡ **지상권의 포기**: 지상권의 포기는 자유이지만 지상권이 저당권의 목적이 된 경우에는 저당권자의 동의 필요

㉢ 존속기간의 만료

(2) 소멸의 효과

① **지상권자의 지상물 수거권 및 수거 의무**

② **지상권자 및 지상권설정자의 지상물매수청구권**

㉠ 지상권이 기간 만료로 소멸한 경우에만 인정된다.

㉡ 지상권자의 소멸청구로 소멸한 경우에는 인정되지 않는다.

6. 법정지상권

(1) 법정지상권이 인정되는 경우

① **전세권 보호를 위한 법정지상권**(제305조)

> **제305조 【건물의 전세권과 법정지상권】** ① 대지와 건물이 동일한 소유자에 속한 경우에 건물에 전세권을 설정한 때에는 그 대지소유권의 특별승계인은 전세권 설정자에 대하여 지상권을 설정한 것으로 본다. 그러나 지료는 당사자의 청구에 의하여 법원이 이를 정한다.
> ② 전항의 경우에 대지소유자는 타인에게 그 대지를 임대하거나 이를 목적으로 한 지상권 또는 전세권을 설정하지 못한다.

➲ 법정지상권을 취득한 자는 전세권자가 아니라 전세권설정자(건물소유자)이다.

② **저당물 경매에 의한 법정지상권**(제366조)

> **제366조 【법정지상권】** 저당물의 경매로 인하여 토지와 그 지상건물이 다른 소유자에 속한 경우에는 토지소유자는 건물소유자에 대하여 지상권을 설정한 것으로 본다. 그러나 지료는 당사자의 청구에 의하여 법원이 이를 정한다.

㉠ 저당권설정 당시에 동일인 소유의 토지와 건물이 존재할 것

㉡ 토지나 건물 어느 한쪽 또는 양쪽 모두에 저당권이 설정될 것

㉢ 경매로 인하여 토지와 그 지상건물의 소유자가 달라질 것

(2) 법정지상권의 효과

① 토지소유자는 건물소유자(전세권설정자)에게 지상권을 설정한 것으로 본다.

② 유상의 지상권을 원칙으로 하고, 지료에 관하여 합의가 이루어지지 않을 경우 법원이 이를 정한다.

③ 존속기간의 정함이 없는 지상권으로 본다. ⇨ 지상물의 구조·종류에 따른 존속기간 적용

④ 법정지상권에 관한 민법 규정은 강행규정으로서 당사자 사이의 특약으로 법정지상권의 성립을 배제할 수 없다.

(3) 법정지상권의 취득·처분

법률규정에 의해 성립하므로 법정지상권의 취득을 위해 등기를 요하지 않으나, 그 처분을 위해서는 등기가 필요하다.

7. 관습법상의 법정지상권

(1) 성립요건

① 동일인 소유의 토지와 건물이 존재할 것

② 저당물 경매가 아닌 매매 기타의 처분행위로 인하여 토지와 건물의 소유자가 달라질 것 ⇨ 환매 또는 환지 처분을 원인으로 한 관습법상 법정지상권은 성립하지 않는다.

③ **지상건물의 철거특약이 없을 것**

㉠ 당사자 합의로 관습법상 법정지상권의 성립을 배제할 수 있다.

㉡ 토지의 매매와 함께 토지에 대한 임대차계약을 체결하였다면 이는 관습법상 법정지상권의 포기 특약으로 볼 수 있다.

PART 4

(2) 효과(내용)

① 토지의 소유자는 지상물의 소유자에게 관습에 의한 법정지상권을 설정한 것으로 본다.

② **존속기간**: 기간을 정하지 않은 지상권(판례)

③ **지료**: 당사자간의 협의로 정하되, 협의가 성립하지 않으면 당사자 청구에 의하여 법원이 정한다.

④ 등기 없이 취득, 단 처분할 경우에는 등기를 요한다.

(3) 관습법상 법정지상권이 성립한 이후 토지 또는 건물이 양도된 경우의 효력

① **토지가 양도된 경우**: 관습법상의 법정지상권은 민법 제187조에 의하여 등기 없이 효력이 발생하므로 건물의 소유자는 그 지상권을 취득할 당시의 토지소유자에 대하여는 물론이고, 그 토지를 취득한 제3자에 대하여도 등기 없이 관습법상의 법정지상권을 주장할 수 있으며, 지상권설정등기를 청구할 수 있다(판례).

② **지상건물이 양도된 경우**

㉠ **법정지상권 처분 시 등기**: 관습법상 법정지상권을 제3자에게 처분하려면 그 이전등기를 하여야 하므로(제187조 단서), 관습법상 법정지상권이 붙은 건물의 소유자가 건물을 제3자에게 처분한 경우 그 법정지상권에 관한 이전등기를 경료하지 아니한 매수인은 건물의 취득 사실만 가지고 법정지상권을 취득할 수 없다(판례).

㉡ 건물 전득자의 지상권등기청구권 대위행사

ⓐ 법정지상권을 가진 건물소유자가 그 법정지상권의 이전등기를 경료함이 없이 건물을 양도한 경우에도, 지상권을 양도하기로 하는 묵시적 합의 내지는 채권적 계약이 있는 것으로 인정된다.

ⓑ 건물의 전득자는 채권자 대위의 법리에 따라 대지 소유자 및 전 건물의 소유자에 대하여 차례로 지상권의 설정등기 및 이전등기 절차의 이행을 청구할 수 있다.

ⓒ 따라서 이러한 지위에 있는 건물 전득자에 대하여 대지 소유자가 소유권에 기하여 건물 철거를 청구하는 것은 신의칙에 반한다(판례).

판 례 지상권

① 건물을 위하여 법정지상권이 성립하기 위해서는 가압류 시부터 토지와 건물이 동일인 소유일 필요는 없고 매각 당시 토지와 건물이 동일인 소유이면 충분하다.
② 건물 없는 나대지에 저당권을 설정한 후 저당권자의 양해를 얻어 건물을 지어도 법정지상권은 성립되지 않는다.
③ 건물 없는 나대지에 1번 저당권이 설정된 후 건물이 신축되었고 그 후에 설정된 2번 저당권이 실행된 경우 법정지상권은 성립되지 않는다.
④ 건물소유자가 토지소유자와 건물 소유를 목적으로 하는 토지임대차계약을 체결한 경우 관습법상 법정지상권을 포기했다고 볼 수 있다.
⑤ 미등기 건물을 그 대지와 함께 양수한 사람이 그 대지에 관하여서만 소유권이전등기를 넘겨 받고 건물에 대하여는 그 등기를 이전받지 못하고 있는 상태에서 그 대지가 경매되어 소유자가 달라진 경우, 미등기 건물의 양수인은 소유권을 가지고 있지 아니하므로 대지와 건물이 동일인의 소유에 속한 것이라 볼 수 없어 법정지상권이 발생할 수 없다.
⑥ 원소유자로부터 대지와 건물이 한 사람에게 일괄하여 매도되었으나 대지에 관하여만 그 소유권이전등기가 경료되고 건물의 소유명의가 매도인 명의로 남아 있게 되어 형식적으로 대지와 건물이 그 소유명의자를 달리하게 된 경우, 관습법상의 법정지상권을 인정할 실익이 없다.
⑦ 토지소유자는 법정지상권자로부터 건물을 양수한 자에 대하여 불법행위에 기한 손해배상을 청구하거나 건물의 철거 청구를 할 수 없으나 건물 양수인은 지료가 결정되기 전까지의 기간 동안 차임상당액의 부당이득반환의무가 있다.
⑧ 법정지상권이 성립되고 지료 액수가 판결에 의하여 정해진 경우 지상권자가 판결확정 후 지료의 청구를 받고도 책임 있는 사유로 상당한 기간 동안 지료의 지급을 지체한 때에는 지체된 지료가 판결확정 전후에 걸쳐 2년분 이상일 경우에 토지소유자는 지상권의 소멸청구를 할 수 있다.
⑨ 법정지상권의 지료에 관하여 당사자 사이에 협의가 없으면 당사자의 신청에 의하여 법원이 이를 정한다. 이렇게 지료를 정한 바가 없으면 지료 연체를 이유로 한 소멸청구는 인정하지 않는다.
⑩ 법정지상권의 지료에 관하여 법원은 토지의 소유권이 제한받은 사정을 참작하여 지료액을 정하여서는 아니 되고 건물소유자가 아무런 제한 없이 그 토지를 사용함으로써 얻은 이익에 상당하는 금액을 지료로 정하여야 한다.
⑪ 법정지상권이 성립한 후 건물이 증·개축되거나 신축된 경우에도 법정지상권이 인정되나, 그 법정지상권의 범위는 구 건물을 기준으로 하여 인정된다.

8. 구분지상권

(1) 특질

① **객체**: 지하 또는 지상 공간의 상하 범위

② **목적**: 건물 기타 공작물의 소유 목적으로 설정 ⇔ 수목의 소유를 목적으로 한 구분지상권의 설정은 인정되지 않는다.

(2) 설정

① 구분지상권 설정의 합의와 등기

② 토지의 지상·지하 상하 범위의 확정

③ 해당 토지의 용익권자 및 이해관계인 전원의 승낙

④ 1필 토지 일부의 특정 구분층도 설정 가능

(3) 효력

① 일반지상권 규정(제279조 제외)의 준용

② 존속기간을 영구무한으로 설정 가능

③ 소유자 및 용익권자의 사용권을 제한하는 특약도 가능

④ 승낙자의 방해금지의무

판례 **특수지상권**

① 토지소유자가 송전선이 설치된 토지를 농지로만 이용하여 왔다고 하더라도, 그 송전선의 가설로 인하여 그 토지 상공에 대한 구분지상권에 상응하는 임료 상당의 손해를 입었다고 본다.

② 상가아파트 건물의 1층 옥상 위에 일정 층수까지 건물을 추가로 신축하기 위한 공간을 사용할 수 있는 내용의 구분지상권의 설정도 가능하다.

9. 분묘기지권

(1) 성립요건

① **관습법상의 물권으로 지상권과 유사한 물권**

㉠ 토지소유자의 승낙을 얻어 그의 소유지 내에 분묘를 설치한 경우(판례)

㉡ 타인 토지에 승낙 없이 분묘를 설치하고 20년간 평온·공연하게 그 분묘의 기지를 점유함으로써 취득시효가 완성된 경우(판례) ⇨ 분묘기지권을 시효로 취득한 자는 토지소유자가 지료를 청구한 날로부터 지료지급의무가 있다.

㉢ 자기 토지에 분묘를 설치한 후 그 분묘기지에 대한 소유권을 유보하거나 분묘도 함께 이전 또는 철거한다는 특약을 함이 없이 토지를 처분한 경우 ⇨ 유상

② 어느 경우나 분묘(내부에 시신이 인장되어 있는 것)라는 점이 전제되어야 하며, 외부에서 존재를 인식할 수 있는 것(봉분)이어야 한다. ⇨ 분묘기지권이 성립하기 위하여 봉분이 존재해야 하고, 평장 또는 암장되어 있어 객관적으로 인식할 수 있는 외형을 갖추지 아니한 경우에는 분묘기지권을 인정하지 아니한다.

③ **등기 없이 취득**: 봉분 자체가 공시의 기능을 하므로 등기하지 않아도 취득 가능하다.

(2) 내용

① **분묘기지권의 효력범위**: 분묘의 기지 자체뿐만 아니라 분묘의 수호 및 제사에 필요한 범위 내에서 분묘의 기지 주위의 공지를 포함한 지역에까지 효력이 미친다. ⇨ 분묘기지권을 취득한 경우, 그 분묘에 사성이 조성되어 있다면 그 사성 부분까지 분묘기지권이 미치는 것은 아니다.

② **분묘기지권의 존속기간**: 당사자의 약정이 있는 등 특별한 사정이 없으면, 분묘기지권자가 수호와 봉사를 계속하고 그 분묘가 존속하고 있는 동안은 분묘기지권이 소멸하지 않는다.

③ 부부 중 일방이 먼저 사망하여 이미 그 분묘가 설치되고 분묘를 위한 분묘기지권이 인정되는 경우, 그 범위 내에서 단분 형태의 합장이나 쌍분 형태의 분묘를 설치하는 것은 허용하지 않는다. 다만, 분묘기지권이 인정되는 범위 내에서의 분묘 이전은 가능하다.

핵심 02 지역권 ★☆☆

1. 총설

(1) 의의

> **제291조 【지역권의 내용】** 지역권자는 일정한 목적을 위하여 타인의 토지를 자기토지의 편익에 이용하는 권리가 있다.

① **타인의 토지를 이용하는 권리**

㉠ 요역지 토지 편익(사용가치의 증진)을 위해 승역지 토지를 사용할 수 있는 권리

㉡ 요역지와 승역지가 인접할 필요는 없다.

㉢ 지료 및 존속기간에 관하여는 아무런 규정이 없고, 등기사항도 아니다.

② **요역지와 승역지 사이의 관계**

㉠ **지역권자**: 지역권은 요역지와 승역지의 지상권자·전세권자·임차인 사이에서도 인정된다.

㉡ 요역지는 반드시 1필의 토지 전부이어야 하나, 승역지는 토지 일부에 대하여도 성립 가능하다.

(2) 지역권의 종류

① 작위지역권과 부작위지역권

② 계속지역권과 불계속지역권

③ 표현지역권과 불표현지역권

2. 지역권의 득실 및 존속기간

(1) 지역권의 취득

① **일반취득사유**: 설정계약과 등기

② **시효취득**

> **제294조【지역권취득기간】** 지역권은 계속되고 표현된 것에 한하여 제245조의 규정을 준용한다.

③ **통행지역권의 시효취득**

㉠ 요역지의 소유자가 타인의 토지를 통로 개설 없이 20년간 통행하였다는 사실만으로는 통행지역권을 시효취득할 수 없다.

㉡ 요역지 소유자가 승역지상에 통로를 개설하여 승역지를 항시 사용하고 있는 객관적인 상태가 20년간 계속된 사실이 있는 경우에 한하여, 등기함으로써 시효취득할 수 있다.

(2) 지역권의 존속기간

민법에는 존속기간에 대한 규정을 두고 있지 않으므로 영구무한의 지역권도 설정할 수 있다(판례).

3. 법적 성질

① **타물권**: 타인의 토지에 대한 사용권이다.

② **용익물권**: 토지 일부 또는 전부에 대하여 성립하며, 20년의 소멸시효에 걸린다.

③ **물권적 청구권**: 방해제거청구권 및 방해예방청구권을 인정한다. ⇔ 목적물반환청구권은 인정하지 않는다.

④ **비배타적 공용권**

⑤ **요역지 위의 권리에 종된 권리**: 부종성·수반성

> **제292조【부종성】** ① 지역권은 요역지 소유권에 부종하여 이전하며 또는 요역지에 대한 소유권 이외의 권리의 목적이 된다. 그러나 다른 약정이 있는 때에는 그 약정에 의한다.
> ② 지역권은 요역지와 분리하여 양도하거나 다른 권리의 목적으로 하지 못한다. – 강행규정

㉠ 지역권은 요역지 소유권의 내용이 아니고, 독립한 물권이다.

㉡ 지역권은 요역지 및 승역지의 존재를 전제로 성립하므로, 지역권은 요역지로부터 완전히 분리하여 이를 양도하거나 다른 권리의 목적으로 하지 못한다.

㉢ 요역지의 소유권이 이전되거나 다른 권리의 목적이 된 때에는 지역권은 이와 법률적 운명을 같이한다.

⑥ **지역권의 불가분성**(요역지가 수인의 공유인 때)

㉠ 취득과 불가분성

> **제295조【취득과 불가분성】** ① 공유자의 1인이 지역권을 취득한 때에는 다른 공유자도 이를 취득한다.
> ② 점유로 인한 지역권 취득기간의 중단은 지역권을 행사하는 모든 공유자에 대한 사유가 아니면 그 효력이 없다.

㉡ 일부양도와 불가분성

> **제293조【공유관계, 일부양도와 불가분성】** ① 토지공유자의 1인은 지분에 관하여 그 토지를 위한 지역권 또는 그 토지가 부담한 지역권을 소멸하게 하지 못한다.
> ② 토지의 분할이나 토지의 일부양도의 경우에는 지역권은 요역지의 각 부분을 위하여 또는 그 승역지의 각 부분에 존속한다. 그러나 지역권이 토지의 일부분에만 관한 것인 때에는 다른 부분에 대하여는 그러하지 아니하다.

㉢ 소멸시효의 중단·정지와 불가분성

> **제296조【소멸시효의 중단, 정지와 불가분성】** 요역지가 수인의 공유인 경우에 그 1인에 의한 지역권 소멸시효의 중단 또는 정지는 다른 공유자를 위하여 효력이 있다.

4. 지역권자의 권리와 의무

① **승역지 사용권**: 지역권은 배타적 지배권이 아닌 공용권으로서 공동 사용권이다.

② **승역지 이용자의 의무**(인용의무, 부작위의무)

> **제300조【공작물의 공동사용】** ① 승역지의 소유자는 지역권의 행사를 방해하지 아니하는 범위 내에서 지역권자가 지역권의 행사를 위하여 승역지에 설치한 공작물을 사용할 수 있다.
> ② 전항의 경우에 승역지의 소유자는 수익 정도의 비율로 공작물의 설치, 보존의 비용을 분담하여야 한다.
>
> **제298조【승역지소유자의 의무와 승계】** 계약에 의하여 승역지소유자가 자기의 비용으로 지역권의 행사를 위하여 공작물의 설치 또는 수선의 의무를 부담한 때에는 승역지소유자의 특별승계인도 그 의무를 부담한다.
>
> **제299조【위기에 의한 부담면제】** 승역지의 소유자는 지역권에 필요한 부분의 토지소유권을 지역권자에게 위기(委棄)하여 전조의 부담을 면할 수 있다.

PART 4

판 례 **지역권의 시효취득과 처분**

① 통행지역권은 요역지의 소유자가 승역지 위에 도로를 설치하여 승역지를 사용하는 객관적인 상태가 20년 이상 계속된 경우에 한하여 인정할 수 있다.
② 승역지의 점유를 시작할 당시 요역지의 소유자가 아니었다는 이유만으로는 시효취득의 소급효의 법리상 통행지역권의 시효취득을 부정할 수 없다.
③ 통행지역권의 시효취득은 요역지의 소유자 및 용익권자에게도 인정되지만, 토지의 불법점유자는 이를 주장할 수 없다.
④ 지역권도 독립된 물권이지만 그 부종성으로 인하여 토지와 분리하여 지역권만의 처분은 인정하지 않는다.

5. 지역권의 소멸

① **물권의 일반적 소멸 사유**

② **위기**(委棄)

③ **소멸시효의 완성**

㉠ 전부완성: 전부소멸
㉡ 부분완성: 부분소멸
㉢ 승역지의 시효취득

6. 특수지역권(인역권)

① 어느 지역 주민이 집합체의 관계로 각자가 타인의 토지에서 초목·야생물 및 토사의 채취·방목 기타의 수익을 하는 권리
② 양도성 및 상속성이 없다.
③ 승역지는 존재하지만 요역지는 존재하지 않는다.
④ 특수지역권에 관하여 민법 규정과 다른 관습이 있으면 그 관습에 의한다.

핵심 03 전세권 ★★★

1. 전세권의 의의

> **제303조 【전세권의 내용】** ① 전세권자는 전세금을 지급하고 타인의 부동산을 점유하여 그 부동산의 용도에 좇아 사용·수익하며, 그 부동산 전부에 대하여 후순위권리자 기타 채권자보다 전세금의 우선변제를 받을 권리가 있다.
> ② 농경지는 전세권의 목적으로 하지 못한다.

2. 성립

(1) 법률행위

① 전세금 지급 및 설정계약과 등기 ⇨ 목적물의 인도는 전세권의 성립요건이 아니다.

② 전세금의 지급은 전세권의 성립요소이다(등기 필요, 전세금을 지급하지 않는다는 특약은 무효, 전세금이 없는 한 전세권은 성립하지 않는다).

③ 전세금은 현실적으로 수수하여야만 하는 것은 아니고, 기존채권으로 갈음이 가능하다.

④ **전세금증감청구권**(제312조의2) ⇨ 형성권

㉠ 전세금이 목적 부동산에 관한 조세·공과금 기타 부담의 증감이나 경제사정의 변동으로 인하여 상당하지 아니하게 된 때

㉡ 당사자는 장래에 대하여 전세금의 증감을 청구할 수 있다.

㉢ **증액의 제한**: 기존 전세금의 20분의 1을 초과하지 못한다.

㉣ **증액청구의 제한**: 전세금의 증액청구는 전세권설정계약이 있은 날 또는 약정한 전세금의 증액이 있은 날로부터 1년 이내에는 이를 하지 못한다.

(2) 법률규정

① **상속, 시효취득, 법정갱신**(건물)

② **건물전세권의 법정갱신**

㉠ 건물의 전세권설정자가 전세권의 존속기간 만료 전 6월부터 1월까지 사이에 전세권자에 대하여 갱신 거절의 통지 또는 조건을 변경하지 아니하면 갱신하지 아니한다는 뜻의 통지를 하지 아니한 경우에는, 그 기간이 만료된 때에 전(前) 전세권과 동일한 조건으로 다시 전세권을 설정한 것으로 본다. 이 경우 전세권의 존속기간은 그 정함이 없는 것으로 본다.

㉡ 건물전세권이 법정갱신된 경우 등기 없이도 제3자에게 대항할 수 있다.

3. 존속기간

(1) 약정 있는 경우

① **최장기간:** 10년(토지·건물전세권)

② **최단기간:** 1년(건물전세권)

(2) 존속기간을 정하지 않은 경우 및 법정갱신의 경우

① 기간 정함이 없는 전세권으로 본다.

② 양 당사자는 언제든지 전세권의 소멸통고를 할 수 있고, 상대방이 소멸통고를 받은 날로부터 6월이 경과하면 전세권은 소멸한다.

(3) 갱신

① **합의에 의한 계약의 갱신:** 10년 초과 금지

② **건물전세권의 법정갱신**

PART 4

판 례 **전세권의 존속기간**

① 전세권 존속 중 전세목적물이 양도된 경우에도 전세권설정자가 전세금의 반환의무를 지는 것은 아니다.

② 건물에 대한 전세권이 법정갱신된 경우 전세권자는 갱신의 등기 없이도 전세목적물을 취득한 제3자에 대하여 전세권을 주장할 수 있다.

③ 전세권의 존속기간을 등기하지 않은 경우 제3자에 대하여는 존속기간의 약정이 없는 것으로 다루어진다.

④ 전세권의 존속기간이 만료되면 전세권은 소멸하므로 더 이상 전세권 자체에 대하여 저당권을 실행할 수 없게 된다.

4. 법적 성질

① **타물권:** 타인의 부동산에 성립, 유익비상환청구 가능, 필요비상환청구 불가

② **용익물권:** 부동산 전부·일부에 성립

③ **물권적 청구권 인정:** 목적물반환청구권, 방해제거 및 방해예방청구권

5. 전세권의 효력

(1) 건물전세권의 효력

> **제304조 【건물의 전세권, 지상권, 임차권에 대한 효력】** ① 타인의 토지에 있는 건물에 전세권을 설정한 때에는 전세권의 효력은 그 건물의 소유를 목적으로 한 지상권 또는 임차권에 미친다.
>
> ② 전항의 경우에 전세권설정자는 전세권자의 동의 없이 지상권 또는 임차권을 소멸하게 하는 행위를 하지 못한다.

(2) 전세권의 처분

① **처분의 자유**: 전세권자는 전세권을 양도하거나 임대·전전세 또는 담보(저당권 설정)로 제공할 수 있다.

② **처분금지 특약**: 당사자가 합의로 그 처분을 금하는 특약을 할 수 있고, 그 특약이 등기된 경우 제3자에게 대항할 수 있다.

③ **전전세의 효력**

㉠ 전세권자는 설정행위로 금지하지 않는 한 전전세권을 설정할 수 있는데, 전전세권의 설정은 반드시 원전세권의 범위 내에서 설정하여야 한다.

㉡ 전세권자는 전전세 또는 임대하지 아니하였더라면 면할 수 있는 불가항력으로 인한 손해에 대하여도 그 책임을 부담한다.

(3) 전세권자의 선관주의의무

전세권자는 선량한 관리자의 주의로 목적물을 관리할 의무를 진다. ⇨ 용도에 따른 유지·수선의무가 있다.

① **용법의 준수의무**: 목적물의 성질 또는 전세권설정계약으로 정한 용법을 준수할 의무가 있고 이를 위반 시 전세권설정자는 전세권의 소멸청구를 할 수 있다.

② **현상유지·수선의무**: 필요비상환청구 불가

(4) 용익물권과 담보물권의 성질

① 전세권 소멸 시 전세권설정자가 전세금의 반환을 지체하는 경우 전세권자는 목적물에 대하여 경매를 청구할 수 있으며, 그 경매대가에서 후순위권리자 기타 채권자보다 전세금의 우선변제를 받을 수 있다.

② 전세권 존속 중에 전세금반환채권만의 확정적 양도는 불가능하나, 전세금반환채권의 양도에도 불구하고 전세권은 소멸하지 않기로 하는 합의가 있거나, 전세권이 소멸하고 전세금반환채권만이 남는 것을 정지조건부로 전세금반환채권만의 양도는 가능하다(판례).

③ 전세권이 소멸하여 용익적 권능이 소멸한 경우 담보물권으로서 전세권과 전세권반환채권과 함께 양도할 수도 있다.

6. 전세권의 소멸

(1) 소멸 원인

① 물권의 일반적 소멸 사유

② 전세권설정자의 전세권 소멸청구

> **제311조【전세권의 소멸청구】** ① 전세권자가 전세권설정계약 또는 그 목적물의 성질에 의하여 정하여진 용법으로 이를 사용, 수익하지 아니한 경우에는 전세권설정자는 전세권의 소멸을 청구할 수 있다.
> ② 전항의 경우에는 전세권설정자는 전세권자에 대하여 원상회복 또는 손해배상을 청구할 수 있다.

PART 4

③ 전세권의 소멸통고

> **제313조【전세권의 소멸통고】** 전세권의 존속기간을 약정하지 아니한 때에는 각 당사자는 언제든지 상대방에 대하여 전세권의 소멸을 통고할 수 있고 상대방이 이 통고를 받은 날로부터 6월이 경과하면 전세권은 소멸한다.

④ 목적물의 멸실

> **제314조【불가항력으로 인한 멸실】** ① 전세권의 목적물의 전부 또는 일부가 불가항력으로 인하여 멸실된 때에는 그 멸실된 부분의 전세권은 소멸한다.
> ② 전항의 일부멸실의 경우에 전세권자가 그 잔존부분으로 전세권의 목적을 달성할 수 없는 때에는 전세권설정자에 대하여 전세권 전부의 소멸을 통고하고 전세금의 반환을 청구할 수 있다.
>
> **제315조【전세권자의 손해배상책임】** ① 전세권의 목적물의 전부 또는 일부가 전세권자에 책임 있는 사유로 인하여 멸실된 때에는 전세권자는 손해를 배상할 책임이 있다.
> ② 전항의 경우에 전세권설정자는 전세권이 소멸된 후 전세금으로써 손해의 배상에 충당하고 잉여가 있으면 반환하여야 하며 부족이 있으면 다시 청구할 수 있다.

⑤ **전세권의 포기**: 점유를 포기하고 말소등기도 해야 소멸한다.

(2) 소멸 효과

① **동시이행**: 전세권 소멸 시 전세 목적물의 인도 및 전세권 설정등기의 말소등기에 필요한 서류 교부와 전세금반환은 동시에 이행하여야 한다.

② **경매권 및 우선변제권**: 전세금반환이 지체되는 경우 전세권자는 목적물의 경매를 청구할 수 있다. 단, 건물의 일부에만 전세권이 설정된 경우 전세권자는 우선변제는 별론으로 하고 전세의 목적이 된 부분을 초과하여 건물 전부에 대한 경매를 청구할 수 없다.

③ **전세권자의 부속물수거권**: 전세권이 소멸하면 목적 부동산을 원상회복하면서 부동산에 부속시킨 물건을 수거할 수 있다. 이 경우 전세권설정자의 부속물매수청구가 있으면 전세권자는 특별한 사정이 없는 한 거절할 수 없다.

④ **전세권자의 부속물매수청구권**

㉠ 전세권설정자의 동의를 얻어서 부속시킨 것

㉡ 전세권설정자로부터 매수한 것

⑤ **유익비상환청구권**: 전세권설정자의 선택에 좇아 지출액이나 증가액의 상환을 청구할 수 있다. ⇔ 필요비상환청구권은 인정되지 않는다.

판례 전세권

① 부동산 일부에 전세권이 설정된 경우에도 우선변제권은 그 부동산 전부에 대하여 인정된다.

② 전세권이 소멸하고 전세금을 반환받지 못한 전세권자가 목적물에 대한 경매를 실행하기 위하여는 먼저 전세 목적물의 인도 및 전세권설정등기의 말소등기에 필요한 서류를 이행 제공하여야 한다.

③ 전세권에 대하여 저당권이 설정된 후 전세권이 기간 만료로 소멸하는 경우에는 전세금반환채권에 대한 제3자의 압류 등이 없는 한 전세권설정자는 전세권자에 대하여만 전세금의 반환의무를 부담한다.

④ 전세권의 처분은 당사자가 설정행위로써 이를 금지할 수 있다. 이 특약은 등기하여야만 제3자에게 대항할 수 있다.

⑤ 전세권에 대하여 저당권이 설정된 경우 저당권의 목적물은 물권인 전세권 자체이지 전세금반환채권은 그 목적물이 아니다.

⑥ 전세권자는 전세권의 목적이 된 부분을 초과하여 건물 전부의 경매를 청구할 수 없다. 그러므로 전세권의 목적이 된 부분이 구조상·이용상 독립성이 없어 독립한 소유권의 객체로 분할할 수 없고 따라서 그 부분만의 경매 신청이 불가능한 경우에는 경매청구권이 없다.

⑦ 전세권이 존속하는 동안은 전세권을 존속시키기로 하면서 전세금반환채권만을 전세권과 분리하여 양도하는 것은 무효이다. 그러나 장래에 전세권이 소멸하는 경우에 전세금반환채권이 발생하는 것을 조건으로 그 장래의 조건부 채권은 양도할 수 있고 이 경우 무담보채권의 양도가 있는 것으로 본다.

⑧ 토지임차인의 건물 기타 공작물의 매수청구권에 관한 민법 제643조의 규정은 성질상 토지의 전세권에도 유추 적용될 수 있다(2005다41740).

빈칸 채우기로 CHAPTER 마무리

❶ 지상권의 의의: 지상권자는 타인의 토지에 건물 기타 (　　　　　　　)이나 (　　　　　　　)을 소유하기 위하여 그 토지를 사용하는 권리가 있다.

❷ 토지의 매매와 함께 토지에 대한 (　　　　　　　)을 체결하였다면 이는 관습법상 법정지상권의 포기 특약으로 볼 수 있다.

❸ 요역지 소유자가 승역지상에 통로를 개설하여 승역지를 항시 사용하고 있는 객관적인 상태가 (　　　　　　　) 계속된 사실이 있는 경우에 한하여, 등기함으로써 시효취득할 수 있다.

❹ 물권적 청구권: 방해제거청구권 및 방해예방청구권을 (　　　　　　　). ⇔ 목적물반환청구권은 (　　　　　　　).

❺ 지역권의 일부양도와 불가분성: 토지 공유자 1인은 지분에 관하여 그 토지를 위한 지역권 또는 그 토지가 부담한 지역권을 소멸하게 (　　　　　　　).

❻ 전세금의 지급은 전세권의 (　　　　　　　)이다.

❼ 전세금은 현실적으로 (　　　　　　　)하여야만 하는 것은 아니고, 기존채권으로 (　　　　　　　)이 가능하다.

❽ 건물의 전세권, (　　　　　　　), (　　　　　　　)에 대한 효력: 타인의 토지에 있는 건물에 전세권을 설정한 때에는 전세권의 효력은 그 건물의 소유를 목적으로 한 (　　　　　　　)에 미친다.

❾ 전세권 소멸 시 전세 목적물의 인도 및 전세권 설정등기의 말소등기에 필요한 서류 교부와 전세금반환은 (　　　　　　　) 이행하여야 한다.

❿ 건물의 일부에만 전세권이 설정된 경우 전세권자는 우선변제는 별론으로 하고 전세의 목적이 된 부분을 초과하여 건물 전부에 대한 경매를 청구할 수 (　　　　　　　).

정답

① 공작물 / 수목 ② 임대차계약 ③ 20년간 ④ 인정한다 / 인정하지 않는다 ⑤ 하지 못한다 ⑥ 성립요소
⑦ 수수 / 갈음 ⑧ 지상권 / 임차권 / 지상권 또는 임차권 ⑨ 동시에 ⑩ 없다

CHAPTER
06 담보물권

▶ **연계학습** | 에듀윌 기본서 1차 [민법 下] p.182

회독체크 1 2 3

CHAPTER 미리보기

01 담보제도 ★☆☆
02 유치권 ★★★
03 질권 ★☆☆
04 저당권 ★★★

핵심 01 담보제도 ★☆☆

1. 담보물권의 종류

<table>
<tr><td colspan="3">일반담보</td><td colspan="2">채무자의 일반재산</td></tr>
<tr><td rowspan="3">특별담보</td><td rowspan="2">물적담보</td><td>전형담보
(소유권제한의 법리)</td><td colspan="2">• 법정담보: 유치권, 법정질권, 법정저당권
• 약정담보: 질권, 저당권</td></tr>
<tr><td>비전형담보
(소유권이전의 법리)</td><td colspan="2">가등기담보, 양도담보, 매도담보</td></tr>
<tr><td>인적담보</td><td colspan="3">보증채무, 연대채무, 연대보증채무</td></tr>
</table>

2. 담보물권의 통유성

(1) 부종성

① 부종성이란 피담보채권의 존재를 전제로 해서만 담보물권이 존재할 수 있는 성질을 말한다. 따라서 채권이 소멸하면 담보물권도 당연히 소멸한다.

② 부종성은 법정담보물권(유치권 등)에서 강하고, 약정담보물권(근저당권)에서는 완화된다.

(2) 수반성

① 수반성이란 피담보채권이 이전하면 담보물권도 따라서 이전하는 성질을 말한다.

② 저당권은 피담보채권과 분리하여 양도할 수 없다. 따라서 저당권만의 양도합의는 무효이다.

③ 그러나 피담보채권은 저당권과 분리하여 양도할 수 있다. 이때 채권의 양수인은 무담보채권을 양수한 것이 된다.

(3) 불가분성

① 피담보채권의 일부가 변제 기타의 사유로 소멸하더라도 담보물권은 잔존하는 피담보채권을 위하여 목적물 전부에 대하여 효력이 있다.

② **완화**: 공동저당에서 동시배당, 유치권에서 타담보 제공에 의한 유치권 소멸

(4) 물상대위성

① 목적물의 멸실·훼손·공용징수 등으로 인하여 채무자(저당권설정자)가 그 목적물에 갈음하는 금전 기타 물건을 취득하게 될 때, 그 금전 기타 물건에 대하여 담보물권이 존속하는 성질을 말한다.

② 물상대위는 우선변제권이 인정되는 담보물권에만 인정되므로, 우선변제권이 없는 유치권에는 인정되지 않는다.

③ 멸실·훼손·공용징수 등으로 인하여 발생하는 가치적 변형물(보험료청구권, 손해배상청구권, 보상금청구권)에 대하여만 성립한다.

④ 물상대위는 가치적 변형물을 그 지급 전에 압류 또는 공탁으로 특정한 경우에 한하여 인정된다. 다만, 저당권자 스스로 압류하여야 하는 것은 아니다.

⑤ 담보목적물의 매각대금, 전세금, 보증금, 차임 등의 금전에는 물상대위가 인정되지 않는다.

핵심 02 유치권 ★★★

1. 의의

(1) 타인(채무자, 제3자)의 물건(동산, 부동산) 또는 유가증권을 점유(불법점유는 제외)한 자는 그 물건이나 유가증권에 관하여 생긴 채권이 변제기에 있는 경우에는 변제를 받을 때까지 그 물건 또는 유가증권을 유치할 권리가 있다.

(2) 목적물과 피담보채권

① **유치권의 목적물**: 타인의 물건(부동산, 동산) 또는 유가증권

② **유치권이 성립하지 않는 채권**

㉠ 전세금반환청구권, 보증금·권리금반환청구권, 지상물·부속물매수청구권 행사 시 매매대금청구권 등은 목적물에 관하여 생긴 채권이 아니므로 유치권이 성립하지 않는다. 다만, 동시이행의 항변권이 성립한다.

㉡ 채무불이행으로 인한 손해배상청구권

2. 성립

(1) 목적물의 적법한 계속 점유

① 적법한 점유가 아닌 불법점유 중에 지출한 비용으로 유치권은 성립하지 않는다.

② 직접점유·간접점유·공동점유 모두 인정한다. 단, 채무자를 직접점유로 하는 간접점유로는 유치권이 성립하지 않는다(판례).

(2) 목적물에 관하여 생긴(견련관계 있는) 채권의 존재

① 목적물에 지출한 비용상환청구권(필요비·유익비)

② 목적물에 대한 수리비·수선비·공사비채권

③ 공사대금채권

④ 본채권이 견련관계 있는 경우 그 이행불능으로 인한 손해배상청구권 ⇨ 물건의 하자로 인하여 생긴 손해의 배상청구권(본채권이 견련관계 있으므로)

⑤ 유가증권의 유상수치(有償受置)로 인하여 생긴 보수청구권

⑥ 목적물로부터 발생한 불법행위로 인한 손해배상청구권

⑦ 채권이 목적물의 반환청구권과 동일한 법률관계 또는 사실관계로부터 발생한 경우(㉑ 음식점에서 우산이나 신발이 바뀐 경우) ⇨ 채권의 발생과 목적물의 점유 사이의 견련성은 요하지 않는다. 따라서 목적물에 관하여 채권이 발생한 후에 점유를 취득한 경우에도 유치권이 발생한다.

(3) 채무의 변제기 도래

(4) 유치권의 배제특약이 없을 것

유치권에 관한 민법 규정은 임의규정이다.

판 례 유치권의 성립

① 건물의 임차인이 임대차관계 종료 시에 건물을 원상으로 복구하여 임대인에게 명도하기로 약정한 경우, 임차인은 유치권을 주장할 수 없다.

② 임대차 종료 시 임차인은 임대인에 대하여 보증금을 반환할 때까지 그 건물에 대하여 유치권을 행사할 수 없다. ⇨ 매매대금채권, 권리금, 보증금 등은 유치권의 피담보채권이 될 수 없다.

③ 유치권의 목적 부동산이 제3자에게 양도된 경우, 유치권자는 특별한 사정이 없는 한 제3자에게 유치권을 주장할 수 있다.

④ 유치권자가 채무자의 승낙 없이 유치물을 제3자에게 임대한 경우, 임차인은 경매절차에서의 매수인(경락인)에게 그 임대차의 효력을 주장할 수 없다.

⑤ 유치권자는 경락인에게도 유치권을 행사하여 목적물의 인도를 거절할 수 있다. 다만, 유치권자가 경락인에게 채권의 변제를 적극적으로 청구할 수는 없다.

⑥ 채무자를 직접점유자로 하여 채권자가 물건을 간접점유하는 경우 채권자는 그 물건에 대하여 유치권을 행사할 수 없다.

3. 존속기간

피담보채권이 존재하고 목적물의 점유가 계속되는 한, 그 존속기간의 제한은 없다.

4. 법적 성질

(1) 타물권

유치권은 타물권으로, 타인의 물건이나 유가증권을 그 객체로 하고 자신의 소유물에 대하여 유치권의 항변을 인정하지 않는다. ⇨ ㉵ 수급인은 자신이 재료의 대부분을 제공하고 그 노력으로 완성한 목적물에 대하여 유치권을 주장할 수 없다.

(2) 법정담보물권으로서 민법상 성립요건만 갖추면 등기 없이 성립한다.

(3) 부동산·동산·유가증권을 점유할 권리

경매 시 경락인의 목적물반환 요구에 대하여 유치권자는 그 인도 거절을 할 수 있으나, 채무자가 아닌 경락인에 대하여 피담보채무의 변제를 요구할 수는 없다.

(4) 유치권의 불가분성

> **제321조 【유치권의 불가분성】** 유치권자는 채권 전부의 변제를 받을 때까지 유치물 전부에 대하여 그 권리를 행사할 수 있다.

⇨ 유치권의 불가분성은 그 목적물이 분할가능하거나 수개의 물건인 경우에도 적용된다.

5. 효력

(1) 유치권자의 권리

① **목적물의 유치권**: 법정담보물권으로서 대세적 효력이 있다. 즉, 채무자뿐만 아니라 그 밖의 모든 사람에게 대항할 수 있다. 부동산에 대한 경매가 실행된 경우에도 유치권자는 그 경락인에게 유치권을 행사하여 인도를 거절할 수 있다.

② **경매권**: 채권을 변제받기 위하여 경매할 수 있다. ⇨ 우선변제를 위한 경매가 아님

③ **비용상환청구권**(유치권 행사 중 발생한 비용): 유치권 성립

④ **간이변제충당권**: 정당한 이유가 있는 경우 미리 채무자(소유자)에게 통지하고 감정인의 평가를 거쳐 법원에 간이변제충당을 청구할 수 있다.

⑤ **과실수취권**: 소유자의 승낙을 얻어 임대, 담보제공 등으로 과실이 발생할 경우 그 과실을 수취하여 다른 채권자보다 먼저 그 채권에 우선 변제 충당이 가능하다(이자 → 원본의 순서).

⑥ **보존을 위한 사용권**: 사용이익(과실)은 반환한다.

(2) 유치권자에게 인정되지 않는 권리

① **추급력**: 목적물에 대한 점유를 상실하면 유치권은 소멸하며, 물권으로서의 추급력이 없다.

② **물상대위**: 우선변제권이 없으므로 물상대위도 인정되지 않는다.

③ **물권적 청구권**: 유치권은 유치물을 점유하면서 인도 거절할 권리이므로 유치권 자체에 의한 물권적 반환청구권은 인정되지 않는다. ⇨ 점유 침탈 시 1년 이내에 점유권에 의한 물권적 청구권은 행사 가능

(3) 유치권자의 의무

① **선관주의의무**

② **목적물의 임의 사용·대여·처분금지**: 보존을 위한 사용은 가능

③ **의무위반의 효과**: 채무자는 유치권의 소멸을 청구할 수 있다.

판 례 **유치권의 효력**

① 목적물인도청구의 소에서 피고가 유치권을 행사하는 경우 원고일부승소판결로서 상환급부판결을 하여야 한다.

② 유치권자가 과실을 수취하였거나 유치물을 사용함으로써 얻은 이익이 있는 경우에는 그만큼 유치권으로 담보되는 채권액이 차감된다.

③ 수급인의 재료와 노력으로 건축되었고 독립한 건물에 해당되는 기성 부분은 별도의 특약 또는 특별한 사정이 없는 한 수급인의 소유라 할 것이므로 수급인은 공사대금을 지급받을 때까지 이에 대하여 유치권을 가질 수 없다.

④ 채무자가 직접점유하는 물건을 채권자가 간접점유하는 경우 채권자는 그 물건에 대하여 유치권을 행사할 수 없다.

⑤ 도급인이 공급한 재료로 주택의 신축공사를 한 수급인이 그 건물을 점유하고 있고 또 그 건물에 관하여 생긴 공사대금채권이 있다면, 수급인은 그 채권을 변제받을 때까지 건물에 대하여 유치권을 행사할 수 있다.

⑥ 계약으로 인하여 자신의 비용과 노력으로 건물을 완성한 신축자가 그 공사대금의 지급을 요구하면서 신축 건물을 점유하는 경우 유치권은 성립하지 않는다.

⑦ 甲이 건물 신축공사 수급인인 乙 주식회사와 체결한 약정에 따라 공사현장에 시멘트와 모래 등의 건축자재를 공급한 사안에서, 甲의 건축자재대금채권은 매매계약에 따른 매매대금채권에 불과할 뿐 건물 자체에 관하여 생긴 채권이라고 할 수는 없다(2011다96208).

6. 유치권의 소멸

(1) 피담보채권의 소멸

> **제326조【피담보채권의 소멸시효】** 유치권의 행사는 채권의 소멸시효의 진행에 영향을 미치지 아니한다.

(2) 채무자의 소멸청구

① 유치권자가 선관주의의무를 위반하거나, 유치물을 채무자의 승낙 없이 사용·대여·담보제공 등을 한 경우 채무자 또는 소유자가 유치권의 소멸을 청구할 수 있다. ⇨ 즉시 소멸

② **타담보의 제공**: 채무자 또는 유치물의 소유자는 피담보채무에 상당한 담보를 제공하고 유치권의 소멸을 청구할 수 있다. ⇨ 유치권자의 동의 또는 이에 갈음한 법원의 판결이 있으면 유치권 소멸

③ **점유의 상실**: 유치권은 점유를 그 기초로 하고 있으므로 점유를 상실하면 유치권은 소멸한다. 다만, 점유를 침탈당한 후 1년 내에 점유를 회수한 경우 처음부터 점유를 상실하지 않은 것이 되므로 유치권도 소멸하지 않은 것으로 된다.

(3) 유치권의 소멸청구권

채무자 또는 유치물의 소유자를 보호하기 위한 규정으로서 채무자뿐만 아니라 유치물의 소유자도 유치권의 소멸사유를 주장하여 유치권의 소멸을 청구할 수 있다.

핵심 03 질권 ★☆☆

1. 서설

(1) 질권의 의의

질권(質權)은 채권자가 그의 채권의 담보로서 채무의 변제가 있을 때까지 채무자 또는 제3자(물상보증인)로부터 받은 물건(동산 또는 재산권)을 점유하고 유치함으로써, 한편으로는 채무의 변제를 간접적으로 강제하는 동시에 채무의 변제가 없는 경우에는 그 목적물로부터 다른 채권자에 우선하여 변제를 받는 권리를 말한다(제329조, 제345조).

(2) 질권의 특징

질권은 목적물의 점유가 질권자에게 이전되어 유치적 효력을 갖는다는 점에서 유치권과 같고, 저당권과는 다르다. 그러나 약정담보물권이며 우선변제적 효력이 있다는 점에서는 저당권과 같다.

(3) 담보물권의 통유성

질권은 원칙적으로 약정담보물권이며, 담보물권의 통유성을 갖는다.

2. 질권의 유형

(1) 성립 원인에 따라: 약정질권과 법정질권(제648조, 제650조)으로 나뉜다.

(2) 목적물에 따라: 동산질권과 권리질권으로 나눌 수 있다.

① **동산질권:** 양도할 수 있는 동산

② **권리질권:** 질권은 재산권을 그 목적으로 할 수 있다. 그러나 부동산의 사용, 수익을 목적으로 하는 권리(예 임차권)는 그러하지 아니하다.

3. 동산질권

(1) 성립

① **질권설정계약**

㉠ 동산질권은 약정담보물권이므로 당사자의 질권설정계약과 목적물인 동산의 인도에 의하여 성립한다(제330조).

㉡ 질권설정계약의 당사자

ⓐ 질권설정자: 채무자 또는 물상보증인

ⓑ 질권자: 채권자

② **목적 동산의 인도**

> **제330조【설정계약의 요물성】** 질권의 설정은 질권자에게 목적물을 인도함으로써 그 효력이 생긴다.
>
> **제332조【설정자에 의한 대리점유의 금지】** 질권자는 설정자로 하여금 질물의 점유를 하게 하지 못한다.

㉠ 질권설정을 위한 인도는 현실의 인도뿐만 아니라 간이인도 또는 목적물반환청구권의 양도에 의한 인도라도 무방하지만, 점유개정에 의한 인도는 금지된다(강행규정). 그 이유는 질권의 특질인 유치적 효력을 확보하려는 데 있다.

㉡ 일단 질권이 성립한 후에도 목적물을 임의로 설정자에게 반환한 경우 질권은 소멸하게 된다(다수설).

③ **질권의 객체**(목적물)

㉠ 부동산 이외의 동산 또는 재산권에 성립 ⇨ 양도할 수 있는 물건 중 동산이 그 목적물이 된다. 즉, 양도할 수 없는 물건은 질권의 객체가 될 수 없다.

㉡ 등기된 선박·자동차·항공기·건설기계 등과 같이 '등기·등록에 의하여 공시되는 동산'은 저당권의 목적물은 될 수 있으나, 질권의 목적물은 되지 아니한다.

④ **피담보채권**

㉠ 질권에 의하여 담보되는 채권에 대하여는 법률상 아무런 제한이 없다.

㉡ 금전으로 가액을 산정할 수 없는 채권도 질권에 의하여 담보할 수 있다.

㉢ 현존하는 채권뿐만 아니라 장래 성립할 수 있는 채권(㉮ 조건부·기한부 채권)도 가능하다.

(2) 동산질권의 효력

① **유치적 효력**: 질권자는 질물로 담보된 채권(피담보채권)을 변제받을 때까지 질물을 유치할 수 있다. 그러나 자기보다 우선권이 있는 채권자에게 대항하지 못한다.

② **우선변제적 효력**: 동산질권자는 채권의 담보로 채무자 또는 제3자가 제공한 동산을 점유하고 그 동산에 대하여 다른 채권자보다 자기채권의 우선변제를 받을 권리가 있다.

③ **동산질권의 효력범위**

㉠ 피담보채권의 범위

> **제334조【피담보채권의 범위】** 질권은 원본, 이자, 위약금, 질권 실행의 비용, 질물보존의 비용 및 채무불이행 또는 질물의 하자로 인한 손해배상의 채권을 담보한다. 그러나 다른 약정이 있는 때에는 그 약정에 의한다.

㉡ 목적물의 범위

ⓐ 동산질권은 설정계약에 의하여 질권의 목적이 되고 인도된 물건 전부에 그 효력이 미친다. 목적물의 과실에도 동산질권의 효력이 미치며(제343조, 제323조), 종물은 다른 약정이 없는 한 질권자에게 인도된 때에 한하여 그 효력이 미친다(제100조 제2항).

ⓑ 물상대위

> **제342조【물상대위】** 질권은 질물의 멸실, 훼손 또는 공용징수로 인하여 질권설정자가 받을 금전 기타 물건에 대하여도 이를 행사할 수 있다. 이 경우에는 그 지급 또는 인도 전에 압류하여야 한다.

④ **경매·간이변제충당**

㉠ 질권자는 채권의 변제를 받기 위하여 질물을 경매할 수 있다.

㉡ 정당한 이유 있는 때에 질권자는 감정인의 평가에 의하여 질물로 직접변제에

충당할 것을 법원에 청구할 수 있다. 이 경우에 질권자는 미리 채무자 및 질권설정자에게 통지하여야 한다.

⑤ **점유개정의 금지**(제332조): 질권자는 설정자로 하여금 질물의 점유를 하게 하지 못한다.

⑥ **유질계약의 금지**: 질권설정자는 채무변제기 전의 계약으로 질권자에게 변제에 갈음하여 질물의 소유권을 취득하게 하거나 법률에 정한 방법에 의하지 아니하고 질물을 처분할 것을 약정하지 못한다.

⑦ **질물 이외의 재산으로부터의 변제**

㉠ **질물이 먼저 경매 및 배당이 되는 경우**: 질권자는 질물의 경매에 의하여 피담보채권의 전부를 변제받을 수 있고, 변제를 받지 못한 부분의 채권에 한하여 채무자의 다른 재산으로 변제를 받을 수 있다.

㉡ **다른 재산에 관하여 먼저 배당이 되는 경우**

ⓐ 질물보다 먼저 다른 재산에 관한 배당을 실시하는 경우에는 질권자는 그 재산의 배당에 참여하여 자신의 채권을 변제받을 수 있다.

ⓑ 이 경우 다른 채권자는 질권자에게 그 배당금액의 공탁을 청구할 수 있다.

(3) 동산질권자의 전질권(轉質權)

① **책임전질**

㉠ 질권자는 그 권리의 범위 내에서 자기의 책임으로 질물을 전질할 수 있다.

㉡ 이 경우에는 전질을 하지 아니하였으면 면할 수 있는 불가항력으로 인한 손해에 대하여도 책임을 부담한다.

㉢ 전질의 범위는 원질의 범위를 초과할 수 없고, 원질권이 소멸하면 전질권도 소멸한다.

② **승낙전질**

㉠ 승낙전질이란 질권자가 질권설정자의 승낙을 얻어 자기의 제3자에 대한 채무를 담보하기 위하여 그 질물 위에 다시 질권을 설정하는 것을 말한다(제343조, 제324조 제2항 본문).

㉡ 승낙전질은 원질권과는 독립한 별개의 질권이다.

ⓐ 승낙질권의 범위는 원질권의 범위에 의한 제한이 없다. 즉, 원질권의 범위를 넘어서 질권을 설정할 수 있다.

ⓑ 원질권의 소멸은 전질권에 아무런 영향을 미치지 않는다.

㉢ 승낙전질의 경우 불가항력으로 인한 손해에 대해서도 책임을 지지 않는다.

③ **전질의 대항요건**

㉠ 질권자가 전질을 설정한 경우에 질권자가 채무자에게 전질의 사실을 통지하

거나 채무자가 이를 승낙함이 아니면 전질로써 채무자, 보증인, 질권설정자 및 그 승계인에게 대항하지 못한다.

㉡ 채무자가 전질에 관한 통지를 받거나 승낙을 한 때에는 전질권자의 동의 없이 질권자에게 채무를 변제하여도 이로써 전질권자에게 대항하지 못한다.

(4) 동산질권 침해에 대한 효력

① **물권적 청구권**

㉠ 동산질권은 점유할 권리를 포함하므로 그 점유가 침해된 경우는 점유보호청구권에 의하여 보호된다(제204조~제206조).

㉡ 다른 물권과 달리 소유권에 기한 물권적 청구권(제213조, 제214조)을 준용하는 규정을 두고 있지 않으나, 통설은 이를 유추 적용하여 질권이 침해되면 질권자는 질권 자체에 기한 물권적 청구권도 행사할 수 있다고 본다.

② **불법행위로 인한 손해배상청구권**: 질물이 제3자에 의하여 멸실 또는 훼손된 경우에 질권자는 불법행위로 인한 손해배상을 청구할 수 있다(제750조).

(5) 동산질권의 소멸

① 질권은 물권 일반에 공통된 소멸 원인과 담보물권에 공통된 소멸 원인에 의하여 소멸한다.

㉠ **물권 일반에 공통된 소멸 원인**: 목적물의 멸실·몰수·첨부·취득시효·포기·혼동

㉡ **담보물권에 공통된 소멸 원인**: 경매·변제·피담보채권의 소멸

② 질권은 담보물권이므로 피담보채권과 독립하여 소멸시효에 걸리지 않는다.

③ 질권자가 질물을 유치하더라도 소멸시효의 진행에 영향을 미치지 않는다. 즉, 질권을 행사하여 목적물을 점유하는 경우에도 피담보채권의 소멸시효는 진행한다.

④ **질권에 특유한 소멸 원인**

㉠ 질권자가 질권설정자에게 스스로 목적물(질물)을 반환한 경우

㉡ 질권자의 선관주의의무 위반 시 질권설정자의 소멸청구에 의해 소멸

4. 권리질권

(1) 의의

① 권리질권이란 채권·주식·지식재산권과 같은 '재산권을 목적으로 하는 질권'을 말한다(제345조 본문).

② 권리질권에서 유치적 효력은 거의 무의미하지만, 그 목적인 권리의 교환가치에서 우선변제를 받는 것을 주된 내용으로 한다는 점에서는 동산질권과 그 효력이 같다.

③ 권리질권에 관하여는 동산질권에 관한 규정이 준용된다(제355조).

(2) 권리질권의 목적

① 채권

② 주식(주주권)

③ 지식재산권

④ 저당권의 피담보채권 ⇨ 무담보 채권에 질권 설정 후 저당권이 설정된 경우도 포함

(3) 권리질권의 목적이 될 수 없는 것

① **부동산 사용·수익권**: 지상권, 전세권, 임차권

② **성질상 제한**: 점유권, 소유권, 지역권, 광업권, 어업권

③ **양도할 수 있는 재산권이 아닌 것**: 인격권, 상속권, 연금청구권, 부양청구권, 상호계산이 개입된 채권, 부작위채권

(4) 권리질권의 설정

① **지명채권**: 질권설정의 합의 + 채권증서의 교부

㉠ **설정계약의 요물성**: 채권을 질권의 목적으로 하는 경우에 채권증서가 있는 때에는 그 증서를 질권자에게 교부함으로써 질권설정의 효력이 생긴다(제347조).

㉡ **지명채권에 대한 질권의 대항력**: 지명채권을 목적으로 한 질권의 설정은 설정자가 채권양도의 법리(제450조) 규정에 의하여 제3채무자에게 질권설정의 사실을 통지하거나 제3채무자가 이를 승낙함이 아니면 이로써 제3채무자 기타 제3자에게 대항하지 못한다(제349조).

② **지시채권**: 증서에 대한 배서 + 증서의 교부(제350조)

③ **무기명채권**: 증서의 교부(제351조)

④ **저당권부 채권**: 저당권으로 담보한 채권을 질권의 목적으로 한 때에는 그 저당권 등기에 질권의 부기등기를 하여야 그 효력이 저당권에 미친다(제348조).

(5) 채권질권의 효력 및 범위

① **유치적 효력**

㉠ 채권질권자는 채권증서를 점유하고 피담보채권의 전부를 변제받을 때까지 이를 유치할 수 있다.

㉡ 채권질권자가 채권증서를 질권설정자에게 반환하여도 질권이 당연히 소멸하는 것은 아니다.

㉢ 질권자가 증서의 점유를 상실하여도 질권 자체에 기해 증서의 반환을 청구할 수 있다.

② **피담보채권의 범위**: 동산질권과 동일

③ **질권설정자의 권리처분 제한**: 질권설정자는 질권자의 동의 없이 질권의 목적이 된 권리를 소멸하게 하거나 질권자의 이익을 해하는 변경을 할 수 없다.

(6) 질권의 목적이 된 채권의 실행 방법

① 질권자는 질권의 목적이 된 채권을 직접 청구할 수 있다.

② 채권의 목적물이 금전인 때에는 질권자는 자기채권의 한도에서 직접 청구할 수 있다.

③ 질권자가 질권의 목적인 채권을 직접 청구하는 경우, 채권의 변제기가 질권자의 채권의 변제기보다 먼저 도래한 때에는 질권자는 제3채무자에 대하여 그 변제금액의 공탁을 청구할 수 있다. 이 경우에 질권은 그 공탁금에 존재한다.

④ 채권의 목적물이 금전 이외의 물건인 때에는 질권자는 그 변제를 받은 물건에 대하여 질권을 행사할 수 있다.

핵심 04 저당권 ★★★

1. 성립

(1) 저당권설정계약 ⇨ 처분행위(처분할 권리 내지 권능 필요)

① **계약의 당사자**

㉠ 저당권설정자: 채무자 또는 제3자(물상보증인)

㉡ 저당권자: 저당권자는 채권자에 한하는 것이 원칙(부수성)이나, 채권자·채무자·제3자 사이에 합의가 있고 피담보채권이 제3자에게 귀속되었다고 볼 수 있는 특별한 사정이 있는 경우에는 채권자가 아닌 제3자 명의로 된 근저당권 등기는 유효하다(판례).

② **저당권의 객체**(목적물)

㉠ 민법: 부동산(토지·건물), 지상권, 전세권 ⇨ 지역권 ×

㉡ 민법 이외의 법률: 등기·등록을 공시방법으로 하는 물건(상법상 등기된 선박, 입목, 광업권, 어업권, 공장재단, 광업재단, 자동차, 항공기, 건설기계 등)

③ **피담보채권**

㉠ 금전채권·비금전채권(금전적 가치로 환산할 수 있으면 저당권설정 가능) ⇨ 금전지급 이외의 급부를 목적으로 하는 채권(특정물 인도청구권)도 피담보채권이 될 수 있다.

㉡ 현존채권·장래의 채권: 저당권(확정채권) 또는 근저당권(불확정채권) 설정

(2) 저당권의 설정등기

① **필요적 등기 사항**: 원본, 채권자, 채무자

② **임의적 등기 사항**: 이자, 위약금, 변제기 등

판례 저당권의 성립

① 저당권에 부종성이 있으므로 채권자와 저당권자가 그 주체를 달리할 수 없음이 원칙이나, 제3자에게 채권이 실질적으로 귀속되었다고 볼 수 있는 특별한 사정이 있는 경우 제3자 명의의 저당권등기도 유효하다.

② 저당권설정계약상의 채무자가 아닌 제3자를 채무자로 한 저당권설정등기는 채무자를 달리한 것이므로 저당권의 부종성에 비추어 원인 없는 무효의 등기이다.

③ 토지에 관하여 저당권이 설정될 당시 그 지상건물의 등기부상 소유 명의가 타인에게 신탁된 경우, 그 후 저당권이 실행되었다면 신탁자는 그 건물에 관한 법정지상권의 성립을 주장할 수 없다.

④ 건물 신축공사의 수급인이 공사를 완료한 후 보수를 지급받지 못한 경우, 이를 피담보채권으로 한 저당권설정청구는 합당하다.

2. 존속기간

당사자 합의로 정한다.

3. 법적 성질

① **타물권**

② **약정담보물권**

③ **물권적 청구권**: 등기부상의 기재사실로서 효력이 결정되고 점유를 수반하지 않는 관념적 지배권으로서 방해제거 및 방해예방청구권만 인정된다.

④ **담보물권의 통유성**

㉠ 담보물권으로서의 통유성은 저당권에서 특징적으로 나타난다.

㉡ 저당권은 그 담보한 채권과 분리하여 타인에게 양도하거나 다른 채권의 담보로 하지 못한다.

4. 저당권의 효력

(1) 우선변제적 효력

① 담보물의 경매 시 저당권자는 후순위 물권자, 기타 채권자에 우선하여 피담보채권을 변제받는다.

② 일정한 임금채권과 당해세, 소액보증금 등의 최우선변제권이 있는 채권에는 우선변제적 효력이 없다.

(2) 저당권의 우선변제적 효력이 미치는 범위

① 피담보채권의 범위

> **제360조 【피담보채권의 범위】** 저당권은 원본, 이자, 위약금, 채무불이행으로 인한 손해배상 및 저당권의 실행비용을 담보한다. 그러나 지연배상에 대하여는 원본의 이행기일을 경과한 후의 1년분에 한하여 저당권을 행사할 수 있다.

㉠ 피담보채권이란 저당권으로 담보되는 채권을 의미하는 것이지, 채무자가 변제해야 하는 채권을 의미하는 것은 아니다.

㉡ 담보물의 보존비용이나 담보물의 하자로 인한 손해배상청구권은 저당권의 피담보채권의 범위에 포함되지 않는다.

② 목적물의 범위

㉠ **부합물·종물**: 저당권의 효력은 저당목적물의 부합물과 종물에 당연히 영향을 미친다(부합 또는 부종 시기는 저당권설정 전후를 불문). ⇨ 그러므로 저당권 실행 경매 시 목적물로서 평가되지 않은 경우에도 경락자는 부합물 또는 종물의 소유권을 취득한다.

㉡ **과실**: 저당목적물에 대한 과실에 대하여는 원칙적으로 저당권의 효력이 영향을 미치지 않는다. 다만, 저당부동산에 대한 압류가 행하여진 후에는 과실에 대하여도 저당권의 효력이 영향을 미친다. ⇨ 저당물에 대한 경매가 신청되면 압류의 효력이 발생한다.

㉢ **종된 권리**: 건물에 설정된 저당권의 효력은 그 건물 소유를 위한 대지사용권인 지상권, 토지 임차권에 영향을 미친다. 그러나 임차권의 경우 임대인의 동의를 얻지 못하면 임대인에게 대항할 수 없다.

㉣ **물상대위**: 저당권은 목적물이 멸실한 경우 그 가치변형물에 효력이 있다.

판 례 | 저당권의 효력범위

① 저당권의 효력은 저당권설정 전후에 부합된 물건과 종물에는 영향을 미치나, 그 과실에는 원칙적으로 효력이 없다.
② 저당권의 피담보채권이 소멸한 후 말소등기가 경료되기 전에 저당권부 채권을 가압류하고 압류 및 전부명령을 받아 저당권이전등기의 부기등기를 경료하였더라도 저당권설정자는 그 저당권의 말소를 구할 수 있다.
③ 지연이자에 대하여는 원본의 이행기일 경과 후 1년분에 한하여 저당권을 행사할 수 있다.
④ 건물 소유를 목적으로 한 토지임차인이 그 토지 위에 소유하는 건물에 저당권을 설정한 경우, 그 저당권이 실행되어 매수인이 건물의 소유권을 취득한 때에는 특별한 사정이 없는 한 위 임차권도 매수인에게 이전된다.

⑤ 구분건물의 전유 부분에 설정된 저당권의 효력은 특별한 사정이 없는 한 그 전유 부분의 소유자가 나중에 취득한 대지사용권에도 효력이 있다.
⑥ 채권과 이를 담보하는 저당권은 원칙적으로 그 주체를 달리할 수 없으므로 채권자 아닌 제3자 명의로 이루어진 저당권설정등기는 특별한 사정이 없는 한 효력이 없다.
⑦ 저당권의 효력은 저당부동산에 대한 압류 이후 그 과실에 영향을 미치지만 그 부동산에 대한 소유권·지상권 또는 전세권을 취득한 제3자에 대하여는 저당권자가 압류한 사실을 통지한 후가 아니면 이로써 대항할 수 없다.
⑧ 건물이 증축되고 증축 부분이 본래의 건물에 부합된 경우, 별도의 소유권보존등기가 경료되어 있어서 본래의 건물에 대한 경매절차에서 경매목적물로 평가되지 아니하였다고 할지라도 경락인은 그 부합된 증축 부분의 소유권을 취득한다.

(3) 저당권과 용익권의 관계

① **저당권 실행으로 인한 용익권의 소멸**: 최선순위 저당권과 우선순위에 의하여 소멸 여부가 결정된다.

㉠ 저당권설정등기 이전에 성립한 지상권, 전세권, 대항력을 갖춘 임차권 등은 저당권의 실행(경락)으로 소멸되지 않으므로 경락인에게 인수된다. 다만, 전세권자는 자신의 선택에 따라 배당요구를 할 수 있으며, 이때에는 전세권도 소멸한다.

㉡ 저당권은 경락으로 항상 소멸하므로 저당권설정 후에 제3자가 취득한 용익권은 경락인에게 대항하지 못하고 소멸한다.

판 례 **저당권과 용익권**

① 저당권설정등기와 임차인의 대항요건 및 확정일자가 같은 날 이루어졌다면 임차인의 대항력은 인정되지 않는다.
② 소액임차인이 경매신청등기 전에 「주택임대차보호법」 소정의 대항요건을 갖춘 경우 임차보증금 중 일정액을 선순위 저당권자에 우선하여 변제받을 수 있다.
③ 저당권설정 당시 토지 위에 건물이 존재하였다면 그 건물이 무허가 미등기이더라도 그 건물을 위한 법정지상권이 성립한다.
④ 저당권설정 당시 장차 완성될 건물의 규모, 종류를 객관적으로 예상할 수 있을 정도까지 건축이 진전되어 있는 경우에는 장차 완성될 건물을 위하여 법정지상권이 성립한다.
⑤ 저당권설정 당시 토지와 건물이 동일인 소유였다면 그 이후 토지와 건물의 소유자가 달라지더라도 법정지상권의 성립에는 영향이 없다.
⑥ 법정지상권이 있는 건물의 양수인은 그 대지를 점유·사용함으로 인하여 얻은 이득에 대해 부당이득반환의무를 진다.

② **일괄경매청구권**

> **제365조【저당지상의 건물에 대한 경매청구권】** 토지를 목적으로 저당권을 설정한 후 그 설정자가 그 토지에 건물을 축조한 때에는 저당권자는 토지와 함께 그 건물에 대하여도 경매를 청구할 수 있다. 그러나 그 건물의 경매대가에 대하여는 우선변제를 받을 권리가 없다.

㉠ 요건

ⓐ 나대지에 저당권을 설정한 후 저당권설정자가 건물을 축조하여 소유하고 있는 경우

ⓑ 저당권설정자가 아닌 제3자 소유의 건물에 대하여는 일괄경매청구권이 인정되지 않는다.

ⓒ 저당권자는 토지만을 경매하여 그 대금으로 충분히 피담보채권의 변제를 받을 수 있는 경우에도 일괄경매를 청구할 수 있다.

ⓓ 토지만의 경매 또는 일괄경매 여부는 저당권자의 권리이다.

㉡ 효과

ⓐ **우선변제효력의 범위**: 건물의 경매대가에 대해서는 우선변제를 받을 권리가 없다.

ⓑ 경매법원은 일괄경매된 토지와 건물을 동일인에게 경락하여야 한다.

판례 일괄경매청구권

① 토지의 저당권자는 저당권설정 후 저당권설정자가 축조하여 보유하고 있는 건물을 토지와 함께 일괄매각할 수는 있으나 그 토지의 매각대금으로부터만 우선변제를 받을 수 있다.
② 토지에 대한 저당권설정자로부터 용익권을 설정받은 자가 건축한 건물이라도 이후에 저당권설정자가 소유권을 취득하였다면 일괄경매청구가 가능하다.
③ 토지에 저당권을 설정한 후 그 토지를 甲이 양수받아 그 지상에 건물을 신축하였다면 저당권자의 일괄경매는 허용되지 않는다.

③ **저당물 경매와 법정지상권**: 법정지상권의 설명 내용(제366조) 참조

(4) 제3취득자

① **의의**: 저당권이 설정된 후 저당목적물의 소유권을 취득한 자 또는 지상권, 전세권(대항력 있는 임차권자 포함)을 취득한 자로서, 제3취득자는 채무자가 아니다.

② **제3취득자의 대위변제**

㉠ 제3취득자는 저당권이나 근저당권에 의하여 담보된 채권을 채무자의 의사에 반하여 대위변제할 수 있다.

㉡ 대위변제는 이행기가 도래한 채권에 한정된다.

㉢ 저당물의 제3취득자가 변제 시 지연이자는 1년분에 한하고, 근저당권의 경우 채권최고액만 변제하면 된다.

③ **제3취득자의 경매권**: 저당물의 소유권을 취득한 제3취득자는 저당부동산에 대한 저당권실행경매 절차에서 경매인이 될 수 있다.

④ **제3취득자의 비용상환청구권**: 제3취득자가 필요비·유익비를 지출한 경우 저당물의 경매대가에서 우선상환을 받을 수 있다.

판 례	**저당권의 효력**
① 저당부동산의 제3취득자는 저당권자에게 그 부동산으로 담보된 채권만을 변제하고, 저당권의 소멸을 청구할 수 있다. ② 저당부동산의 개량을 위하여 제3취득자가 유익비를 지출할 경우 그 저당부동산의 경매대가에서 우선변제를 받을 수 있다.	

(5) 저당권 침해에 대한 구제

① **저당권 침해의 의의**: 저당권자가 저당목적물의 교환가치로부터 우선변제를 받는 것을 위태롭게 하는 모든 행위, 즉 저당목적물의 담보가치를 저하시키는 일체의 행위가 저당권 침해이다. ⇨ 저당권의 목적물을 멸실 또는 훼손하거나 저당산림을 부당하게 벌채하는 행위 등

② **구제 방법**

㉠ **물권적 청구권**: 목적물반환청구권은 인정하지 않으나, 방해제거 또는 예방청구권을 행사할 수 있고, 그의 일환으로 저당권 행사의 방해가 될 수 있는 무효등기 말소청구권도 행사할 수 있다.

㉡ **원상회복 또는 담보물보충청구권**

> **제362조【저당물의 보충】** 저당권설정자의 책임 있는 사유로 인하여 저당물의 가액이 현저히 감소된 때에는 저당권자는 저당권설정자에 대하여 그 원상회복 또는 상당한 담보제공을 청구할 수 있다.

㉢ **기한의 이익의 상실과 즉시변제청구**: 채무자가 저당권을 침해한 경우 채권자는 즉시변제를 청구할 수 있고, 이에 응하지 아니할 경우 경매를 실행할 수 있다.

㉣ **불법행위에 기한 손해배상청구**: 저당권이 침해되는 경우에 저당권자는 불법행위에 기한 손해배상의 청구를 할 수 있다. 다만, 이러한 손해배상청구권이 발생하는 것은 목적물의 침해로 저당권자가 채권의 완전한 만족을 얻을 수 없게 되는 때이다.

판례	저당권 침해에 대한 구제

① 이미 소멸한 선순위 저당권설정등기가 말소되지 않고 있다면, 후순위 저당권자는 방해제거청구권의 행사로 무효인 저당권의 말소를 청구할 수 있다.
② 저당권의 실행(담보권실행 경매에 의한 실행) 요건은 유효한 채권과 저당권이 존재하고 채권의 이행기가 도래하면 충분하고, 제3취득자에 대한 통지까지 할 필요는 없다.
③ 저당권자가 담보물보충청구권을 행사하는 경우 손해배상청구권이나 즉시변제청구권을 행사할 수는 없다.
④ 채무자가 고의로 저당목적물인 부동산을 훼손한 경우, 저당권자는 피담보채권의 변제기 전이라도 저당권을 실행할 수 있다.
⑤ 저당권의 목적인 산림상의 수목이 통상의 용법을 넘어 무단으로 벌채된 경우 산림에 대한 저당권자는 수목의 반출금지를 청구할 수 있다.

5. 저당권의 소멸

(1) 저당권 소멸의 원인

① **피담보채권의 소멸·변제·소멸시효 완성·처분**

② **저당권의 실행**: 최선순위 저당권을 기준으로 후순위 권리 모두 소멸

(2) 저당권 소멸의 효과: 저당권 말소등기청구권(채청·물청)

① **전 소유자인 저당권설정자의 말소청구**: 채권적 청구권

② **현 소유자인 저당물 매수인의 말소청구**: 물권적 청구권

6. 특수저당권

(1) 근저당권

① 의의

> **제357조【근저당】** ① 저당권은 그 담보할 채무의 최고액만을 정하고 채무의 확정을 장래에 보류하여 이를 설정할 수 있다. 이 경우에는 그 확정될 때까지의 채무의 소멸 또는 이전은 저당권에 영향을 미치지 아니한다.
> ② 전항의 경우에는 채무의 이자는 최고액 중에 산입한 것으로 본다.

② **성립**: 설정계약 + 등기

㉠ 설정계약의 당사자, 목적물의 범위 등은 저당권과 동일

㉡ 근저당의 취지(등기 원인)와 채권최고액은 반드시 등기

㉢ 이자, 위약금, 지연손해 등은 채권최고액에 당연히 포함되는 것으로 별도의 등기가 필요 없다.

③ **존속기간·결산기**: 존속기간이나 결산기 등은 약정할 필요가 없으나, 약정하고 등기된 경우 그 기간만료로 소멸한다.

④ **법적 성질**

㉠ 타물권

㉡ 약정담보물권

㉢ 부종성 및 수반성의 완화: 피담보채권이 확정될 때까지 부종성과 수반성이 완화된다.

ⓐ 부종성의 완화: 피담보채권이 확정될 때까지 완화된다. 계속적 거래관계 중 담보된 채권이 일시적으로 소멸되었다 하여 근저당권이 당연히 소멸하는 것은 아니다.

ⓑ 수반성의 완화: 근저당권의 피담보채권이 확정되기 전에는 그 채권의 일부가 대위변제되거나 제3자에게 이전되어도 그 근저당권이 대위변제자 또는 제3자에게 이전되지 않는다.

㉣ 피담보채권이 확정된 후에는 부종성도 있고 일반저당권과 동일한 것이 된다.

㉤ 근저당권의 처분: 기본계약상의 지위에 부종하여 처분 가능, 기본계약상의 지위를 유보하고 근저당권만을 처분하는 것은 불가하다.

⑤ **채권최고액**(계속적 거래로 인한 우선변제의 한도액)

㉠ 의의: 당사자의 계속적 거래관계에서 발생하는 모든 채권을 담보한다.
⇨ 채권최고액 ≠ 피담보채권

㉡ 범위: 원본·이자·위약금·지연배상 등은 최고액 범위 내에서 무제한 담보되나, 근저당권 실행비용은 포함되지 않는다.

㉢ 실제 채권액이 채권최고액을 초과하는 경우

ⓐ 채권최고액은 우선변제의 한도액을 의미하고, 책임의 한도액을 의미하는 것은 아니다.

ⓑ 경매가 실행되어 그 매각대금으로 배당하는 경우, 근저당권자는 채권최고액의 범위에서만 우선변제를 받을 수 있다.

⑥ **근저당권의 소멸과 피담보채권의 확정** ⇨ 계속적 거래관계의 종료 시

㉠ 경매 실행 시

ⓐ 근저당권자가 경매신청: 경매신청 시

ⓑ 후순위 권리자에 의한 경매신청: 경락인의 경락대금 완납 시

㉡ 약정에 의한 존속기간·결산기 도래 시: 실채무액이 채권최고액을 초과하는 경우 채무자는 잔존 채무를 변제하고 근저당권의 말소를 청구할 수 있다.

ⓐ 채무자가 변제하는 경우: 채무 전액의 변제의무가 있다.

ⓑ 제3취득자·물상보증인 등이 변제하는 경우: 채권최고액만 변제 후 근저당의 말소를 청구할 수 있다.

ⓒ **기본계약**(근저당설정계약)**의 해지 시**

ⓐ **존속기간·결산기를 정한 경우**: 채무가 전부 소멸하고 채무자가 거래를 계속할 의사가 전혀 없는 경우에는 결산기 전이라도 해지하고 근저당권설정등기의 말소를 구할 수 있다.

ⓑ **존속기간·결산기를 정하지 않은 경우**: 언제든지 채무를 변제하고 근저당권설정등기의 말소를 구할 수 있다.

ⓔ **채무자가 파산 시**

⑦ 경매 청구로 피담보채권이 확정된 후 경매가 취하되었다 하더라도 이후 계속적 거래관계로 발생하는 채권은 더 이상 근저당에 의하여 담보되지 않는다.

PART 4

판례 **근저당권**

① 결산기를 정한 경우에도 채권이 전부 소멸하고 채무자가 거래를 계속할 의사가 전혀 없는 경우에는 결산기 전이라도 해지하고 근저당권설정등기의 말소를 구할 수 있다.

② 근저당권의 경우 피담보채권이 확정되기 이전에는 기본계약의 추가·변경, 채무자의 추가 및 변경은 물론 채권최고액 또는 존속기간의 변경도 가능하고, 채권최고액의 증액이 아닌 한 후순위자의 동의를 받을 필요도 없으며, 이를 등기하면 제3자에 대하여 효력이 있다.

③ 피담보채무가 확정되기 이전에 채무의 범위나 채무자가 변경된 경우에는 당연히 변경 후 범위에 속하는 채권이나 채무자에 대한 채권만이 당해 근저당권에 의하여 담보되고, 변경 전의 범위에 속하는 채권이나 채무자에 대한 채권은 그 근저당권에 의하여 담보되는 채무의 범위에서 제외된다.

④ 근저당권자가 스스로 경매신청을 한 경우에는 경매신청 시에 피담보채권이 확정되므로, 경매개시결정 후 경매신청이 취하되었다고 하더라도 채무확정의 효과는 번복되지 않는다.

⑤ 채무불이행을 이유로 근저당권자가 경매신청을 한 후에 새로운 거래관계에서 발생한 원본채권은 그 근저당권에 의해 담보되지 않는다.

⑥ 근저당권설정 후 부동산 소유권이 이전된 경우, 현재의 소유자뿐만 아니라 근저당권설정자인 종전 소유자도 근저당권설정등기의 말소를 청구할 수 있다.

⑦ 근저당권의 채무액이 채권최고액을 초과하는 경우일지라도 물상보증인 또는 제3취득자는 최고액만을 변제하고 근저당권의 말소를 구할 수 있다.

⑧ 근저당에서 담보할 채권최고액은 목적물로부터 우선변제를 받을 수 있는 한도액을 의미하는 것이지 책임의 한도액을 의미하는 것이 아니다.

⑨ 근저당권의 피담보채권이 확정되기 전에 그 채권의 일부가 양도되거나 대위변제된 경우라도 근저당권은 그 양수인이나 대위변제자에게 이전하지 않는다.

(2) 공동저당권: 피담보채권은 1개, 담보물은 여러 개

> **제368조 【공동저당과 대가의 배당, 차순위자의 대위】** ① 동일한 채권의 담보로 수개의 부동산에 저당권을 설정한 경우에 그 부동산의 경매대가를 동시에 배당하는 때에는 각 부동산의 경매대가에 비례하여 그 채권의 분담을 정한다.
> ② 전항의 저당부동산 중 일부의 경매대가를 먼저 배당하는 경우에는 그 대가에서 그 채권 전부의 변제를 받을 수 있다. 이 경우에 그 경매한 부동산의 차순위 저당권자는 선순위 저당권자가 전항의 규정에 의하여 다른 부동산의 경매대가에서 변제를 받을 수 있는 금액의 한도에서 선순위자를 대위하여 저당권을 행사할 수 있다.

① **의의**: 동일한 채권의 담보를 위해 여러 개의 부동산 위에 설정된 저당권을 공동저당이라 한다. 따라서 부동산의 수만큼 여러 개의 저당권이 성립된다.

② **성립**: 설정계약 + 등기

㉠ **설정계약**: 모든 담보물을 동시에 계약할 필요는 없다.

㉡ **등기**: 모든 부동산에 공동담보물을 기재, 공동담보 부동산이 5개 이상인 경우 공동담보 목록 작성

③ **공동저당권의 실행**

㉠ **동시배당**

ⓐ 각 부동산의 경매대가에 비례하여 그 채권의 분담을 정한다. ⇨ 후순위 권리자 보호 목적, 후순위 권리자 존재 유무와 무관 ⇨ 선순위 저당권자가 있는 부동산과 특수동산이 공동담보로 제공된 경우에는 별도로 경매

ⓑ 채무자 부동산만을 담보로 제공한 경우에 비례 분담

ⓒ 채무자 소유의 부동산과 물상보증인 소유의 부동산에 공동저당을 설정한 후 동시에 배당하는 경우 ⇨ 채무자 소유 부동산의 경매대가에서 우선변제 후 부족분에 대하여 물상보증인의 부동산의 매각대금에 대하여 변제 충당

ⓓ 공동저당권자에게 실행의 선택권이 있다 하더라도, 공동저당 목적물의 일부 매각대금을 가지고도 담보된 모든 채무를 충분히 변제할 수 있다면 일괄적인 동시배당은 할 수 없다.

㉡ **순차배당**(이시배당)

ⓐ 저당부동산의 일부에 대하여 저당권이 실행되는 경우 공동저당권자는 그 일부의 매각대금으로부터 피담보채권의 전부를 변제받을 수 있다.

ⓑ 채무자의 부동산을 먼저 경매한 경우 ⇨ 변제자 대위가 인정될 수 없으므로 그 후순위 저당권자의 물상대위도 인정되지 않는다.

ⓒ 물상보증인의 부동산을 먼저 경매 실행하여 공동저당권자가 모두 변제받은 경우 ⇨ 물상보증인은 변제자 대위 법리에 의하여 공동저당권자의 다른 부동산에 대한 지위를 대위하고 그 후순위 저당권자는 물상보증인의 지위를 물상대위한다.

빈칸 채우기로 CHAPTER 마무리

❶ 전세금반환청구권, 보증금·권리금반환청구권, 지상물·부속물매수청구권 행사 시 매매대금청구권 등은 목적물에 관하여 생긴 채권이 (   ) 유치권이 성립(   ).

❷ 채무자를 직접점유로 하는 간접점유로는 유치권이 성립(   )(판례).

❸ 목적 동산의 인도: 질권자는 설정자로 하여금 질물의 점유를 하게 (   ).

❹ 피담보채권의 범위: 질권은 원본, 이자, 위약금, 질권 실행의 비용, (   )의 비용 및 채무불이행 또는 (   )로 인한 손해배상의 채권을 담보한다. 그러나 다른 약정이 있는 때에는 그 약정에 의한다.

❺ 물상대위: 질권은 질물의 멸실, 훼손 또는 공용징수로 인하여 질권설정자가 받을 금전 기타 물건에 대하여도 이를 행사할 수 있다. 이 경우에는 그 (   ) 전에 압류하여야 한다.

❻ 질물이 제3자에 의하여 멸실 또는 훼손된 경우에 질권자는 불법행위로 인한 손해배상을 청구할 수 (   )(제750조).

❼ 저당권은 그 담보한 채권과 분리하여 타인에게 양도하거나 다른 채권의 담보로 (   ).

❽ (   )이란 저당권으로 담보되는 채권을 의미하는 것이지, 채무자가 변제해야 하는 채권을 의미하는 것은 아니다.

❾ 저당권설정등기 이전에 성립한 지상권, 전세권, 대항력을 갖춘 임차권 등은 저당권의 실행(경락)으로 소멸되지 않으므로 (   )에게 인수된다.

❿ 일괄경매청구권: 토지를 목적으로 저당권을 설정한 후 그 설정자가 그 토지에 건물을 축조한 때에는 저당권자는 토지와 함께 그 건물에 대하여도 경매를 청구할 수 있다. 그러나 그 건물의 경매 대가에 대하여는 우선변제를 (   ).

⓫ 근저당권: 저당권은 그 담보할 채무의 최고액만을 정하고 채무의 확정을 장래에 보류하여 이를 설정할 수 있다. 이 경우에는 그 확정될 때까지의 채무의 소멸 또는 이전은 저당권에 영향을 (   ).

정답

① 아니므로 / 하지 않는다 ② 하지 않는다 ③ 하지 못한다 ④ 질물보존 / 질물의 하자 ⑤ 지급 또는 인도 ⑥ 있다 ⑦ 하지 못한다 ⑧ 피담보채권 ⑨ 경락인 ⑩ 받을 권리가 없다 ⑪ 미치지 아니한다

PART 5

채권법

최근 5개년 평균 출제비율

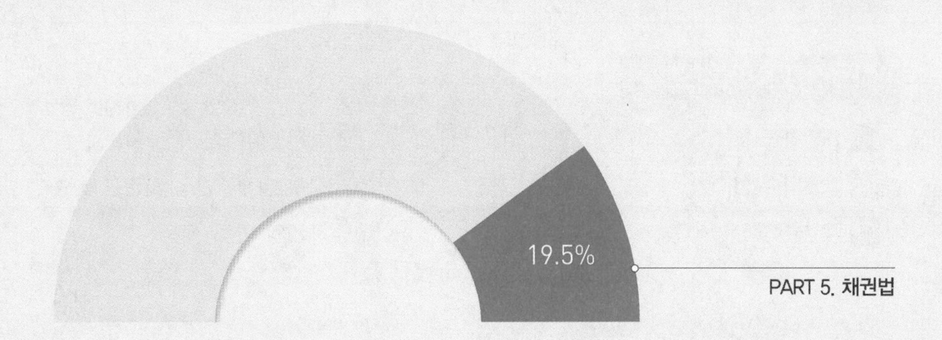

최근 5개년 CHAPTER별 평균 출제비율 & 빈출 키워드

CHAPTER	출제비율	빈출 키워드
01. 채권법 총론	5.0%	채권의 효력, 채권양도·채무인수, 채권의 소멸
02. 채권법 각론(계약법 총론)	5.0%	계약의 성립, 계약의 효력, 계약의 해제·해지(계약의 소멸)
03. 계약법 각론(매매)	3.0%	매매의 성립, 매매의 효력
04. 임대차	1.0%	임대차의 효력
05. 도급과 위임	1.5%	도급, 위임
06. 부당이득과 불법행위	4.0%	불법행위

PART 5 | 합격전략

채권법은 2023년 제26회 시험을 제외하고 그동안 매년 8문항씩 계속 출제되었습니다. 채권법은 출제범위에 비해 공부해야 할 분량이 많지만 불법행위와 부진정연대채무, 매매에서 매도인의 담보책임은 심도 있게 학습해야 합니다. 총칙을 공부하며 채권에 관한 중요부분을 연관지어 효율적으로 학습해야 합니다.

CHAPTER 01

채권법 총론

▶ **연계학습** | 에듀윌 기본서 1차 [민법 下] p.242

회독체크 1 2 3

CHAPTER 미리보기

핵심 01 채권과 급부

1. 채권의 성질

① 채권은 물권과 달리 배타성이 없으므로 이를 규율하는 채권법은 사적자치가 허용되는 범위가 넓으며, 그 규정 대부분이 당사자의 의사를 보충하는 '임의법규적 성질'을 가진다.

② 거래사회를 규율하는 채권법은 합리적 성격을 지니며, 국제거래의 발달에 따라 국제적·보편적 성격을 가지게 된다.

③ 채권법은 대부분이 임의규정으로 신의칙이 강하게 지배한다.

▶ 채권과 물권의 비교

구분	채권	물권
권리의 대상	특정인의 행위(대인권)	독립된 물건(대물권)
권리의 작용 효력	청구권(사람에 대한 행위청구권)	지배권(물건에 대한 배타적 지배권)
의무자의 범위	상대적(채무자에게만 행사)	대세적(누구에게나 주장 가능)
배타성	×(채권자 평등의 원칙)	○(우선적 효력)
양도성(처분성)	원칙적으로 양도 가능 (특약으로 제한 가능)	양도 가능 (원칙적으로 제한 불가)

2. 채권의 목적

(1) 의의

채권의 목적이란 '채권자가 채무자에 대하여 청구할 수 있는 일정한 행위(급부), 즉 채무의 내용'을 의미하는 것으로, 급부의 목적인 채권의 목적물(행위의 객체)과는 구별하여야 한다.

(2) 채권의 목적의 요건

① **의의**: 채권에 관하여는 사적자치를 원칙으로 하므로 그 종류나 내용이 제한되지 않는다. 그러나 채권은 원칙적으로 법률행위에 의하여 발생하므로 채권의 목적인 급부도 법률행위의 목적에 관한 일반적 요건인 확정·가능·적법·사회적 타당성을 갖추어야 한다.

② **급부의 금전적 가치**

> **제373조【채권의 목적】** 금전으로 가액을 산정할 수 없는 것이라도 채권의 목적으로 할 수 있다.

PART 5

핵심 02 채권의 유형 ★★☆

1. 특정물채권

(1) 의의

① 특정물채권이란 특정물 인도를 목적으로 하는 채권을 말한다.

② 처음부터 특정물일 필요는 없다. ⇨ 채권 성립의 당초부터 특정물의 인도를 목적으로 하는 경우뿐만 아니라, 종류채권이나 선택채권에서 목적물이 특정된 때에도 그때부터 특정물채권이 된다.

(2) 채무자(특정물의 인도 의무자)의 의무

> **제374조【특정물인도채무자의 선관의무】** 특정물의 인도가 채권의 목적인 때에는 채무자는 그 물건을 인도하기까지 선량한 관리자의 주의로 보존하여야 한다.

① **채무자의 선관주의의무**

㉠ 특정물 채무자는 그 특정물을 실제로 인도할 때까지 선량한 관리자의 주의로 보존하여야 한다. ⇨ 이행기가 아님을 주의할 것

㉡ 채무자가 선관주의를 게을리하여 그로 말미암아 목적물을 멸실 또는 훼손케 한 때에는 손해배상의 책임을 진다(제390조).

㉢ 이행불능에 대한 손해배상에 있어 채무자가 주의의무를 다하였음을 입증하여야 손해배상의무를 면한다.

② **특정물의 현상인도**(제462조): 특정물의 인도가 채권의 목적인 때에는 채무자는 이행기의 현상대로 그 물건을 인도하여야 한다.

㉠ 인도 장소: 채권 성립 당시 그 물건이 있었던 장소

㉡ 과실의 인도 여부: 이행기 이후의 과실은 채권자에게 인도해야 한다.

2. 종류채권

(1) 의의

① 종류채권이란 일정한 종류에 속하는 물건의 일정량의 인도를 목적으로 하는 채권을 말한다(예 맥주 50병, 쌀 10가마).

② 종류채권의 목적물은 '불특정물'이다.

(2) 목적물의 품질

채권의 발생 원인에 따라 채무자가 반환하는 목적물의 품질이 결정된다.

① **소비대차, 소비임치로 발생한 채권**: 처음 받았던 물건과 동일한 품질 반환

② **품질에 관한 특약이 있는 경우**: 특약(당사자의 의사)에 따른다.

③ **기타의 경우**: 채권의 목적을 종류로만 지정한 경우에 법률행위의 성질이나 당사자의 의사에 의하여 품질을 정할 수 없는 때에는 채무자는 중등품질의 물건으로 이행하여야 한다(제375조 제1항).

(3) 종류채권의 채무자는 채권자의 주소지에서 그 채무를 이행하여야 한다(지참채무).

(4) 종류채권의 특정

① **특정 방법**: 종류물의 경우 채무자가 이행에 필요한 행위를 완료하거나 채권자의 동의를 얻어 이행할 물건을 지정한 때에는 그때로부터 그 물건을 채권의 목적물로 한다.

② **특정의 효과**: 종류채권이 특정물채권으로 되는 것이지, 특정으로 소유권이 채권자에게 이전되는 것은 아니다.

3. 금전채권

(1) 의의

① 금전채권은 '일정액의 금전의 인도를 목적으로 하는 채권'(금액채권)을 말한다.

② 급부되는 금전 자체보다는 그것이 표시하는 화폐가치에 중점을 두는 가치채권(價值債權)이므로 목적물의 특정이라는 것이 없다.

(2) 금전채권의 이행불능 시 지급 방법

> **제376조 【금전채권】** 채권의 목적이 어느 종류의 통화로 지급할 것인 경우에 그 통화가 변제기에 강제통용력을 잃은 때에는 채무자는 다른 통화로 변제하여야 한다.

(3) 금전채권의 특질

① 화폐경제가 존립하는 한 금전채권은 이행불능상태가 있을 수 없고, 오직 이행지체만이 생길 뿐이다.

② **금전채무불이행의 효과**

> **제397조 【금전채무불이행에 대한 특칙】** ① 금전채무불이행의 손해배상액은 법정이율에 의한다. 그러나 법령의 제한에 위반하지 아니한 약정이율이 있으면 그 이율에 의한다.
> ② 전항의 손해배상에 관하여는 채권자는 손해의 증명을 요하지 아니하고 채무자는 과실없음을 항변하지 못한다.

4. 이자 있는 채권

> **제379조 【법정이율】** 이자 있는 채권의 이율은 다른 법률의 규정이나 당사자의 약정이 없으면 연 5분으로 한다.

5. 선택채권

(1) 의의

> **제380조 【선택채권】** 채권의 목적이 수개의 행위 중에서 선택에 좇아 확정될 경우에 다른 법률의 규정이나 당사자의 약정이 없으면 선택권은 채무자에게 있다.
>
> **제381조 【선택권의 이전】** ① 선택권 행사의 기간이 있는 경우에 선택권자가 그 기간 내에 선택권을 행사하지 아니하는 때에는 상대방은 상당한 기간을 정하여 그 선택을 최고할 수 있고 선택권자가 그 기간 내에 선택하지 아니하면 선택권은 상대방에게 있다.
> ② 선택권 행사의 기간이 없는 경우에 채권의 기한이 도래한 후 상대방이 상당한 기간을 정하여 그 선택을 최고하여도 선택권자가 그 기간 내에 선택하지 아니할 때에도 전항과 같다.

제382조【당사자의 선택권의 행사】 ① 채권자나 채무자가 선택하는 경우에는 그 선택은 상대방에 대한 의사표시로 한다.
② 전항의 의사표시는 상대방의 동의가 없으면 철회하지 못한다.

제383조【제3자의 선택권의 행사】 ① 제3자가 선택하는 경우에는 그 선택은 채무자 및 채권자에 대한 의사표시로 한다.
② 전항의 의사표시는 채권자 및 채무자의 동의가 없으면 철회하지 못한다.

제384조【제3자의 선택권의 이전】 ① 선택할 제3자가 선택할 수 없는 경우에는 선택권은 채무자에게 있다.
② 제3자가 선택하지 아니하는 경우에는 채권자나 채무자는 상당한 기간을 정하여 그 선택을 최고할 수 있고 제3자가 그 기간 내에 선택하지 아니하면 선택권은 채무자에게 있다.

(2) 선택채권의 특정

① **의의**: 선택채권은 선택권자의 선택권 행사 또는 급부불능에 의하여 특정된다.

② **선택에 의한 특정**: 선택이란 수개의 급부 가운데 구체적으로 이행될 하나의 급부를 확정하는 의사표시를 말한다(선택권은 일종의 형성권이다).

제386조【선택의 소급효】 선택의 효력은 그 채권이 발생한 때에 소급한다. 그러나 제3자의 권리를 해하지 못한다.

③ **급부불능에 의한 특정**

제385조【불능으로 인한 선택채권의 특정】 ① 채권의 목적으로 선택할 수개의 행위 중에 처음부터 불능한 것이나 또는 후에 이행불능하게 된 것이 있으면 채권의 목적은 잔존한 것에 존재한다.
② 선택권 없는 당사자의 과실로 인하여 이행불능이 된 때에는 전항의 규정을 적용하지 아니한다.

핵심 03 채무불이행 ★☆☆

1. 채권의 효력

(1) 대내적 효력(채권자와 채무자 간의 관계)

① **기본적 효력**: 청구력, 급부보유력

② **채무불이행에 대한 효력**: 강제이행의 청구, 손해배상의 청구

③ **채권자지체**(수령지체)

(2) 대외적 효력(채권자와 제3자 간의 관계)

① **제3자에 의한 채권 침해:** 불법행위의 성부, 방해배제청구 여부

② **책임재산의 보전:** 채권자대위권, 채권자취소권

2. 채무불이행

(1) 서설

채무불이행이란 채무자가 정당한 이유 없이 채무의 내용에 좇은 이행을 하지 않는 것을 말한다. 채무불이행이 성립하기 위해서는 채무자의 책임 있는 사유로 채무의 내용을 좇은 이행이 행해지지 않고 있어야 하고, 채무자에게 책임능력이 있고, 채무불이행이 위법하여야 한다(통설). 채무불이행에는 이행지체·이행불능·불완전이행(적극적 채권 침해)의 3가지 유형이 있다.

PART 5

(2) 이행지체(履行遲滯)

① **의의:** 이행지체란 채무가 이행기에 있고 그 이행이 가능함에도 불구하고 채무자가 그에게 책임 있는 사유(귀책사유)로 위법하게 채무의 내용에 좇은 이행을 하지 않는 것을 말한다(제390조).

② **요건**

㉠ 이행기가 도래하였을 것

> **제387조 【이행기와 이행지체】** ① 채무이행의 확정한 기한이 있는 경우에는 채무자는 기한이 도래한 때로부터 지체책임이 있다. 채무이행의 불확정한 기한이 있는 경우에는 채무자는 기한이 도래함을 안 때로부터 지체책임이 있다.
> ② 채무이행의 기한이 없는 경우에는 채무자는 이행청구를 받은 때로부터 지체책임이 있다.
>
> **제388조 【기한의 이익의 상실】** 채무자는 다음 각 호의 경우에는 기한의 이익을 주장하지 못한다.
> 1. 채무자가 담보를 손상, 감소 또는 멸실하게 한 때
> 2. 채무자가 담보제공의 의무를 이행하지 아니한 때

ⓐ 기한의 이익을 상실한 채무는 채무자가 기한의 이익을 주장하지 못하므로 채권자의 청구가 있는 때(최고기간 만료일의 다음 날)로부터 지체책임을 진다.

ⓑ 불법행위로 인한 손해배상채무는 최고 없이 불법행위 시, 즉 그 불법행위의 성립과 동시에 이행기가 도래한다(92다48413).

㉡ 채무의 이행이 가능할 것

㉢ 채무자의 귀책사유에 기할 것

ⓐ 채무불이행과 손해배상

> **제390조 【채무불이행과 손해배상】** 채무자가 채무의 내용에 좇은 이행을 하지 아니한 때에는 채권자는 손해배상을 청구할 수 있다. 그러나 채무자의 고의나 과실 없이 이행할 수 없게 된 때에는 그러하지 아니하다.

ⓑ 이행보조자의 고의·과실

> **제391조 【이행보조자의 고의, 과실】** 채무자의 법정대리인이 채무자를 위하여 이행하거나 채무자가 타인을 사용하여 이행하는 경우에는 법정대리인 또는 피용자의 고의나 과실은 채무자의 고의나 과실로 본다.

㉣ 이행하지 않는 것이 위법한 것일 것: 이행이 지체되더라도 유치권·동시이행항변권 등 법률상 정당한 사유가 있는 때에는 이행지체가 되지 않는다.

③ **효과**

㉠ 이행의 강제: 이행지체의 경우에는 이행이 원칙적으로 가능하므로 채권자는 현실의 이행을 강제할 수 있다(제389조).

㉡ 손해배상

ⓐ 지연배상(遲延賠償): 채권자는 본래의 급부에 대한 이행청구와 함께 지체로 인하여 발생한 손해에 대하여도 배상을 청구할 수 있다.

ⓑ 전보배상(塡補賠償)

> **제395조 【이행지체와 전보배상】** 채무자가 채무의 이행을 지체한 경우에 채권자가 상당한 기간을 정하여 이행을 최고하여도 그 기간 내에 이행하지 아니하거나 지체 후의 이행이 채권자에게 이익이 없는 때에는 채권자는 수령을 거절하고 이행에 갈음한 손해배상을 청구할 수 있다.

㉢ 책임가중

> **제392조 【이행지체 중의 손해배상】** 채무자는 자기에게 과실이 없는 경우에도 그 이행지체 중에 생긴 손해를 배상하여야 한다. 그러나 채무자가 이행기에 이행하여도 손해를 면할 수 없는 경우에는 그러하지 아니하다.

㉣ 계약해제권: 계약에서 생긴 채무의 경우에 당사자 일방이 그 채무를 이행하지 아니하는 때에는 상대방은 상당한 기간을 정하여 그 이행을 최고하고, 그 기간 내에 이행하지 아니한 때에는 계약을 해제할 수 있다(제544조 본문).

(3) 이행불능(履行不能)

① **의의:** 이행불능이란 채권이 성립한 후에 채무자에게 책임 있는 사유로 이행이 불가능하게 되는 것을 말한다. 이행불능의 경우에는 채권자가 본래의 급부를 기대할 수 없다는 점에서 이행지체와 구별된다.

② **요건**

㉠ **채권 성립 후에 이행이 불능으로 되었을 것**(후발적 불능): 이행불능 여부는 사회통념 또는 거래관념에 따라 판단한다(다수·판례).

㉡ **채무자의 귀책사유에 기할 것:** 귀책사유의 내용은 이행지체의 경우와 동일하다. 이행지체 중에 이행불능이 된 때에 채무자는 자기에게 과실이 없는 경우에도 그 손해를 배상하여야 한다(제392조 본문).

③ **효과**

㉠ 전보배상(본래의 채무의 이행에 대신하는 손해배상)

ⓐ '급부의 전부가 불능으로 된 때'에는 본래의 급부를 목적으로 하는 청구권은 소멸하고, 그에 갈음하여 전보배상청구권이 성립한다. 이것은 채무 내용의 변경이며, 채무는 그 동일성을 유지한다.

ⓑ '급부의 일부만이 불능으로 된 때'에는 채권자는 가능한 급부의 급부청구와 함께 불능 부분의 전보배상을 청구할 수 있다.

㉡ **계약해제권:** 채무자의 책임 있는 사유로 이행이 불능으로 된 경우에 채권자는 계약을 해제할 수 있다(제546조).

㉢ **대상청구권**(代償請求權): 예컨대, 채무의 목적물을 제3자가 멸실케 하여 이행불능이 된 경우에 채무자가 손해배상청구권이나 보험금청구권을 취득하는 경우와 같이, 채무자가 이행불능이 생긴 것과 동일한 원인에 의하여 이행의 목적물에 갈음하는 이익을 취득하는 경우에 채권자가 채무자에 대하여 그 이익의 상환을 청구하는 권리를 말하며, 학설과 판례는 명문규정은 없으나 해석상 이를 인정한다(다수·판례).

(4) 불완전이행

① **의의:** 불완전이행이란 채무자가 채무의 이행으로서 이행행위를 하였으나, 그것이 채무 내용에 좇은 완전한 이행이 아니라 하자(흠) 있는 불완전한 이행이었기 때문에 채권자에게 손해가 생긴 경우를 말하며, '적극적 채권 침해'라고도 한다.

㊐ 병든 가축을 공급하여 매수인의 다른 가축이 감염된 때, 수선의무를 이행하는 과정에서 다른 가구에 흠을 낸 때 등

② **불완전이행의 효과**

㉠ 완전이행이 가능한 경우: 채권자는 불완전한 급부를 반환하고 완전한 이행을 청구할 수 있으나, 추완 방법이 있으면 신의칙상 추완청구권만 가진다. 이와 동시에 이행지체로 인한 손해배상 및 확대손해에 대한 배상을 청구할 수 있다.

㉡ 완전이행이 불가능한 경우: 확대손해의 배상과 이행불능에 의한 전보배상만을 청구할 수 있다.

㉢ 계약해제권: '완전이행이 가능한 경우'에는 상당한 기간을 정하여 이행을 최고하고, 정한 기간 내에 완전이행을 하지 않는 때에는 '완전이행이 불가능한 경우'가 되어 채권자는 최고 없이 계약을 해제할 수 있다.

(5) 채권자지체(수령지체)

① **의의**

> **제400조 【채권자지체】** 채권자가 이행을 받을 수 없거나 받지 아니한 때에는 이행의 제공 있는 때로부터 지체책임이 있다.

② **법적 성질**

㉠ 채권자도 신의칙상 급부를 수령할 의무를 부담하며, 채권자지체는 이러한 채권자의 협력의무의 불이행책임이다(채무불이행책임설, 다수설).

㉡ 따라서 민법이 규정(제401조~제403조, 제538조 제1항 후문)하고 있는 지체책임 이외에 채무불이행의 일반적인 효과인 손해배상책임과 계약해제의 불이익을 받을 수도 있다.

③ **효과**

㉠ 채무자의 주의의무 경감

> **제401조 【채권자지체와 채무자의 책임】** 채권자지체 중에는 채무자는 고의 또는 중대한 과실이 없으면 불이행으로 인한 모든 책임이 없다.

㉡ 이자의 정지

> **제402조 【동전】** 채권자지체 중에는 이자 있는 채권이라도 채무자는 이자를 지급할 의무가 없다.

㉢ 증가비용의 부담

> **제403조【채권자지체와 채권자의 책임】** 채권자지체로 인하여 그 목적물의 보관 또는 변제의 비용이 증가된 때에는 그 증가액은 채권자의 부담으로 한다.

핵심 04 채무불이행과 채권자 보호 ★★☆

1. 채무불이행에 대한 구제

(1) 강제이행(현실적 이행의 강제)

> **제389조【강제이행】** ① 채무자가 임의로 채무를 이행하지 아니한 때에는 채권자는 그 강제이행을 법원에 청구할 수 있다. 그러나 채무의 성질이 강제이행을 하지 못할 것인 때에는 그러하지 아니하다.
> ② 전항의 채무가 법률행위를 목적으로 한 때에는 채무자의 의사표시에 갈음할 재판을 청구할 수 있고 채무자의 일신에 전속하지 아니한 작위를 목적으로 한 때에는 채무자의 비용으로 제3자에게 이를 하게 할 것을 법원에 청구할 수 있다.
> ③ 그 채무가 부작위를 목적으로 한 경우에 채무자가 이에 위반한 때에는 채무자의 비용으로써 그 위반한 것을 제각하고 장래에 대한 적당한 처분을 법원에 청구할 수 있다.
> ④ 전 3항의 규정은 손해배상의 청구에 영향을 미치지 아니한다.

(2) 손해배상(損害賠償)

① 손해배상의 방법

> **제394조【손해배상의 방법】** 다른 의사표시가 없으면 손해는 금전으로 배상한다.

㉠ 손해배상의 방법은 금전배상주의를 원칙으로 한다(제394조, 제763조).

㉡ 예외적으로 당사자가 다른 의사표시를 한 때 또는 법률에 다른 규정(제764조)이 있을 때에는 이에 의한다.

② 손해배상의 범위

㉠ 통상손해와 특별손해

> **제393조【손해배상의 범위】** ① 채무불이행으로 인한 손해배상은 통상의 손해를 그 한도로 한다.
> ② 특별한 사정으로 인한 손해는 채무자가 그 사정을 알았거나 알 수 있었을 때에 한하여 배상의 책임이 있다.

㉡ **과실상계**(過失相計)

> **제396조【과실상계】** 채무불이행에 관하여 채권자에게 과실이 있는 때에는 법원은 손해배상의 책임 및 그 금액을 정함에 이를 참작하여야 한다.

③ **손해배상액의 예정**: 채권자는 채무불이행의 사실만 증명하면 손해의 발생 및 그 손해액을 증명하지 않고서 예정손해액을 청구할 수 있다(다수·판례).

> **제398조【배상액의 예정】** ① 당사자는 채무불이행에 관한 손해배상액을 예정할 수 있다.
> ② 손해배상의 예정액이 부당히 과다한 경우에는 법원은 적당히 감액할 수 있다.
> ③ 손해배상액의 예정은 이행의 청구나 계약의 해제에 영향을 미치지 아니한다.
> ④ 위약금의 약정은 손해배상액의 예정으로 추정한다.
> ⑤ 당사자가 금전이 아닌 것으로써 손해의 배상에 충당할 것을 예정한 경우에도 전 4항의 규정을 준용한다.

④ **손해배상자의 대위**(代位): 변제자 대위의 경우와 달리 일부의 대위는 허용하지 않는다.

> **제399조【손해배상자의 대위】** 채권자가 그 채권의 목적인 물건 또는 권리의 가액 전부를 손해배상으로 받은 때에는 채무자는 그 물건 또는 권리에 관하여 당연히 채권자를 대위한다.

2. 책임재산의 보전제도

(1) 채권자대위권(債權者代位權)

① **의의**

㉠ 채권자대위권이란 채권자가 자신의 채권을 보전하기 위하여 자신의 이름으로 채무자의 제3자에 대한 채권을 대신 행사할 수 있는 권리를 말한다.

㉡ 채권자는 자기의 채권을 보전하기 위하여 채무자의 권리를 행사할 수 있다. 그러나 일신에 전속한 권리는 그러하지 아니하다(제404조 제1항).

② **요건**

㉠ **채권자의 채권을 보전할 필요가 있을 것**: 채권자의 채권이 만족되지 못할 위험이 존재할 것

㉡ **채무자가 스스로 권리를 행사하지 않을 것**: 채무자가 자신의 채권을 행사하지 않아 그의 일반재산이 감소하거나 증가가 방해받고 있을 것

㉢ **채권자의 채권이 이행기에 있을 것**: 채권자의 채권이 이행기에 도래하지 않은 경우 채권을 행사할 수 없으므로 채권자대위권도 행사할 수 없다.

㉣ 채권이 대위권의 객체가 될 수 있는 것일 것: 일신전속권·인격적 권리, 압류 금지 대상 권리가 아닐 것

③ **행사 방법**: 채권자는 자기 이름으로 재판상 또는 재판 외에서 행사한다(채무자의 대리인으로서 행사하는 것이 아님).

④ **행사 범위**

㉠ 채권보전에 필요한 범위에 한정되고, 관리행위는 허용되나 처분행위는 허용되지 않는다.

㉡ 채권자가 대위권을 행사할 때에는 보존행위를 제외하고 채무자에게 통지하여야 한다(제405조 제1항).

⑤ **행사의 효과**

㉠ 채권자대위권 행사의 통지를 받은 후에는 채무자가 그 권리를 처분하여도 이로써 채권자에게 대항하지 못한다(제405조 제2항).

㉡ 제3채무자의 변제로 인하여 채권자가 우선변제를 받는 것은 아니나, 채무자가 변제 수령 후 채권자에 대한 이행을 하지 않는 경우에는 이에 대하여 강제집행도 가능하다.

㉢ 제3채무자가 채무를 이행하면 채무자는 그 이행의 거절을 하지 못한다. 다만, 채무자가 수령을 거절하면 채권자가 수령하여 전(全) 채권자를 위하여 보관할 수 있다.

(2) 채권자취소권(債權者取消權)

① **의의**

㉠ 채권자에게 해가 됨을 알면서 한 채무자의 법률행위를 채권자가 취소할 수 있는 권리로서, 채무자가 채권자를 해함을 알고 재산권을 목적으로 한 법률행위를 한 때에는 채권자는 그 취소 및 원상회복을 법원에 청구할 수 있다.

㉡ 그러나 그 행위로 인하여 이익을 받은 자나 전득한 자가 그 행위 또는 전득 당시에 채권자를 해함을 알지 못한 경우에는 그러하지 아니하다(제406조 제1항).

② **성질**

㉠ 채권자취소권은 반드시 재판상 행사하여야 한다.

㉡ 본질: 취소와 원상회복을 동시에 청구하는 형성권과 청구권의 병합(다수·판례), 취소만을 청구하는 것도 가능(판례)

③ **요건**

㉠ 채권을 보전하기 위하여 행사할 것

ⓐ 특정채권의 보전을 위하여 행사할 수 있을 뿐, 그 채권의 실현 그 자체를 위하여 채권자취소권을 행사할 수는 없다.

ⓑ 피보전채권은 원칙적으로 사해행위 이전에 존재해야 한다. 다만, 사해행위 이전에 채권의 발생 원인이 성립하였고 상당한 기일 내에 확정될 것이 예정된 채권이 사해행위 이후에 확정된 경우에도 피보전채권에 해당한다.

ⓒ 객관적 요건(사해행위)

ⓐ **채무자가 법률행위를 하였을 것**: 준법률행위(채무승인 등)나 통정허위표시도 해당된다.

ⓑ **채무자의 법률행위가 재산권을 목적으로 하는 것일 것**: 상속의 승인·포기, 증여나 유증의 거절, 채무자의 노무계약, 압류가 금지된 재산권은 채권자취소권의 행사대상이 되지 않는다.

ⓒ **채권자를 해하는 법률행위일 것**: 채무자의 재산 감소행위로 채무자가 채무초과 또는 무자력이 되면 그 행위는 사해행위로서 취소의 목적이 된다.

i) 변제 및 대물변제

ii) 물적 담보의 공여

iii) **인적 담보의 공여**: 채무자가 보증채무·연대채무를 부담한 때에는 이는 소극재산의 증가이므로 취소의 목적이 된다.

iv) 부동산 기타 재산의 매각

ⓒ 주관적 요건

ⓐ **채무자의 악의**: 사해행위 당시에 사해를 인식할 것

ⓑ **전득자의 악의**: 사해행위 당시에 사해를 인식할 것

④ **상대방**: 수익자 또는 전득자를 상대로 재판상 청구하여야 하며, 채무자를 상대로 청구할 수는 없다.

⑤ **제척기간**(除斥期間): 채권자가 취소 원인을 안 날로부터 1년, 법률행위가 있은 날로부터 5년 내에 행사해야 한다(제406조 제2항).

핵심 05 다수 당사자간의 채권관계 ★★☆

1. 연대채무(連帶債務)

(1) 의의

수인의 채무자가 채무 전부를 각자 이행(변제 등)할 의무가 있고 채무자 1인의 이행으로 다른 채무자도 그 의무를 면하게 되는 때에는 그 채무 채권자는 어느 연대채무자에 대하여 또는 동시나 순차로 모든 연대채무자에 대하여 채무의 전부나 일부의 이행을 청구할 수 있다.

(2) 성질

① 연대채무는 채무자의 수만큼 채무가 존재한다.

② **채무자 사이의 결합관계**: 주관적 공동관계설(다수)

(3) 성립

① **법률행위에 의한 발생**(약정연대채무): 계약, 단독행위(유언)도 가능

② **법률의 규정에 의한 발생**(법정연대채무)

㉠ 법인의 불법행위 관련자의 책임

㉡ 공동차주, 공동임차인의 의무

㉢ 일상가사에 관한 부부의 책임

(4) 1人에 대하여 생긴 사유의 효력범위

① **절대적 효력이 있는 경우**

㉠ **이행청구**: 어느 연대채무자에 대한 이행청구는 다른 연대채무자에게도 효력이 있다.

㉡ **경개**: 어느 연대채무자와 채권자 간에 채무의 경개가 있는 때에는 채권은 모든 연대채무자의 이익을 위하여 소멸한다.

㉢ 상계

ⓐ 어느 연대채무자가 채권자에 대하여 채권이 있는 경우에 그 채무자가 상계한 때에는, 채권은 모든 연대채무자의 이익을 위하여 소멸한다.

ⓑ 상계할 채권이 있는 연대채무자가 상계하지 아니한 때에는, 그 채무자의 부담부분에 한하여 다른 연대채무자가 상계할 수 있다.

㉣ **면제**: 어느 연대채무자에 대한 채무면제는 그 채무자의 부담부분에 한하여 다른 연대채무자의 이익을 위하여 효력이 있다.

㉤ **혼동**: 어느 연대채무자와 채권자 간에 혼동이 있는 때에는 그 채무자의 부담부분에 한하여 다른 연대채무자도 의무를 면한다.

㉥ **소멸시효**: 어느 연대채무자에 대하여 소멸시효가 완성한 때에는 그 부담부분에 한하여 다른 연대채무자도 의무를 면한다.

㉦ **채권자지체**: 어느 연대채무자에 대한 채권자의 지체는 다른 연대채무자에게도 효력이 있다.

② **상대적 효력이 있는 경우**: 시효의 중단, 정지, 채무자의 과실과 채무불이행, 확정판결

(5) 대내적 효력(구상관계)

① **연대채무자 사이의 부담부분**: 당사자 사이의 특약 ⇨ 연대채무로부터 받은 이익의 비율 ⇨ 균등 추정(제424조)

② **구상권의 성립요건**: 어느 연대채무자가 변제 기타 자기의 출재로 공동면책이 된 때에는 다른 연대채무자의 부담부분에 대하여 구상권을 행사할 수 있다.

㉠ **변제 또는 자기 재산의 출연**: 공동면책을 얻었을 때

㉡ **자기 재산의 출연**: 자기의 재산의 감소로 채권자의 재산을 증가하게 한 경우 ⇨ 채무면제나 시효 완성은 출재가 없으므로 구상권은 발생하지 않음

㉢ **부담부분의 초과 출재**: 부담부분의 초과 출재로 공동면책이 있으면 언제나 초과 출재한 액에 관하여 부담부분의 비율로 구상 가능

③ **구상권의 제한**

㉠ **사전통지를 게을리한 경우**: 어느 연대채무자가 다른 연대채무자에게 통지하지 아니하고 변제 기타 자기의 출재로 공동면책이 된 경우에 다른 연대채무자가 채권자에게 대항할 수 있는 사유가 있었을 때에는 그 부담부분에 한하여 이 사유로 면책행위를 한 연대채무자에게 대항할 수 있고 그 대항사유가 상계인 때에는 상계로 소멸할 채권은 그 연대채무자에게 이전된다.

㉡ **사후통지를 게을리한 경우**: 어느 연대채무자가 변제 기타 자기의 출재로 공동면책이 되었음을 다른 연대채무자에게 통지하지 아니한 경우에 다른 연대채무자가 선의로 채권자에게 변제 기타 유상의 면책행위를 한 때에는 그 연대채무자는 자기의 면책행위의 유효를 주장할 수 있다.

(6) 무자력자가 있는 경우 구상권자의 보호

① **무자력자의 부담부분의 분담**: 연대채무자 중에 상환할 자력이 없는 자가 있는 때에는 그 채무자의 부담부분은 구상권자 및 다른 자력이 있는 채무자가 그 부담부분에 비례하여 분담한다. 그러나 구상권자에게 과실이 있는 때에는 다른 연대채무자에 대하여 분담을 청구하지 못한다.

② **연대의 면제와 무자력자의 부담부분**: 무자력자의 부담부분의 분담의 경우에 상환할 자력이 없는 채무자의 부담부분을 분담할 다른 채무자가 채권자로부터 연대의 면제를 받은 때에는 그 채무자의 분담할 부분은 채권자의 부담으로 한다.

2. 보증채무

(1) 보증채무의 의의

① **보증채무의 내용**

㉠ 보증인은 주채무자가 이행하지 아니하는 채무를 이행할 의무가 있다.

㉡ 보증은 장래의 채무에 대하여도 할 수 있다.

② **보증의 방식**

㉠ 보증은 그 의사가 보증인의 기명날인 또는 서명이 있는 서면으로 표시되어야 효력이 발생한다(요식행위). 다만, 보증의 의사가 전자적 형태로 표시된 경우에는 효력이 없다.

㉡ 보증채무를 보증인에게 불리하게 변경하는 경우에도 기명날인 또는 서명이 있는 서면으로 표시되어야 효력이 발생한다.

㉢ 보증인이 보증채무를 이행한 경우에는 그 한도에서 기명날인 또는 서명이 있는 서면으로 표시하지 아니하였음을 이유로 보증의 무효를 주장할 수 없다.

③ **근보증**

㉠ 보증은 불확정한 다수의 채무에 대해서도 할 수 있다. 이 경우 보증하는 채무의 최고액을 서면으로 특정하여야 한다.

㉡ 불특정 다수의 채무에 대한 보증의 경우 채무의 최고액을 기명날인 또는 서명이 있는 서면으로 특정하지 아니한 보증계약은 효력이 없다.

④ **보증채무의 범위**

㉠ 보증채무는 주채무의 이자, 위약금, 손해배상 기타 주채무에 종속한 채무를 포함한다.

㉡ 보증인은 그 보증채무에 관한 위약금 기타 손해배상액을 예정할 수 있다.

⑤ **보증채무의 부종성**: 보증인의 부담이 주채무의 목적이나 형태보다 중한 때에는 주채무의 한도로 감축한다.

⑥ **보증인의 조건**

㉠ 채무자가 보증인을 세울 의무가 있는 경우에는 그 보증인은 행위능력 및 변제자력이 있는 자로 하여야 한다.

㉡ 보증인이 변제자력이 없게 된 때에는 채권자는 보증인의 변경을 청구할 수 있다.

㉢ 채권자가 보증인을 지명한 경우에는 보증인의 변제자력이나 행위능력을 요하지 않는다.

(2) 보증인의 보호

① **보증인의 권리**

㉠ 보증인은 주채무자의 항변으로 채권자에게 대항할 수 있고, 주채무자가 항변권을 포기한 경우, 그 포기는 보증인에게 효력이 없다.

㉡ 보증인의 최고·검색의 항변

ⓐ 채권자가 보증인에게 채무의 이행을 청구한 때에는 보증인은 주채무자의 변제자력이 있는 사실 및 그 집행이 용이할 것을 증명하여 먼저 주채무자에게 청구할 것과 그 재산에 대하여 집행할 것을 항변할 수 있다. 그러나 보증인이 주채무자와 연대하여 채무를 부담한 때에는 최고·검색의 항변권을 행사할 수 없다.

ⓑ 보증인의 최고·검색의 항변에도 불구하고 채권자의 해태로 인하여 채무자로부터 전부나 일부의 변제를 받지 못한 경우에는 채권자가 해태하지 아니하였으면 변제받았을 한도에서 보증인은 그 의무를 면한다.

㉢ **주채무자의 수탁보증인에게 통지의무**: 주채무자는 자기의 행위로 면책하였음을 그 부탁으로 보증인이 된 자에게 통지할 의무가 있고, 이를 통지하지 아니한 경우에 보증인이 선의로 채권자에게 변제 기타 유상의 면책행위를 한 때에는 보증인은 자기의 면책행위의 유효를 주장할 수 있다.

㉣ **보증인과 주채무자의 취소권 등**: 주채무자가 채권자에 대하여 취소권 또는 해제권이나 해지권이 있는 동안은 보증인은 채권자에 대하여 채무의 이행을 거절할 수 있다.

㉤ **보증인과 주채무자의 상계권**: 보증인은 주채무자의 채권에 의한 상계로 채권자에게 대항할 수 있다.

② **수탁보증인의 구상권**: 주채무자의 부탁으로 보증인이 된 자가 과실 없이 변제 기타의 출재로 주채무를 소멸하게 한 때에는 주채무자에 대하여 구상권이 있다.

③ **수탁보증인의 사전구상권**

㉠ 주채무자의 부탁으로 보증인이 된 자가 주채무자에 대하여 미리 구상권을 행사할 수 있는 경우

ⓐ 보증인이 과실 없이 채권자에게 변제할 재판을 받은 때

ⓑ 주채무자가 파산선고를 받은 경우에 채권자가 파산재단에 가입하지 아니한 때

ⓒ 채무의 이행기가 확정되지 아니하고 그 최장기도 확정할 수 없는 경우에 보증계약 후 5년을 경과한 때

ⓓ 채무의 이행기가 도래한 때

㉡ 수탁보증인의 사전구상권 행사로 주채무자가 보증인에게 배상하는 경우에 주채무자는 자기를 면책하게 하거나 자기에게 담보를 제공할 것을 보증인에게 청구할 수 있고 또는 배상할 금액을 공탁하거나 담보를 제공하거나 보증인을 면책하게 함으로써 그 배상의무를 면할 수 있다.

④ **채권자의 보증인에 대한 통지의무 등**

㉠ **채권자의 사전 통지의무:** 채권자는 보증계약을 체결할 때 보증계약의 체결 여부 또는 그 내용에 영향을 미칠 수 있는 주채무자의 채무 관련 신용정보를 보유하고 있거나 알고 있는 경우에는 보증인에게 그 정보를 알려야 한다. 보증계약을 갱신할 때에도 동일하다.

㉡ **채권자의 사후 통지의무:** 채권자는 보증계약을 체결한 후에 채무자의 신용변동 등 다음의 사유가 발생한 경우에는 지체 없이 보증인에게 그 사실을 알려야 한다.

ⓐ 주채무자가 원본, 이자, 위약금, 손해배상 또는 그 밖에 주채무에 종속한 채무를 3개월 이상 이행하지 아니하는 경우

ⓑ 주채무자가 이행기에 이행할 수 없음을 미리 안 경우

ⓒ 주채무자의 채무 관련 신용정보에 중대한 변화가 생겼음을 알게 된 경우

㉢ 채권자는 보증인의 청구가 있으면 주채무의 내용 및 그 이행 여부를 알려야 한다.

㉣ 채권자가 사후 통지의무를 위반하여 보증인에게 손해를 입힌 경우에는 법원은 그 내용과 정도 등을 고려하여 보증채무를 감경하거나 면제할 수 있다.

핵심 06 채권의 변동 ★★★

1. 채권의 양도

(1) 지명채권의 양도

① **지명채권**

㉠ 지명채권이란 '채권자가 특정되어 있는 채권'으로, 통상적인 채권을 지명채권이라 한다.

㉡ 증권적 채권과는 달리 지명채권은 그 채권의 성립·존속·행사·양도 등을 위하여 증서 즉, 증권의 작성·교부를 필요로 하지 않으므로, 증서는 단순한 증거서의 역할을 할 뿐이다.

② **지명채권 양도의 대항요건**

㉠ 지명채권의 양도는 양도인이 채무자에게 통지하거나 채무자가 승낙하지 아니하면 채무자 기타 제3자에게 대항하지 못한다. ⇨ 임의규정

㉡ 지명채권 양도의 통지나 승낙은 확정일자 있는 증서에 의하지 아니하면 채무자 이외의 제3자에게 대항하지 못한다. ⇨ 강행규정

㉢ 채무자가 이의를 보류하지 아니하고 채권양도의 승낙을 한 때에는 양도인에게 대항할 수 있는 사유로써 양수인에게 대항하지 못한다.

㉣ 채무자가 채권양도의 승낙 후 채무를 소멸하기 위하여 양도인에게 급여한 것이 있으면 이를 회수할 수 있고, 양도인에 대하여 부담한 채무가 있으면 그 성립되지 아니함을 주장할 수 있다.

③ **채권양도의 통지와 금반언**

㉠ 양도인이 채무자에게 채권양도를 통지한 때에는 아직 양도하지 아니하였거나 그 양도가 무효인 경우에도 선의인 채무자는 양수인에게 대항할 수 있는 사유로 양도인에게 대항할 수 있다.

㉡ 집합채권의 양도가 양도금지특약을 위반하여 무효인 경우 채무자는 일부 개별 채권을 특정하여 비소급적으로 추인하는 것이 가능하다(2009다47685).

④ **승낙 또는 통지의 상대방**

㉠ 채무자의 승낙: 양도인이나 양수인

㉡ 채무자에 대한 통지: 양도인(구 채권자)이 채무자에게 통지

(2) 지시채권의 양도

① **지시채권**: 특정한 사람 또는 그 사람으로부터 순차적으로 지시받은 사람에게 변제할 증권적 채권(證券的債權)

② **지시채권의 양도 방식**: 지시채권은 그 증서에 배서하여 양수인에게 교부하는 방식으로 양도할 수 있다.

③ **환배서(還背書)에 의한 지시채권의 양도**

㉠ 지시채권은 그 채무자에 대하여도 배서하여 양도할 수 있다.

㉡ 배서로 지시채권을 양수한 채무자는 다시 배서하여 이를 양도할 수 있다.

④ **선의취득**: 누구든지 증서의 적법한 소지인에 대하여 그 반환을 청구하지 못한다. 그러나 소지인이 취득한 때에 양도인이 권리 없음을 알았거나 중대한 과실로 알지 못한 때에는 그러하지 아니하다.

⑤ **변제의 장소**: 증서에 변제 장소를 정하지 아니한 때에는 채무자의 현 영업소를 변제 장소로 한다. 영업소가 없는 때에는 현주소를 변제 장소로 한다.

⑥ **증서의 제시와 이행지체**: 증서에 변제기한이 있는 경우에도 그 기한이 도래한 후에 소지인이 증서를 제시하여 이행을 청구한 때로부터 채무자는 지체책임이 있다.

⑦ **변제와 증서교부**: 채무자는 증서와 교환하여서만 변제할 의무가 있다.

⑧ **영수의 기입청구권**

㉠ 채무자는 변제하는 때에 소지인에 대하여 증서에 영수를 증명하는 기재를 할 것을 청구할 수 있다.

㉡ 일부변제의 경우에 채무자의 청구가 있으면 채권자는 증서에 그 뜻을 기재하여야 한다.

(3) 무기명채권의 양도

① **무기명채권**

㉠ 채무자와 만기 때 받을 금액(원금 + 이자) 등만 적시되어 있고, 채권자가 표시되어 있지 않은 채권

㉡ 무기명수표, 무기명주식, 무기명사채, 무기명 국·공채, 상품권 등과 같이 채권자가 누구인지 기재되지 않은 채권이 모두 여기에 포함된다.

② **무기명채권의 양도 방식**: 무기명채권은 양수인에게 그 증서를 교부함으로써 양도의 효력이 있다.

2. 채무인수(債務引受)

(1) 채무인수의 당사자

① **채권자와 인수인 간의 계약**

㉠ 이해관계 있는 제3자는 채권자와의 계약으로 채무를 인수하여 채무자의 채무를 면하게 할 수 있다. 그러나 채무의 성질이 인수를 허용하지 아니하는 때에는 그러하지 아니하다.

㉡ 이해관계 없는 제3자는 채무자의 의사에 반하여 채무를 인수하지 못한다.

② **채무자와 인수인 간의 계약**

㉠ 제3자가 채무자와의 계약으로 채무를 인수한 경우에는 채권자의 승낙에 의하여 그 효력이 생긴다.

㉡ 채권자의 승낙 또는 거절의 상대방은 채무자나 제3자이다.

ⓐ 제3자가 채무자와의 계약으로 채무를 인수한 경우에 제3자나 채무자는 상당한 기간을 정하여 승낙 여부의 확답을 채권자에게 최고할 수 있다.

ⓑ 채권자가 그 기간 내에 확답을 발송하지 아니한 때에는 거절한 것으로 본다.

ⓒ 제3자와 채무자 간의 계약에 의한 채무인수는 채권자의 승낙이 있을 때까지 당사자는 이를 철회하거나 변경할 수 있다.

ⓓ 채권자의 채무인수에 대한 승낙은 다른 의사표시가 없으면 채무를 인수한 때에 소급하여 그 효력이 생긴다. 그러나 제3자의 권리를 침해하지 못한다.

(2) 채무인수의 효과

① **채무의 이전**: 채무자는 채무를 면하고 인수인이 채무자가 된다.

② **효력발생 시기**: 인수계약 성립 시(소급효, 제457조)

③ **인수인의 항변권**

㉠ 인수인은 전 채무자의 항변 사유로 채권자에게 대항할 수 있다(제458조).

㉡ 인수인은 취소권, 해제권 등을 행사할 수 없다.

④ **채무인수로 인한 보증·담보의 소멸**: 전 채무자의 채무에 대한 보증이나 제3자가 제공한 담보는 채무인수로 인하여 소멸한다. 그러나 보증인이나 제3자가 채무인수에 동의한 경우에는 그러하지 아니하다.

3. 채권의 소멸과 그 원인

(1) 법률행위

① **단독행위**

㉠ **채권자의 면제**: 채권자가 채무자에게 채무를 면제하는 의사를 표시한 때에는 채권이 소멸한다. 그러나 면제로써 정당한 이익을 가진 제3자에게 대항하지 못한다.

㉡ **채무자의 상계**

ⓐ 쌍방이 서로 같은 종류를 목적으로 한 채무를 부담한 경우, 그 쌍방의 채무의 이행기가 도래한 때에는 각 채무자는 대등액에 관하여 상계할 수 있다. 그러나 채무의 성질이 상계를 허용하지 아니할 때에는 그러하지 아니하다.

ⓑ 각 채무의 이행지가 다른 경우에도 상계할 수 있다. 그러나 상계하는 당사자는 상대방에게 상계로 인한 손해를 배상하여야 한다.

ⓒ 소멸시효가 완성된 채권이 그 완성 전에 상계할 수 있었던 것이면 그 채권자는 상계할 수 있다.

ⓓ **상계의 금지**

ⅰ) **불법행위채권을 수동채권으로 하는 상계의 금지**: 채무가 고의의 불법행위로 인한 것인 때에는 그 채무자는 상계로 채권자에게 대항하지 못한다.

ii) **압류금지채권을 수동채권으로 하는 상계의 금지:** 채권이 압류하지 못할 것인 때에는 그 채무자는 상계로 채권자에게 대항하지 못한다.

iii) **지급금지채권을 수동채권으로 하는 상계의 금지:** 지급을 금지하는 명령을 받은 제3채무자는 그 후에 취득한 채권에 의한 상계로 그 명령을 신청한 채권자에게 대항하지 못한다.

② **계약**

㉠ **대물변제:** 채무자가 채권자의 승낙을 얻어 본래의 채무이행에 갈음하여 다른 급여를 한 때에는 변제와 같은 효력이 있다.

㉡ 경개

ⓐ 당사자가 채무의 중요한 부분을 변경하는 계약을 한 때에, 구 채무는 경개로 인하여 소멸한다.

ⓑ 채권자 또는 채무자의 변경

i) 채무자의 변경으로 인한 경개는 채권자와 신 채무자 간의 계약으로 이를 할 수 있다. 그러나 구 채무자의 의사에 반하여 이를 하지 못한다.

ii) 채권자의 변경으로 인한 경개는 확정일자 있는 증서로 하지 아니하면 이로써 제3자에게 대항하지 못한다.

iii) **구 채무 불소멸의 경우:** 경개로 인한 신 채무가 원인의 불법 또는 당사자가 알지 못한 사유로 인하여 성립되지 아니하거나 취소된 때에는 구 채무가 소멸되지 아니한다.

iv) **신 채무로의 담보 이전:** 경개의 당사자는 구 채무의 담보를 그 목적의 한도에서 신 채무의 담보로 할 수 있다. 그러나 제3자가 제공한 담보는 그 승낙을 얻어야 한다.

㉢ 공탁

ⓐ 채권자가 변제를 받지 아니하거나 받을 수 없는 때에는 변제자는 채권자를 위하여 변제의 목적물을 공탁하여 그 채무를 면할 수 있다.

ⓑ 변제자가 과실 없이 채권자를 알 수 없는 경우에도 변제자는 채권자를 위하여 변제의 목적물을 공탁하여 그 채무를 면할 수 있다.

(2) 준법률행위

① **변제**

㉠ 변제는 채무 내용에 좇은 현실제공으로 이를 하여야 한다(현실제공).

㉡ 채무자의 변제에 대하여 채권자가 미리 변제받기를 거절하거나 채무의 이행에 채권자의 행위를 요하는 경우에는 변제 준비의 완료를 통지하고 그 수령을 최고하면 된다(구두통지).

② **변제의 장소**

㉠ 특정물 인도 이외의 채무변제는 채권자의 현주소에서 하여야 한다.

㉡ 영업에 관한 채무의 변제는 채권자의 현 영업소에서 하여야 한다.

③ **제3자의 변제**

㉠ 채무의 변제는 제3자도 할 수 있다. 그러나 채무의 성질 또는 당사자의 의사표시로 제3자의 변제를 허용하지 아니하는 때에는 그러하지 아니하다.

㉡ 이해관계 없는 제3자는 채무자의 의사에 반하여 변제하지 못한다.

④ **영수증 소지자에 대한 변제**: 영수증을 소지한 자에 대한 변제는 그 소지자가 변제를 받을 권한이 없는 경우에도 효력이 있다.

⑤ **변제자의 청구권**

㉠ 변제자는 변제를 받는 자에게 영수증을 청구할 수 있다.

㉡ 채권증서가 있는 경우에 변제자가 채무 전부를 변제한 때에는 채권증서의 반환을 청구할 수 있다. 채권이 변제 이외의 사유로 전부 소멸한 때에도 채권증서의 반환을 청구할 수 있다.

(3) 사건

① **혼동**: 채권과 채무가 동일한 주체에 귀속한 때에는 채권이 소멸한다. 그러나 그 채권이 제3자의 권리의 목적인 때에는 그러하지 아니하다.

② **채무자의 책임 없는 사유에 의한 이행불능**

빈칸 채우기로 CHAPTER 마무리

❶ 특정물 채무자는 그 특정물을 실제로 인도할 때까지 ( )로 보존하여야 한다. ⇨ 이행기가 아님을 주의할 것

❷ 특정물의 인도가 채권의 목적인 때에는 채무자는 이행기의 ( )하여야 한다.

❸ '급부의 전부가 불능으로 된 때'에는 본래의 급부를 목적으로 하는 청구권은 소멸하고, 그에 갈음하여 ( )이 성립한다. 이것은 채무 내용의 변경이며, 채무는 그 동일성을 유지한다.

❹ 채권자취소권은 반드시 ( ) 행사하여야 한다.

❺ 상속의 승인·포기, 증여나 유증의 거절, 채무자의 노무계약, 압류가 금지된 재산권은 채권자취소권 행사 대상이 ( ).

정답

① 선량한 관리자의 주의 ② 현상대로 그 물건을 인도 ③ 전보배상청구권 ④ 재판상 ⑤ 되지 않는다

빈칸 채우기로 CHAPTER 마무리

❻ 상대방: (   )를 상대로 재판상 청구하여야 하며, 채무자를 상대로 청구할 수는 없다.

❼ 제척기간: 채권자가 (   )로부터 1년, (   )로부터 5년 내에 행사해야 한다(제406조 제2항).

❽ 연대채무는 (   )만큼 채무가 존재한다.

❾ 이행청구의 절대적 효력: 어느 (   )에 대한 이행청구는 다른 (   )에게도 효력이 있다.

❿ 어느 연대채무자가 채권자에 대하여 채권이 있는 경우에 그 채무자가 상계한 때에는 채권은 (   )의 이익을 위하여 소멸한다.

⓫ 상계할 채권이 있는 연대채무자가 상계하지 아니한 때에는 (   ) 다른 연대채무자가 상계할 수 있다.

⓬ 보증은 그 의사가 보증인의 기명날인 또는 서명이 있는 서면으로 표시되어야 효력이 발생한다. 다만, 보증의 의사가 (   )로 표시된 경우에는 효력이 없다.

⓭ (   )는 주채무의 이자, 위약금, 손해배상 기타 주채무에 종속한 채무를 포함한다.

⓮ 보증인은 주채무자의 항변으로 채권자에게 대항할 수 (   ), 주채무자가 항변권을 포기한 경우, 그 포기는 보증인에게 효력이 (   ).

⓯ 보증인은 주채무자의 채권에 의한 상계로 채권자에게 대항할 수 (   ).

⓰ 지명채권 양도의 통지나 승낙은 (   )에 의하지 아니하면 (   )에게 대항하지 못한다.

⓱ (   )은 그 증서에 배서하여 양수인에게 교부하는 방식으로 양도할 수 있다.

⓲ (   )은 양수인에게 그 증서를 교부함으로써 양도의 효력이 있다.

⓳ 불법행위채권을 (   )으로 하는 상계의 금지: 채무가 고의의 불법행위로 인한 것인 때에는 그 채무자는 상계로 채권자에게 대항하지 못한다.

정답

⑥ 수익자 또는 전득자 ⑦ 취소 원인을 안 날 / 법률행위가 있은 날 ⑧ 채무자의 수 ⑨ 연대채무자 / 연대채무자 ⑩ 모든 연대채무자 ⑪ 그 채무자의 부담부분에 한하여 ⑫ 전자적 형태 ⑬ 보증채무 ⑭ 있고 / 없다 ⑮ 있다 ⑯ 확정일자 있는 증서 / 채무자 이외의 제3자 ⑰ 지시채권 ⑱ 무기명채권 ⑲ 수동채권

CHAPTER

02 채권법 각론(계약법 총론)

▶ **연계학습** | 에듀윌 기본서 1차 [민법 下] p.322　　　　회독체크 1 2 3

CHAPTER 미리보기

핵심 01 계약의 종류 ★☆☆

1. 쌍무계약과 편무계약

① **쌍무계약**: 계약의 양 당사자가 서로 대가적 의미(견련성)의 채무를 부담하게 되는 계약(예 매매·교환·임대차·고용·도급·조합·화해, 이자부 소비대차·위임·임치·여행계약 등)

② **편무계약**: 계약의 일방 당사자만이 채무를 부담하거나 양 당사자가 채무를 부담하더라도 대가적 의미를 가지지 않는 계약(예 증여·사용대차·현상광고, 무상인 소비대차·위임·임치 등)

③ 민법상의 쌍무계약은 모두 유상계약이다. 그러나 유상계약이 모두 쌍무계약인 것은 아니다(현상광고는 유상계약이지만 편무계약이다).

2. 유상계약과 무상계약

① **유상계약**: 계약의 전 과정을 고찰하여 볼 때 양 당사자가 서로 대가적 의미를 가지는 출연(出捐)을 하는 계약(예 매매·교환·임대차·고용·도급·조합·현상광고·화해)

② **무상계약**: 일방 당사자만이 급부를 하거나 쌍방 당사자 모두 급부를 하더라도 그 급부 사이에 대가적 의미를 가지지 않는 계약(예 증여·사용대차)

③ 민법상의 무상계약은 모두 편무계약이다. 그러나 편무계약이 모두 무상계약인 것은 아니다(현상광고는 편무계약이지만 유상계약이다).

3. 일시적 계약과 계속적 계약

① **일시적 계약**: 채무의 내용인 급부의 실현이 일회적으로 완료되는 계약을 말한다.

② **계속적 계약**: 채무의 내용인 급부의 실현이 일정기간 동안 계속적으로 이행되어야 하는 계약을 말한다.

핵심 02 계약의 성립 ★★☆

1. 청약과 승낙의 일치(합의)에 의한 계약 성립

(1) 청약

① **내용**(내용의 확정성): 청약은 그에 대응하는 승낙만 있으면 곧바로 계약이 성립하므로, 청약의 의사표시는 구체적·확정적이어야 한다(예 백화점의 정찰제 상품의 진열). ⇔ 이 점에서 청약의 유인과 구별된다.

② **청약자**: 청약은 장차 계약의 일방 당사자가 될 특정인이 하는 것이 일반적이다. 그러나 청약자가 누구인지 그 의사표시에 명시적으로 표시되어야 하는 것은 아니다.

③ **상대방**: 청약은 상대방 있는 의사표시이지만 특정인 또는 불특정 다수인을 상대로 한 청약도 효력이 있다(예 자동판매기의 설치). ⇨ 청약의 수령자는 청약을 받은 사실로부터 아무런 의무를 부담하지 않는다.

④ **승낙기간**: 청약 시 승낙기간을 반드시 정해야 하는 것은 아니나, 승낙기간을 정한 경우 그 기간이 청약의 유효기간이 된다.

㉠ 승낙기간을 정한 경우

> **제528조【승낙기간을 정한 계약의 청약】** ① 승낙의 기간을 정한 계약의 청약은 청약자가 그 기간 내에 승낙의 통지를 받지 못한 때에는 그 효력을 잃는다.
> ② 승낙의 통지가 전항의 기간 후에 도달한 경우에 보통 그 기간 내에 도달할 수 있는 발송인 때에는 청약자는 지체 없이 상대방에게 그 연착의 통지를 하여야 한다. 그러나 그 도달 전에 지연의 통지를 발송한 때에는 그러하지 아니하다.
> ③ 청약자가 전항의 통지를 하지 아니한 때에는 승낙의 통지는 연착되지 아니한 것으로 본다.

㉡ 승낙기간을 정하지 않은 경우: 상당한 기간이 승낙기간

(2) 승낙

① **청약과 일치**

㉠ 승낙은 그 청약과 내용도 일치하고(객관적 일치) 상대방도 일치해야(주관적 일치) 계약이 성립한다.

㉡ **변경을 가한 승낙**: 승낙자가 청약에 대하여 조건을 붙이거나 변경을 가하여 승낙한 때에는 그 청약의 거절과 동시에 새로 청약한 것으로 본다.

② **승낙자**: 청약의 수령자는 청약의 수령으로 인하여 승낙 또는 승낙 거절 등 회답에 관한 아무런 법적 의무를 부담하지 않는다.

㉠ "회답이 없으면 승낙한 것으로 본다."라는 문구를 덧붙여 청약하였더라도 이는 상대방을 구속하지 않는다(98다48903).

㉡ 청약자가 물건을 송부하면서 "구입하지 않으면 반송하라. 반송하지 않으면 구입한 것으로 보겠다."라고 한 경우라도 물건을 수령하거나 반송할 의무가 생기지 않는다.

③ **승낙의 상대방**: 특정의 청약자

④ **연착한 승낙**

㉠ 승낙기간 또는 상당한 기간 내에 도달하지 아니한 승낙(연착한 승낙)은 청약자가 이를 새 청약으로 볼 수 있다.

㉡ **연착한 승낙이 승낙기간 내 도달할 수 있는 발송인 경우**: 청약자가 지연 통지 또는 연착의 통지를 하지 아니한 경우에는 연착하지 아니한 것으로 보아 계약이 성립한다.

(3) 계약의 성립 시기

① **대화자 간**: 승낙의 의사표시가 청약자(대화의 상대방)에게 도달한 때

② **격지자 간**: 승낙의 통지가 발송된 때

판 례 **계약의 성립**

① 청약은 구체적·확정적 의사표시이어야 하며, 청약은 불특정 다수인에 대하여 할 수 있으나, 승낙은 반드시 특정인(청약자)에게 하여야 한다.

② 청약자가 누구인지가 청약의 의사표시 속에 명시적으로 표시되어야 하는 것은 아니다.

③ 청약이 효력을 발생한 때(도달 후)에는 청약자가 임의로 철회하지 못한다. 그러나 도달 전이거나 청약자가 처음부터 철회권을 유보한 경우에는 철회할 수 있다.

④ 청약에 조건을 붙이거나 그 내용에 변경을 가한 승낙은 청약의 거절과 동시에 새로운 청약을 한 것으로 간주된다.

⑤ 연착한 승낙은 승낙으로서 효력이 없으므로 계약은 성립하지 않는다. 다만, 청약자가 이를 새로운 청약으로 볼 수 있다.

⑥ 승낙기간을 정하지 않은 경우에는 상당한 기간 내에 승낙의 의사표시가 도달하여야 계약이 성립한다.

2. 교차청약에 의한 계약 성립

① **의의**: 교차청약이란 서로 다른 쌍방 당사자가 각각 같은 내용을 가지는 계약의 청약을 서로 행한 경우를 가리킨다.

② **계약의 성립 시기**: 당사자간에 동일한 내용의 청약이 상호 교차된 경우에는 양 청약이 상대방에게 도달한 때에 계약이 성립한다.

3. 의사실현에 의한 계약 성립

> **제532조【의사실현에 의한 계약 성립】** 청약자의 의사표시나 관습에 의하여 승낙의 통지가 필요하지 아니한 경우에는 계약은 승낙의 의사표시로 인정되는 사실이 있는 때에 성립한다.

PART 5

4. 약관에 의한 계약 성립

(1) 약관의 구속력과 고지·설명의무

① **약관의 구속력의 근거**: 계약당사자인 작성자와 그 상대방의 합의로 인해 계약의 내용으로 편입되었기 때문에 구속력을 갖는다.

② **약관의 계약으로의 편입 요건** ⇨ 명시·설명의무

㉠ 원칙: 약관의 내용 중 고객의 이해관계에 중대한 영향을 미치는 것은 사업자가 명시하고 설명할 의무가 있고, 사업자가 이를 위반하면 그 약관의 내용을 계약의 내용으로 주장할 수 없다.

㉡ 예외: 계약의 성질상 설명이 현저하게 곤란한 경우이거나 법령에 규정되어 있는 사항을 단순히 부연 설명하는 정도의 약관에 대하여는 명시·설명의무가 없다.

(2) 약관해석의 원칙

① 작성자 불이익의 원칙

② 객관적(통일적) 해석의 원칙

③ 고객 불이익 조항 축소해석의 원칙(제한해석의 원칙)

④ 수정해석의 원칙(신의성실의 원칙)

⑤ 개별약정 우선의 원칙

(3) 약관의 효력

① **일부무효의 특칙**: 약관의 일부 조항이 무효이더라도 나머지 부분만으로 계약은 유효함이 원칙이다. 다만, 나머지 유효한 부분만으로는 계약의 목적을 달성할 수 없을 경우 전부를 무효로 한다.

② **불공정의 추정**

㉠ 고객에 대하여 부당하게 불리한 조항

㉡ 고객이 계약의 형태 등 제반사정에 비추어 예상하기 어려운 조항

㉢ 계약의 목적을 달성할 수 없을 정도로 계약과 관련된 본질적 권리를 제한하는 조항

핵심 03 계약체결상의 과실 책임 ★☆☆

> **제535조【계약체결상의 과실】** ① 목적이 불능한 계약을 체결할 때에 그 불능을 알았거나 알 수 있었을 자는 상대방이 그 계약의 유효를 믿었음으로 인하여 받은 손해를 배상하여야 한다. 그러나 그 배상액은 계약이 유효함으로 인하여 생길 이익액을 넘지 못한다.
> ② 전항의 규정은 상대방이 그 불능을 알았거나 알 수 있었을 경우에는 적용하지 아니한다.

1. 요건

① 외견상 계약체결행위가 있었을 것

② 계약의 목적이 원시적·객관적 전부불능으로 무효일 것

③ 일방 당사자(채무자)의 악의 또는 과실

④ 상대방(채권자)의 선의·무과실

⑤ 손해의 발생

2. 신뢰이익의 배상

① 계약상의 책임으로 계약의 유효를 믿었음으로 인하여 지출한 손해(신뢰이익 – ㉮ 목적물에 대한 조사비용, 대금지급을 위하여 대출을 받은 경우 그 이자, 제3자로부터 유리한 청약을 거절한 경우의 그 손해)의 배상책임이 있다.

② 신뢰이익은 이행이익(계약이 유효함으로 인하여 생길 이익)을 넘지 못한다.

3. 법리의 확장

① 계약이 교섭단계에서 일방에 의하여 부당하게 파기된 경우에, 다수설은 계약체결상의 과실책임을, 판례는 불법행위책임으로서 신뢰이익을 배상하여야 한다고 한다.

㉠ 기회비용 및 신뢰이익 배상, 정신적 고통에 대한 위자료를 청구할 수 있다.

㉡ 경매 과정에서 발생한 견적비용, 조사비용은 불법행위책임의 범위에 해당하지 않는다.

② 계약체결상의 과실책임에 관한 민법 제535조는 민법 제109조 착오로 인한 취소에 있어서 착오자의 경과실이 있는 경우에도 유추·적용된다(다수).

핵심 04 쌍무계약의 효력 ★★★

1. 동시이행의 항변권

> **제536조【동시이행의 항변권】** ① 쌍무계약의 당사자 일방은 상대방이 그 채무이행을 제공할 때까지 자기의 채무이행을 거절할 수 있다. 그러나 상대방의 채무가 변제기에 있지 아니하는 때에는 그러하지 아니하다.
> ② 당사자 일방이 상대방에게 먼저 이행하여야 할 경우에 상대방의 이행이 곤란할 현저한 사유가 있는 때에는 전항 본문과 같다.

(1) 성립요건

① **대가적 의미의 채무가 존재할 것**

㉠ 동일한 쌍무계약으로부터 발생한 양 채무가 존재해야 한다.

㉡ 채권양도·채무인수·상속 등으로 당사자가 변경되어도 채권·채무의 동일성이 유지되는 범위 내에서 원칙적으로 동시이행의 항변권이 존속한다.

② **상대방의 채무가 변제기에 있을 것**

㉠ 당사자 중 일방이 선이행 의무를 지는 경우에는 선이행 의무자는 원칙적으로 동시이행의 항변권을 행사할 수 없다.

㉡ 선이행 의무자가 동시이행의 항변권을 행사할 수 있는 경우

ⓐ **불안의 항변권**: 이행기에 완전한 권리를 이행받지 못할 사유 발생 시(예 국세체납으로 압류, 권리주장자의 출현 등)

ⓑ **이행지체 중 상대방 채무의 변제기 도래**: 선이행 의무자는 동시이행의 항변권을 행사할 수 없음이 원칙이지만, 선이행 의무자가 그 이행을 지체하고 있는 동안 상대방의 채무 변제기가 도래한 경우에는 선이행 의무자도 상대방의 청구에 대하여 동시이행의 항변권을 주장할 수 있다.

③ 상대방이 자기채무의 이행 또는 이행제공 없이 이행을 청구하였을 것

④ 항변권자가 항변권을 원용할 것 ⇨ 다만, 이행지체의 저지효력과 상계금지의 효력은 항변권의 존재 자체로부터 생긴다.

(2) 효력

① **이행거절권능**(연기적 항변권): 상대방의 청구권을 영구적으로 부인하는 것이 아니고, 일시적으로 그 작용을 막고 자기채무의 이행을 연기할 수 있을 뿐이다.

② **동시이행의 항변권 존재의 효과**

㉠ **이행지체의 저지**: 쌍방의 채무가 동시이행관계에 있는 경우에는 동시이행의 항변권을 행사하지 않더라도 지체책임을 지지 않는다.

㉡ 이러한 이행지체 저지의 효과는 이행지체의 책임이 없다고 주장하는 자가 반드시 동시이행의 항변권을 행사하여야만 발생하는 것은 아니다(2001다3764).

㉢ 동시이행의 항변권이 붙은 채권을 자동채권으로 하여 상계를 금지한다.

③ **동시이행의 항변권 행사의 효과**

㉠ 동시이행의 항변권은 당사자가 이를 원용(재판상 주장)한 때에 비로소 그 효력이 발생하며, 법원이 직권 고려할 사항은 아니다.

㉡ **소송상의 효력**: 동시이행의 항변권이 원용되면 법원은 상환이행판결(일부승소판결)을 한다.

(3) 동시이행관계

① **인정되는 것**

㉠ 전세권 소멸 시 전세권설정자의 전세금반환의무와 전세권자의 목적물인도 및 전세권말소등기의무, 임대인의 보증금반환의무와 임차인의 목적물반환 의무

㉡ 계약의 해제로 인한 양 당사자의 원상회복의무의 이행, 계약이 무효·취소된 경우 양 당사자의 부당이득반환의무

㉢ 지상물·부속물매수청구권 행사 시 목적물인도와 매매대금지급의무

㉣ 채무변제와 영수증의 교부

㉤ 채무이행의 확보를 위해 어음을 발행한 경우 채무이행과 어음의 반환의무

㉥ 저당권이 설정된 부동산의 매매계약에서 소유권이전등기의무 및 저당권등기말소의무는 특별한 사정이 없는 한 대금지급의무와 동시이행관계에 있다.

㉦ 가압류 등기가 있는 부동산의 매매계약에서 특약이 없는 한 소유권이전등기의무 및 가압류등기 말소의무와 매수인의 대금지급의무는 동시이행관계에 있다.

② **부정되는 것**

㉠ 피담보채권의 변제와 담보물권(저당권, 가등기 담보권, 양도담보권)의 말소등기는 동시이행관계가 아니다.

㉡ 임대인의 임대차보증금의 반환의무와 임차권등기명령에 의해 경료된 임차인의 임차권등기 말소의무는 동시이행관계가 아니고, 보증금의 반환이 선이행의무에 있다.

㉢ 토지거래허가구역 내에서 토지 매매 시 매도인의 토지거래허가 신청절차 협력의무와 매수인의 매매대금 지급의무는 동시이행관계가 아니다.

㉣ 경매절차가 무효가 된 경우 경락인의 소유권 반환과 채권자의 배당받은 금액의 반환의무는 동시이행관계가 아니다.

판례	동시이행의 항변권

① 동시이행관계가 인정되기 위해서는 원칙적으로 동일한 쌍무계약에서 발생한 대가적 관계에 있는 채무이어야 한다.
② 당사자 쌍방이 각각 별개의 약정으로 상대방에 대하여 채무를 지게 된 경우에는 동시이행을 하기로 특약한 사실이 없다면 동시이행의 항변권이 생긴다고 볼 수 없다.
③ 매도인의 소유권이전등기의무가 이행불능이 되어 이를 이유로 매매계약을 해제함에 있어서는 매수인의 잔대금지급의무가 매도인의 소유권이전등기의무와 동시이행관계에 있다고 하더라도 그 이행의 제공을 필요로 하는 것이 아니다.

PART 5

2. 위험부담 – 당사자 쌍방의 귀책사유 없는 후발적 불능

(1) 원칙: 채무자위험부담주의

제537조【채무자위험부담주의】 쌍무계약의 당사자 일방의 채무가 당사자 쌍방의 책임 없는 사유로 이행할 수 없게 된 때에는 채무자는 상대방의 이행을 청구하지 못한다.

① **요건**

㉠ 쌍무계약의 대가적 채무의 존재

㉡ 당사자 쌍방의 책임 없는 사유로 일방채무의 후발적 불능 발생

② **효과**

㉠ 채무자는 이행의무를 면하나 상대방에 대한 반대급부청구권도 소멸

㉡ 이미 이행된 반대급부(계약금·중도금)의 반환의무 발생

(2) 채권자 귀책사유로 인한 이행불능

제538조【채권자귀책사유로 인한 이행불능】 ① 쌍무계약의 당사자 일방의 채무가 채권자의 책임 있는 사유로 이행할 수 없게 된 때에는 채무자는 상대방의 이행을 청구할 수 있다. 채권자의 수령지체 중에 당사자 쌍방의 책임 없는 사유로 이행할 수 없게 된 때에도 같다.
② 전항의 경우에 채무자는 자기의 채무를 면함으로써 이익을 얻은 때에는 이를 채권자에게 상환하여야 한다.

① **요건**: 채권자의 책임 있는 사유 또는 채권자의 수령지체 중에 당사자의 책임 없는 사유로 이행불능이 된 경우

② **효과**: 채권자의 위험부담

㉠ 채무자는 상대방에게 이행을 청구할 수 있다.

㉡ 채무자는 자신의 의무를 면함에 따라 얻는 이익(양도소득세)이 있으면 이를 채권자에게 반환하여야 한다.

판례 위험부담

① 위험부담에 관한 민법 규정은 임의규정이다.

② 민법의 채무자위험부담주의는 쌍무계약에서 당사자 일방의 채무가 당사자 쌍방의 책임 없는 사유로 후발적 불능이 된 경우를 대상으로 한다.

③ 채권자의 귀책사유로 이행이 불가능하게 되거나 채권자의 수령지체 중 당사자 쌍방의 귀책사유 없이 이행이 불가능하게 된 경우에는 채무자는 자기의 채무를 면하면서 상대방의 이행을 청구할 수 있다. 이 경우 채무자는 자기의 채무를 면함으로써 얻는 이익이 있는 때에는 이를 채권자에게 상환하여야 한다.

3. 제3자를 위한 계약

제539조 【제3자를 위한 계약】 ① 계약에 의하여 당사자 일방이 제3자에게 이행할 것을 약정한 때에는 그 제3자는 채무자에게 직접 그 이행을 청구할 수 있다.
② 전항의 경우에 제3자의 권리는 그 제3자가 채무자에 대하여 계약의 이익을 받을 의사를 표시한 때에 생긴다.

(1) 삼면관계

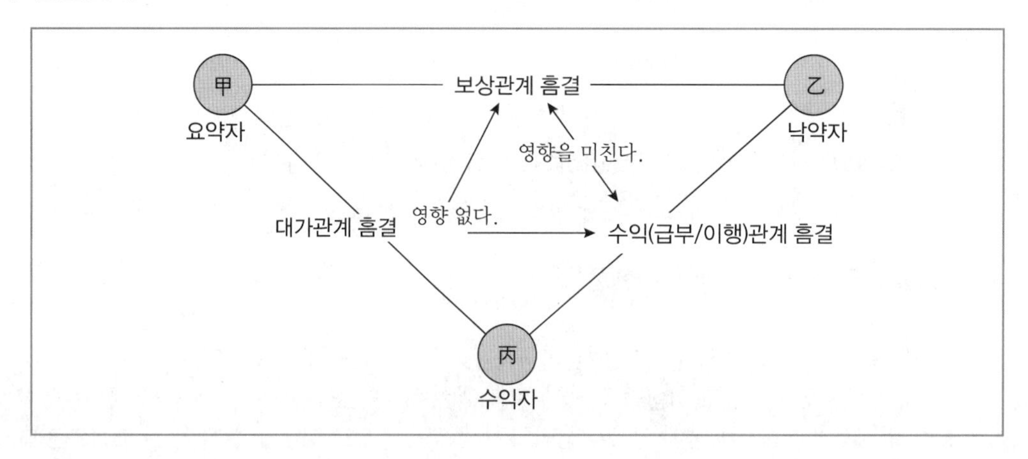

(2) 성립요건

① **계약의 목적**: 물권의 취득, 채권의 급부, 채무면제 등을 위하여 가능

② **보상관계**(기본관계, 계약관계) **유효**: 제3자 수익의 약관이 존재할 것

③ 제3자(수익자)는 계약 성립 시에 현존·특정되어 있지 않아도 되지만, 계약이 효

력을 발생하여 급부가 이행되기 위해서는 제3자가 특정되고 현존(권리능력 존재)하여야 한다. ⇨ 비법인 사단이나 재단 및 태아도 제3자가 될 수 있다.

(3) 계약의 당사자

① 요약자와 낙약자는 계약의 당사자로서, 계약의 성립·효력발생·변경·소멸·소멸 후의 청산 등은 오직 요약자와 낙약자의 의사표시에 의하여 결정되고, 제3자는 이에 관여할 수 없다.

② 제3자는 제3자 보호규정에 의거 보호되는 제3자에 해당하지 않는다.

③ **수익의 의사표시를 하기 전 제3자의 지위**

㉠ 제3자 수익의 의사표시는 제3자를 위한 계약의 성립요건 또는 효력발생요건이 아니고, 단지 제3자의 권리취득요건에 불과하다.

㉡ 제3자가 수익의 의사표시를 하기 전까지는 당사자의 합의로 계약을 변경 또는 해제할 수 있다.

④ **수익의 의사표시 후 제3자의 지위**

㉠ 계약의 내용에 따른 권리취득

㉡ 요약자와 낙약자의 합의로 제3자의 권리 변경·소멸 금지

㉢ 요약자가 낙약자의 채무불이행을 이유로 계약을 해제하는 경우 제3자는 낙약자에 대하여 자기가 입은 손해의 배상을 청구할 수 있다.

㉣ 해제권·취소권의 부정 ⇨ 계약의 당사자가 아니다.

(4) 요약자의 지위

① 낙약자에 대하여 제3자에게로의 급부청구권

② 계약해제권(급부관계의 흠결 시)

(5) 낙약자의 지위

① **낙약자의 최고**: 낙약자는 제3자에게 수익 여부의 확답을 최고할 수 있고, 그 최고기간 내에 확답을 받지 못한 때에는 제3자가 수익을 거절한 것으로 간주한다.

② 수익자에 대한 급부의무·요약자에 대한 반대급부청구권

③ **항변권**: 낙약자는 계약(보상관계)에 기한 항변으로 제3자에게 대항(급부관계 이행거절)할 수 있다.

④ 계약해제권(보상관계 흠결 시)

판 례 **제3자를 위한 계약**

① 제3자의 수익의 의사표시는 제3자를 위한 계약의 성립요건이 아니며, 제3자의 권리발생요건이다.
② 제3자는 계약의 당사자가 아니므로 해제권이나 취소권을 행사할 수는 없으며, 나아가 해제를 원인으로 한 원상회복청구권도 행사할 수 없다.
③ 요약자가 낙약자의 채무불이행을 이유로 계약을 해제하는 경우에 수익자는 낙약자에게 자기가 입은 손해의 배상을 청구할 수 있다.
④ 제3자가 수익의 의사표시를 한 후에는 당사자의 합의로 수익의 내용을 변경 또는 소멸시킬 수 없다. 다만, 요약자와 낙약자가 변경 또는 소멸시킬 수 있음을 유보하였거나 제3자의 동의가 있을 때는 변경 또는 소멸시킬 수 있다.
⑤ 요약자와 낙약자 사이의 보상관계의 흠결이나 하자는 계약의 효력에 영향을 미치므로, 낙약자는 보상관계에서 생기는 항변으로서 제3자에게 대항할 수 있다.
⑥ 요약자와 수익자 간의 관계인 대가관계의 흠결이나 하자는 계약의 효력에 아무런 영향을 미치지 않는다.
⑦ 낙약자가 수익자에게 이미 급부를 이행한 이후 계약이 무효가 된 경우에도 낙약자는 제3자에 대하여 그 급부의 반환을 청구할 수 없다.

핵심 05 계약의 소멸 ★☆☆

1. 계약의 해제

유효하게 성립한 계약의 효력을 당사자 일방의 의사표시에 의하여 그 계약이 처음부터 없었던 것과 같은 상태로 복귀시키는 것을 계약의 해제라고 한다. 따라서 계약이 해제되면 아직 이행하지 않은 채무는 소멸하고, 이미 이행한 것에 대해서는 서로 원상회복의 의무를 진다.

2. 구별 개념

(1) 합의해제(해제계약, 쌍방 행위)

판 례 **합의해제**

① 해제계약은 당사자간의 합의로 계약의 효력을 소멸시키는 점에서 당사자 일방의 단독행위인 해제와 다르다. 따라서 해제에 관한 규정이 적용되지 않는다.
② 계약이 합의해제된 경우에는 그 해제 시 특약이 없는 한 채무불이행으로 인한 손해배상을 청구할 수 없으며, 합의해제로 인하여 반환할 금전에 그 받은 날로부터 이자를 가하여야 할 의무가 있는 것도 아니다.
③ 부동산 매매계약이 합의해제되면 매수인에게 이전되었던 소유권은 당연히 매도인에게 복귀한다.
④ 계약의 합의해제에 있어서도 민법 제548조의 계약해제의 경우와 같이 이로써 제3자의 권리를 해할 수 없다.
⑤ 합의해제는 묵시적으로도 가능하다.

(2) 취소

모든 법률행위를 대상으로 법률행위의 성립 당시로 소급하여 법률효과를 소멸케 하는 단독행위

▶ 취소와 해제의 비교

구분	취소	해제
효력 소멸	일방적 의사표시로 법률행위의 효력을 소급적으로 소멸	
적용 범위	모든 법률행위에 인정	계약에만 인정
발생 원인	법률규정에 의해서만 발생	법률규정과 당사자 약정에 의해 발생
반환 범위	부당이득반환의 의무	원상회복의 의무
손해배상청구	×	○

(3) 해제조건

장래에 어떠한 사실이 발생하면(발생 여부 불확실) 법률효과를 소멸시키기로 하는 당사자 사이의 약정

(4) 철회

소급효 없이 장래를 향하여 법률효과를 소멸케 하는 단독행위

핵심 06 해제권의 발생 ★★★

1. 일방적 의사표시에 의한 해제

(1) 법정해제: 채무불이행 시

① 이행지체로 인한 해제

> **제544조 【이행지체와 해제】** 당사자 일방이 그 채무를 이행하지 아니하는 때에는 상대방은 상당한 기간을 정하여 그 이행을 최고하고 그 기간 내에 이행하지 아니한 때에는 계약을 해제할 수 있다. 그러나 채무자가 미리 이행하지 아니할 의사를 표시한 경우에는 최고를 요하지 아니한다.

㉠ 상당한 유예기간을 정하여 최고 후 해제권 행사

ⓐ 상당한 기간은 이행하여야 할 채무의 성질 및 기타 객관적 사정을 고려하여 결정한다.

ⓑ 기간이 상당하지 않거나 기간을 정하지 않은 경우에도 최고의 효력은 발생한다. 다만, 상당한 기간이 경과한 후에 해제권이 발생한다.

㉡ **최고기간 내에 채무불이행하거나 이행의 제공이 없을 것**: 최고기간 내에도 채무자가 이행하지 않거나 이행을 제공하지 않는 경우에 채권자는 계약을 해제할 수 있다.

㉢ **최고를 요하지 않는 경우** ⇨ 즉시 해제권 행사

ⓐ **정기행위**: 이행지체 즉시 채권자에게 해제권 발생 ⇨ 최고 없이 해제권을 행사할 수 있으며, 해제권을 행사하지 아니하면 계약은 해제되지 않는다.

ⓑ 채무자의 이행거절의 의사가 분명한 경우, 그러나 이행거절의 의사를 적법하게 철회한 경우에는 최고하고 해제를 하여야 한다.

ⓒ 이행지체가 있어도 최고 없이 곧바로 해제권이 발생한다는 당사자 사이에 최고 배제의 특약이 있는 경우(다수)

ⓓ 이행기를 정하지 않은 채무의 경우, 상대방을 이행지체에 빠뜨리기 위해서 이행의 최고가 필요하므로 해제권 발생을 위한 최고를 다시 할 필요가 없다.

② **이행불능으로 인한 해제권 행사**: 최고 불필요

> **제546조 【이행불능과 해제】** 채무자의 책임 있는 사유로 이행이 불능하게 된 때에는 채권자는 계약을 해제할 수 있다.

③ **불완전이행으로 인한 해제권** ⇨ 민법에 아무런 규정이 없다.

㉠ **추완 가능**: 완전이행이 가능하면 상당한 기간을 정하여 완전이행을 최고하고 그 기간 내에 이행이 없으면 해제권이 발생한다.

㉡ **추완 불가능**: 완전이행이 불가능한 경우에는 최고를 할 필요 없이 곧 해제권이 발생한다.

④ **부수적 채무의 불이행과 해제**: 주된 급부의무 이외의 부수적 의무에 대한 불이행만으로서는 해제권이 발생하지 않는다. 그러나 부수적 채무불이행으로 인한 손해배상청구는 가능하다.

⑤ 채권자의 수령지체 시 채무자가 최고 후 해제할 수 있다.

⑥ **사정변경을 이유로 한 계약의 해제 또는 해지 가능 여부**

㉠ 계약 당시 예견할 수 없었던 중대한 사정의 변경이 있었고, 그 사정의 변경은 당사자의 귀책사유에 의한 것이 아니며, 계약의 내용을 이행하는 것이 오히려 신의칙에 반하는 결과를 야기하는 경우, 계약준수원칙의 예외로서 사정변경을 이유로 계약을 해제할 수 있다.

㉡ 사정변경에 의한 계약의 해제를 인정한 판례나 사례는 아직 없다.

㉢ **계약의 해지**: 확정 채무가 아닌 불확정 채무에 대한 계속적 보증계약의 경우 사정변경을 원인으로 해지를 인정한다.

판 례 최고와 해제

① 최고는 상당한 기간을 정하여 하여야 하나, 기간을 정하지 않거나 불특정 기간을 정한 이행최고를 한 경우에도 최고로서의 효력은 발생하므로 새로운 이행최고의 필요 없이 상당한 기간이 경과한 때 해제권이 발생한다.
② 실제 채무보다 과다한 수량을 제시하여 최고하는 과대최고의 경우에도 실제 채무와 차이가 적고, 채무의 동일성이 유지되면 유효하다.
③ 채무자가 미리 이행하지 않을 의사를 명백히 표시할 때에는 채권자는 최고할 필요도 없으며, 이행기를 기다릴 필요도 없고, 자기 채무를 제공할 필요 없이 해제할 수 있다. 다만, 이행거절의 의사를 적법하게 철회하였다면 이행할 의사가 있으므로 최고를 한 이후에 해제권이 발생한다.
④ 이행불능의 경우에 채권자는 최고 없이 또 이행기일까지 기다릴 필요 없이 계약을 해제할 수 있다.
⑤ 이행불능을 이유로 계약을 해제하기 위해서는 그 이행불능이 채무자의 귀책사유에 의한 경우여야만 한다.
⑥ 소유권이전등기의무의 이행불능을 이유로 매매계약을 해제함에 있어서는 잔대금 지급의무의 이행제공을 필요로 하지 않는다.

PART 5

(2) 약정해제: 당사자가 약정한 해제 사유의 발생 시

① **해제권 행사에 관한 당사자간의 특약** ⇨ 원상회복 ○, 손해배상 ×

② **실권약관**(자동해제 조항): 매매계약이 체결된 경우

㉠ 중도금에 대한 실권약관에 의하여 계약은 자동해제된다.

㉡ 잔금에 대한 실권약관이 있다는 사정만으로 계약이 자동해제되는 것은 아니다.

③ **계약금을 해약금으로 해제**: 당사자 중 일방이 이행에 착수하기 전까지 계약금의 배액 상환 또는 계약금을 포기하고 계약을 해제할 수 있다. ⇨ 원상회복 또는 손해배상의 의무도 없다.

판 례 약정해제권

① 계약서에 명문으로 위약 시의 법정해제권의 포기 또는 배제를 규정하지 않은 이상, 계약당사자 중 어느 일방에 대한 약정해제권의 유보는 채무불이행으로 인한 법정해제권의 성립에 아무런 영향을 미칠 수 없다.
② 약정해제권을 행사한 경우 원상회복으로 인한 이자는 발생하나, 특약이 없는 한 손해배상청구권이 인정되지는 않는다.
③ 다른 특약이 없는 한 계약금이 교부된 계약에는 해제권이 유보된 것으로 추정된다.
④ **중도금에 대한 실권약관**: 매수인이 중도금을 약정일자에 지급하지 아니하면 계약이 해제된 것으로 한다는 특약이 있는 매매계약에서 매수인이 중도금 지급의무를 이행하지 아니하면 그 계약은 그 일자에 자동적으로 해제된 것으로 보아야 한다.

⑤ **잔금에 대한 실권약관**: 매수인이 잔대금 지급기일까지 그 대금을 지급하지 못하면 그 계약이 자동적으로 해제된다는 취지의 약정이 있더라도, 특단의 사정이 없는 한 매수인이 그 약정기한을 도과하였더라도 이행지체에 빠진 것이 아니라면 대금 미지급으로 계약이 자동해제된다고 볼 수 없다.

2. 해제권의 행사

(1) 해제의 방법

① 해제권은 형성권으로서 원칙적으로 조건이나 기한을 붙이지 못한다.

② 다만, 최고기간 내의 불이행을 정지조건으로 하는 해제의 의사표시(계약 체결 시 약정으로 일방의 채무불이행에 대하여 최고 후 그 최고기간 내에 이행하지 않으면 계약은 당연히 해제된 것으로 한다는 조건부 계약)는 유효하다.

③ 해제의 의사표시는 철회하지 못하지만, 상대방의 동의나 승낙이 있는 경우는 철회가 가능하다.

(2) 해제의 불가분성

① **행사상의 불가분성**: 해제권자 전원이 상대방 전원에 대하여 행사하여야 한다.

② **소멸상의 불가분성**: 당사자 중 1인에 대하여 해제권이 소멸하면 나머지 모두에 대하여도 소멸한다.

③ 임의규정이므로 배제특약이 가능하다.

3. 해제의 효과

(1) 해제의 소급효

계약이 해제되면 계약은 처음부터 없었던 것이 된다. 계약의 이행 전이라면 이행할 필요가 없으나, 이미 이행된 부분은 부당이득 반환의 특칙인 원상회복의 의무가 발생한다.

(2) 원상회복의무

① 계약이 해제되면 각 당사자는 그 상대방에 대하여 원상회복의 의무를 진다.

② **이자**(과실)**의 반환**: 반환할 것이 금전인 경우에는 그 받은 날로부터 이자를 붙여서 반환하여야 한다. ⇨ 부당이득반환

(3) 손해배상

계약의 해제는 손해배상의 청구에 영향을 미치지 아니한다. 즉, 계약의 해제로 계약이 소급하여 소멸하였다 하더라도 해제권자는 손해배상을 청구할 수 있다.

(4) 동시이행관계

해제로 인해 당사자 쌍방이 부담하는 원상회복의무와 손해배상의무는 서로 동시이행의 관계에 있다.

(5) 소급효의 제한

① **제3자 보호**

㉠ 해제의 소급효는 제3자의 권리를 해하지 못한다. 따라서 해제권을 행사하기 전에 이해관계를 맺은 제3자(선·악 불문)에게 대항할 수 없다.

㉡ 이때 제3자는 등기·인도 등 공시방법을 갖춘 완전한 권리를 취득한 자로 해석한다.

② **해제 후의 권리취득자 보호**: 해제의 의사표시 후 말소등기를 하지 않은 동안에 권리를 취득한 자가 선의일 경우, 보호되는 제3자로 인정한다.

PART 5

판 례 | 해제의 효과

① 당사자 일방 또는 쌍방이 수인인 경우에는 계약의 해제는 그 전원으로부터 또는 전원에 대하여 하여야 하고, 또한 해제의 권리가 당사자 1인에 대하여 소멸한 때에는 다른 당사자에 대하여도 소멸한다.
② 해제의 효과로 대항할 수 없는 제3자라 함은 그 해제된 계약으로 생긴 법률적 효과를 기초로 하여 새로운 이해관계를 가졌을 뿐 아니라, 등기·인도 등으로 완전한 권리(공시된 권리)를 취득한 자를 지칭하는 것이고 계약상의 채권(이행청구권)을 양도받은 양수인은 특별한 사정이 없는 한 이에 포함되지 않는다.
③ 계약이 해제되면 그 계약에 의하여 발생한 법률효과는 모두 소급하여 소멸한다. 따라서 계약을 위반한 당사자도 당해 계약이 상대방의 해제로 소멸되었음을 들어 그 이행을 거절할 수 있다.
④ 매매계약이 해제되면 원상회복의 의무에 따라 금전을 반환하는 때 이자를 붙여 반환함에 그 이자는 법정이자(부당이득의 반환)를 의미하는 것이지 지연이자(지연손해의 배상)를 의미하는 것이 아니다.
⑤ 해제로 인한 손해배상은 전보배상(이행이익)을 구하는 것이 원칙이지만, 이에 갈음하여 계약이 이행되었으리라 믿고 채권자가 지출한 비용, 즉 신뢰이익의 배상을 구할 수도 있다. 단, 신뢰이익은 이행이익을 한도로 한다.
⑥ 소유권이전등기가 경료된 부동산 매매계약을 매도인이 해제한 경우, 그 해제의 의사표시가 효력이 발생하면 말소등기 없이도 바로 매도인에게 소유권이 복귀한다.

4. 해제권의 소멸

(1) 일반적 소멸 원인

① 이행의 제공으로 인한 소멸

② **해제권의 실효**: 신의칙상 실효의 원칙

③ 제척기간(10년)의 경과

④ 해제권의 포기

(2) 해제권에 특유한 소멸 원인

① 상대방의 최고에 의한 소멸

② 해제 대상 목적물의 훼손·가공 또는 개조·반환 불능

③ 해제의 불가분성

핵심 07 계약의 해지

1. 해지의 의의

임대차·고용·위임계약과 같은 계속적 채권 계약에 있어서 장래를 향하여 그 효력을 소멸시키는 일방적 의사표시를 해지라고 한다.

2. 해지의 효과

> **제550조【해지의 효과】** 당사자 일방이 계약을 해지한 때에는 계약은 장래에 대하여 그 효력을 잃는다.

① 계약관계의 비소급적 소멸(장래효)

② 청산의무

③ 손해배상의 의무 발생

PART 5

빈칸 채우기로 CHAPTER 마무리

❶ (   )이익은 (   )이익을 넘지 못한다.

❷ 이행지체 중 상대방 채무의 변제기 도래: 선이행 의무자는 동시이행의 항변권을 행사할 수 없음이 원칙이지만, 선이행 의무자가 그 이행을 지체하고 있는 동안 상대방의 (   )가 도래한 경우에는 선이행 의무자도 상대방의 청구에 대하여 동시이행의 항변권을 주장할 수 있다.

❸ 동시이행의 항변권: 매도인의 소유권이전등기의무가 이행불능이 되어 이를 이유로 매매계약을 해제함에 있어서는 매수인의 잔대금지급의무가 매도인의 소유권이전등기의무와 동시이행관계에 있다고 하면 그 이행의 제공을 필요로 (   ).

❹ 제3자(수익자)는 계약 성립 시에 (   )되어 있지 않아도 되지만, 계약이 효력을 발생하여 급부가 이행되기 위해서는 제3자가 (   )하여야 한다.

❺ 부수적 채무의 불이행과 해제: 주된 급부의무 이외의 부수적 의무에 대한 불이행만으로 해제권이 (   ). 부수적 채무불이행으로 인한 (   )는 가능하다.

❻ 중도금에 대한 실권약관(자동해제조항)에 의하여 계약은 (   )된다.

❼ 당사자 중 일방이 이행에 착수하기 전까지 계약금의 (   ) 또는 계약금을 (   ) 하고 계약을 해제할 수 있다.

정답

① 신뢰 / 이행 ② 채무변제기 ③ 하는 것이 아니다 ④ 현존·특정 / 특정되고 현존
⑤ 발생하지 않는다 / 손해배상청구 ⑥ 자동해제 ⑦ 배액 상환 / 포기

CHAPTER

03 계약법 각론(매매)

▶ **연계학습** | 에듀윌 기본서 1차 [민법 下] p.383

회독체크 1 2 3

CHAPTER 미리보기

01 의의 ★★☆

02 매매의 효력 ★★★

핵심 01 의의 ★★☆

1. 매매의 예약

(1) 의의

① 장차 일정한 계약(본계약)을 체결할 것을 미리 약정하는 채권계약을 말한다.

② 예약도 계약이므로 계약의 일반원칙이 적용된다.

③ 본계약은 채권계약, 물권계약, 신분법상의 계약이 있을 수 있으나, 예약은 언제나 채권계약이다.

④ 매매의 예약은 일방예약으로 추정한다(제564조 제1항).

(2) 예약완결권

① 매매의 일방예약에 의하여 예약완결권자가 상대방에 대하여 예약완결의 일방적 의사표시로써 계약을 성립시킬 수 있는 일종의 형성권이다.

② 예약완결권의 행사기간에 관한 특약이 있으면 그에 따르고, 특약이 없으면 10년의 제척기간이 적용된다. ⇨ 매매예약완결권의 제척기간이 도과하였는지 여부는 소위 직권조사 사항으로서, 이에 대한 당사자의 주장이 없더라도 법원이 당연히 직권으로 조사하여 재판에 고려하여야 한다.

③ 예약완결권의 행사기간을 정하지 않은 경우 상대방은 상당한 기간을 정하여 최고할 수 있고, 그 기간 내에 예약완결의 의사표시를 받지 못한 경우 예약완결권은 제척기간 경과로 소멸한다.

④ **예약완결권의 가등기**: 부동산의 경우 소유권이전등기청구권을 보존하기 위하여 가등기도 가능하고, 예약완결권 양도 시 그 가등기에 부기등기도 가능하다.

2. 계약금

(1) 계약금 계약

① 의의

㉠ 계약금 계약은 요물계약이며, 주된 매매계약의 종된 계약으로 독립된 계약이다.

㉡ 계약금 계약이 반드시 매매계약과 동시에 이루어질 필요는 없다.

② **계약금의 종류**(성질)

㉠ **증약금**: 모든 계약금은 언제나 계약 체결의 증거로서 의미를 갖는다.

㉡ **해약금**: 계약의 해제권을 유보하는 기능을 한다. 당사자 사이에 특별한 약정이 없는 한 계약금은 해약금으로 추정된다(제565조 제1항).

㉢ **위약금**: 계약금이 위약금으로서 효력을 가지려면 당사자 사이에 그러한 특약(特約)이 있어야 한다.

ⓐ 손해배상의 예정

i) 계약상의 채무를 이행하지 않는 경우에 계약금을 교부한 자는 그것을 몰수당하고 계약금을 교부받은 자는 배액을 상환할 것을 약정하였다면 이는 손해배상액의 예정으로 된다(판례).

ii) 이 경우 손해배상을 따로 청구할 수는 없다.

iii) 손해배상의 예정으로서 계약금이 너무 과다할 경우에는 당사자는 감액청구를 할 수 있다.

ⓑ 위약벌

i) 계약금을 교부한 자가 계약상의 채무를 이행하지 않는 때에 그것을 수령한 자가 위약벌로 몰수하는 계약금이다.

ii) 이때에 채무불이행에 의한 손해배상은 위약계약금과는 관계없이 따로 청구할 수 있다.

iii) 계약금을 위약벌로 약정한 경우 그 금액이 과다할지라도 감액은 인정되지 않으나, 너무 과다한 경우 사회질서 위반으로 무효가 되는 경우도 있다.

(2) 해약금에 의한 계약해제

> **제565조 【해약금】** ① 매매의 당사자 일방이 계약 당시에 금전 기타 물건을 계약금, 보증금 등의 명목으로 상대방에게 교부한 때에는 당사자간에 다른 약정이 없는 한 당사자의 일방이 이행에 착수할 때까지 교부자는 이를 포기하고 수령자는 그 배액을 상환하여 매매계약을 해제할 수 있다.

① 계약금이 교부되면 명칭에 관계없이 해약금으로 추정된다(임의규정).

② **해제의 시기 및 방법**

㉠ 시기: 당사자 중 일방이 이행에 착수하기 전까지

㉡ 방법: 상대방에 대한 일방적 의사표시

ⓐ **교부자**: 계약금의 포기

ⓑ **수령자**: 수령한 계약금의 배액을 상환

㉢ 교부자는 계약금 포기의 의사표시로써 해제의 효과가 발생하지만, 수령자는 해제의 의사표시만으로는 부족하고 현실적으로 배액의 제공이 있어야 해제된다.

㉣ 다만, 교부자가 수령하지 않는다고 하여 공탁까지 할 필요는 없다.

③ **해제의 효과**

㉠ 원상회복의무나 손해배상청구권이 발생하지 않는다.

㉡ 계약금을 위약금으로 하는 특약이 있는 경우에 한하여 해약금과 손해배상액의 예정으로서의 성질을 함께 가진다.

㉢ 계약금으로 위약금 약정을 하더라도 해약금으로서의 성질이 없어지는 것은 아니므로, 계약금이 위약금과 해약금을 겸하는 경우 해약금에 의한 계약해제를 하면서 해약금이 과다하다는 이유로 감액청구를 하는 것을 인정한다(즉, 감액하여 계약금의 일부를 돌려받을 수 있다).

판례 계약금과 해약금

① 해약금에 의한 해제는 약정해제의 일종으로서 당사자 일방이 이행에 착수할 때까지 교부자는 이를 포기하고, 수령자는 배액을 상환하고 계약을 해제할 수 있다.

② 교부자가 해제하는 경우에는 해제권을 행사하면 당연히 계약금이 포기되는 것이나 수령자는 반드시 현실적으로 배액을 상환하거나 배액의 이행제공이 있어야만 해제할 수 있다. 즉, 수령자는 단순히 해제의 의사표시만으로는 해제가 불가능하다.

③ 매도인이 계약금의 배액을 상환하고 계약을 해제하려면 계약해제의 의사표시 외에 계약금 배액의 이행의 제공이 있으면 족하고, 상대방이 이를 수령하지 아니한다 하여 이를 공탁할 필요는 없다.

④ 매수인과 매도인 중 일방이 이행에 착수하였다면 해약금에 의한 해제는 허용되지 않는다.

⑤ 이행기 약정이 있는 경우에도 당사자가 채무의 이행기 전에는 착수하지 않기로 하는 특약이 없는 한 이행기 전에 이행에 착수할 수 있다.

⑥ 해약금에 의한 해제를 한 경우 원상회복의무는 발생할 여지가 없으며(아직 이행한 것이 없기 때문) 따로 손해배상을 청구할 수 없다(채무불이행이 아니기 때문).

⑦ 해약금의 약정은 법정해제권과 무관하므로 채무불이행에 기한 법정해제권 발생 및 행사에 아무런 영향을 주지 않는다.

핵심 02 매매의 효력 ★★★

1. 동시이행

(1) 동시이행관계: 매도인의 재산권 및 목적물인도와 매수인의 대금지급의무

(2) 매도인의 완전한 재산권의 이전의무 및 목적물인도의무

① 이전하여야 할 권리는 다른 특약이나 특별한 사정이 없는 한 아무런 부담 없는 완전한 것이어야 한다. ⇨ 가압류등기 등이 있는 부동산의 매매계약에 있어서는 매도인의 소유권이전등기의무와 아울러 가압류의 말소의무도 매수인의 대금지급의무와 동시이행의 관계에 있다.

② 토지소유권·지상권·전세권과 같은 부동산의 점유를 내용으로 하는 물권의 매매에 있어서는, 등기 외에 목적 부동산의 점유도 이전하여야 한다.

PART 5

(3) 과실의 귀속

① **매도인에게 귀속**

㉠ 매매목적물이 인도되지 아니하고 또한 매수인이 대금을 완제하지 아니한 때에는, 과실은 매도인에게 귀속한다. 이 경우 매도인의 이행지체가 있더라도 매수인은 손해배상을 청구할 수 없다.

㉡ 매매목적물이 인도되지 않았다면 매수인이 매매대금에 관하여 이행지체에 빠졌다 하더라도 대금에 대한 지연이자의 지급을 구할 수 없다.

② **매수인에게 귀속**

㉠ 매수인이 매매대금을 완납한 때에는 인도하지 아니한 목적물로부터 생긴 과실은 매수인에게 속한다.

㉡ 매매대금이 완납되지 아니한 상태에서 매매목적물이 인도된 경우에, 매수인은 그 목적물의 과실을 수취할 수 있으나, 대신 대금에 관하여 법정이자를 지급하여야 한다.

(4) 매수인의 의무 및 권리

① **대금지급의무 및 목적물 수령의무**

㉠ 매수인은 매도인의 재산권 이전에 대한 반대급부로서 대금지급의무를 부담한다.

㉡ 매수인은 목적물 수령의무가 있고, 이를 위반하면 채무불이행 책임을 진다.

㉢ 매수인은 수령지체 중 후발적 불능에 대한 위험을 부담한다.

② **대금지급 거절권**

㉠ 매매의 목적물에 대하여 권리를 주장하는 자가 있는 경우에 매수인이 매수한 권리의 전부나 일부를 잃을 염려가 있는 때에는 매수인은 그 위험의 한도에서 대금의 전부나 일부의 지급을 거절할 수 있다.

㉡ 그러나 매도인이 상당한 담보(물적 담보 또는 인적 담보)를 제공한 때에는 대금의 지급을 거절하지 못한다.

판 례 **매매 일반**

① 매수인은 목적물의 인도를 받을 때까지 대금에 대한 이자지급의무를 부담하지 않지만, 대금지급 전 목적물을 인도받으면 매수인은 매도인에 대하여 대금에 이자를 가산하여야 한다.
② 부동산에 근저당권설정등기가 있어 완전한 소유권 이전을 받지 못할 우려가 있으면 그 근저당권의 말소등기가 경료될 때까지 그 등기상의 담보한도금액에 상당한 대금지급을 거절할 수 있다.
③ 매매목적물인 부동산에 대하여 매도인의 세금체납으로 인한 압류등기가 되어 있는 경우 특별한 사정이 없는 한 매수인은 위와 같은 압류의 해제가 있기 전에는 대금의 지급을 거절할 수 있다.
④ 매매의 목적물에 대하여 권리를 주장하는 자가 있어 매수인이 권리의 전부나 일부를 잃을 염려가 있는 경우에도 매도인이 상당한 담보를 제공한 때에는 대금지급의무를 이행하여야 한다.
⑤ 매매계약이 해제된 경우 선의의 매수인에게 과실수취권이 인정되는 이상, 선의의 매도인도 매매대금의 운용이익 내지 법정이자를 반환하지 않아도 무방하다.

2. 매도인의 담보책임

(1) 권리의 하자에 대한 매도인의 담보책임

① **전부 타인의 권리를 매매한 매도인의 담보책임**

제569조【타인의 권리의 매매】 매매의 목적이 된 권리가 타인에게 속한 경우에는 매도인은 그 권리를 취득하여 매수인에게 이전하여야 한다.
제570조【동전 - 매도인의 담보책임】 전조의 경우에 매도인이 그 권리를 취득하여 매수인에게 이전할 수 없는 때에는 매수인은 계약을 해제할 수 있다. 그러나 매수인이 계약 당시 그 권리가 매도인에게 속하지 아니함을 안 때에는 손해배상을 청구하지 못한다.

② **일부 타인의 권리를 매매한 매도인의 담보책임**

제572조【권리의 일부가 타인에게 속한 경우와 매도인의 담보책임】 ① 매매의 목적이 된 권리의 일부가 타인에게 속함으로 인하여 매도인이 그 권리를 취득하여 매수인에게 이전할 수 없는 때에는 매수인은 그 부분의 비율로 대금의 감액을 청구할 수 있다.
② 전항의 경우에 잔존한 부분만이면 매수인이 이를 매수하지 아니하였을 때에는 선의의 매수인은 계약 전부를 해제할 수 있다.
③ 선의의 매수인은 감액청구 또는 계약해제 외에 손해배상을 청구할 수 있다.

③ 수량 부족·일부 멸실에 대한 담보책임

> **제574조 【수량 부족, 일부 멸실의 경우와 매도인의 담보책임】** 전 2조의 규정(일부 타인의 권리에 대한 매매)은 수량을 지정한 매매의 목적물이 부족되는 경우와 매매목적물의 일부가 계약 당시에 이미 멸실된 경우에 매수인이 그 부족 또는 멸실을 알지 못한 때에 준용한다.

④ 제한물권(용익권능)이 있는 경우의 담보책임

> **제575조 【제한물권 있는 경우와 매도인의 담보책임】** ① 매매의 목적물이 지상권, 지역권, 전세권, 질권 또는 유치권의 목적이 된 경우에 매수인이 이를 알지 못한 때에는 이로 인하여 계약의 목적을 달성할 수 없는 경우에 한하여 매수인은 계약을 해제할 수 있다. 기타의 경우에는 손해배상만을 청구할 수 있다.
> ② 전항의 규정은 매매의 목적이 된 부동산을 위하여 존재할 지역권이 없거나 그 부동산에 등기된 임대차계약이 있는 경우에 준용한다.
> ③ 전 2항의 권리는 매수인이 그 사실을 안 날로부터 1년 내에 행사하여야 한다.

⑤ 저당권·전세권(담보권능)의 행사에 의한 매수인의 권리취득 제한

> **제576조 【저당권, 전세권의 행사와 매도인의 담보책임】** ① 매매의 목적이 된 부동산에 설정된 저당권 또는 전세권의 행사로 인하여 매수인이 그 소유권을 취득할 수 없거나 취득한 소유권을 잃은 때에는 매수인은 계약을 해제할 수 있다.
> ② 전항의 경우에 매수인의 출재로 그 소유권을 보존한 때에는 매도인에 대하여 그 상환을 청구할 수 있다.
> ③ 전 2항의 경우에 매수인이 손해를 받은 때에는 그 배상을 청구할 수 있다.

- 가등기의 목적이 된 부동산을 매수한 사람이 그 뒤 가등기에 기한 본등기가 경료됨으로써 그 부동산의 소유권을 상실하게 된 때 및 가압류가 경료된 물건을 매수한 후 경매실행으로 소유권을 상실한 경우에도 본조가 적용된다(판례).

> **악의의 매수인에게도 인정되는 매도인의 담보책임**
> ① **대금감액청구권**: 일부 타인의 권리
> ② **계약의 해제권**: 전부 타인의 권리
> ③ **손해배상청구권·계약의 해제권**: 담보권능에 의한 제한

(2) 물건의 하자에 대한 매도인의 담보책임(하자담보책임)

선의·무과실의 매수인이 하자를 안 날로부터 6월 이내에 행사가 가능하다.

① 특정물 매매의 경우

> **제580조 【매도인의 하자담보책임】** ① 매매의 목적물에 하자가 있는 때에는 제575조 제1항의 규정을 준용한다. 그러나 매수인이 하자 있는 것을 알았거나 과실로 인하여 이를 알지 못한 때에는 그러하지 아니하다.
> ② 전항의 규정은 경매의 경우에 적용하지 아니한다.

② **종류물**(불특정물) **매매의 경우** ⇨ 종류물이 특정된 후

> **제581조 【종류매매와 매도인의 담보책임】** ① 매매의 목적물을 종류로 지정한 경우에도 그 후 특정된 목적물에 하자가 있는 때에는 전조의 규정을 준용한다.
> ② 전항의 경우에 매수인은 계약의 해제 또는 손해배상의 청구를 하지 아니하고 하자 없는 물건을 청구할 수 있다.

◘ 토지에 대한 법률상의 이용 제한은 물건에 대한 하자로 본다.

(3) 경매에 있어서 매도인의 담보책임

권리의 하자만 인정하고, 물건의 하자는 인정하지 않는다.

① 경락인은 경매대상물의 권리에 하자가 있는 경우 1차적으로 저당권설정자인 채무자에게 대금감액의 청구 또는 계약의 해제를 요구할 수 있고, 채무자가 무자력(無資力)인 경우 2차적으로 대금의 배당을 받은 채권자에게 배당받은 금액의 전부·일부의 반환을 청구할 수 있다.

② **손해배상청구**: 채무자가 물건 또는 권리의 흠결을 알고 고지하지 아니하거나 채권자가 이를 알고 경매를 청구한 때에는 경락인은 그 흠결을 안 채무자나 채권자에 대하여 손해배상을 청구할 수 있다.

(4) 채권 매도인의 담보책임

① **변제기에 도달한 채권을 매도한 경우**: 채권의 매도인이 채무자의 자력을 담보한 경우 매매계약 당시의 채무자의 변제 자력을 담보한 것으로 추정한다.

② **변제기에 도달하지 않은 채권을 매도한 경우**: 채권의 매도인이 채무자의 자력을 담보한 경우 변제기의 채무자의 변제 자력을 담보한 것으로 추정한다.

(5) 매도인의 담보책임에 대한 배제 특약

① 매도인의 담보책임에 관한 민법 규정은 임의규정이다.

② **원칙**: 당사자 사이의 특약으로 매도인의 담보책임을 배제하거나, 경감 또는 가중하는 것이 가능하다.

③ **예외**: 매매의 목적물에 담보책임발생의 요건이 되는 어떤 사실(예 권리의 흠결이나 물건의 하자)이 있는 것을 매도인이 알고 있었음에도 불구하고, 이를 매수인에게 고지하지 않았거나 제3자에게 권리설정 또는 양도한 행위에 대하여는 매도인은 담보책임을 면할 수 없다(제584조).

판례 매도인의 담보책임

① 매도인에게 귀책사유가 있는 경우에는 담보책임과 채무불이행책임이 경합한다. 따라서 타인권리매매에 있어서 매도인의 귀책사유로 인하여 이행불능이 되었다면 매수인이 매도인의 담보책임에 관한 민법 제570조의 단서 규정에 의한 손해배상을 청구할 수 없다 하더라도, 채무불이행책임으로서 계약을 해제하고 손해배상을 청구할 수 있다.
② 매수인이 피담보채무의 이행을 인수하면서 채권액을 대금에서 공제하였다면 저당권 실행으로 매수인이 소유권을 상실하더라도 매도인에게 담보책임을 추궁할 수 없다.
③ 계약 당시 타인 명의의 가등기가 경료되어 있었는데, 그 후 본등기의 경료로 매수인이 소유권을 상실한 경우라면 매수인은 악의인 경우에도 계약해제와 손해배상을 청구할 수 있다.
④ 매도인의 담보책임은 법이 특별히 인정한 무과실 책임으로서 여기서 과실상계의 규정이 준용될 수 없는 것이 원칙이나, 손해배상의 범위를 정함에 있어서는 매수인의 과실을 참작하여야 한다.

3. 환매

(1) 환매의 효과

① **소유권의 회복 시기**: 반환청구권의 행사와 동산의 인도, 부동산의 등기를 한 때
② 과실과 이자는 상계되므로 당사자는 반환청구할 수 없다.

(2) 환매권의 실행

① 환매는 환매기간 내에 환매권자가 환매의 의사를 표시하고 환매대금을 매수인에게 제공하여야 한다.
② 환매의 목적물이 부동산인 경우에, 환매등기가 되어 있고 그 목적물을 제3자가 전득한 경우에는 환매의 의사표시는 전득자에 대하여 하여야 한다.

(3) 매도인의 채권자에 의한 환매권의 대위행사

① 환매권은 양도성이 있고 일신전속권(一身專屬權)이 아니므로 매도인(환매권자)의 채권자는 이를 대위행사(代位行使)할 수 있다.
② 매도인의 채권자가 환매권을 대위행사하는 경우 매수인은 법원이 선정한 감정인의 평가액에서 매도인이 반환할 금액(환매대금)을 공제한 잔액을 매도인을 위하여 그의 채권자에게 변제하고, 잉여액이 있으면 그것을 매도인에게 지급하여 환매권을 소멸시킬 수 있다.

판례 **환매**

① 부동산에 관하여 매매등기와 아울러 환매특약의 등기가 경료된 이후 그 부동산의 매수인으로부터 이를 전득한 제3자는 환매권자의 환매권 행사에 대항할 수 없다.
② 환매특약은 매매계약과 동시에 하여야 하므로, 환매특약의 등기는 소유권이전등기와 동시에 신청하여야 한다.
③ 환매권이 등기된 목적물을 제3자가 취득한 경우 환매의 의사표시는 그 제3자에게 하여야 한다.
④ 환매권은 일신전속권이 아니므로 양도할 수 있고 환매권의 대위행사도 가능하다.

빈칸 채우기로 CHAPTER 마무리

❶ 계약상의 채무를 이행하지 않는 경우에 계약금을 교부한 자는 그것을 몰수당하고 계약금을 교부받은 자는 배액을 상환할 것을 약정하였다면 이는 (   )으로 된다(판례).

❷ 계약금과 해약금: 매도인이 계약금의 배액을 상환하고 계약을 해제하려면 계약해제의 의사표시 외에 (   )의 이행의 제공이 있으면 족하고, 상대방이 이를 수령하지 아니한다 하여 이를 공탁할 필요는 없다.

❸ 매매목적물이 인도되지 아니하고 또한 매수인이 대금을 완제하지 아니한 때에는, 그 목적물로부터 생긴 과실은 (   )에게 귀속한다.

❹ 매매대금이 완납되지 아니한 상태에서 매매목적물이 인도된 경우에, 매수인은 그 목적물의 과실을 수취할 수 있으나, 대신 (   )를 지급하여야 한다.

정답

① 손해배상액의 예정 ② 계약금 배액 ③ 매도인 ④ 대금에 관하여 법정이자

CHAPTER
04 임대차

▶ **연계학습** | 에듀윌 기본서 1차 [민법 下] p.417

회독체크 1 2 3

CHAPTER 미리보기

01 총설 ★☆☆

02 임대인과 임차인의 법률관계 ★★★

핵심 01 총설 ★☆☆

1. 성립

① 임대인의 사용·수익 제공과 임차인의 차임지급의 약정

② 임대차는 차임의 약정을 그 성립요소로 하며, 차임은 금전에 한하지 않는다.

③ 보증금은 임대차의 성립요소가 아니다.

2. 존속기간

(1) 기간의 약정이 있는 경우

임대차의 존속기간은 계약 자유의 원칙상 당사자 합의로 정할 수 있다.

▶ **용익권의 존속기간**

구분	지상권	지역권	전세권	임대차
최장기	제한 없음	제한 없음	10년	제한 없음
최단기	30·15·5	규정 없음	건물 1년	제한 없음

(2) 기간의 약정이 없는 경우

① 양 당사자는 언제든지 상대방에 대하여 계약의 해지통고를 할 수 있다.

② 부동산의 경우에는 임대인이 해지통고 시 6월, 임차인이 해지통고 시 1월이 경과하면 해지의 효력이 발생한다.

③ 동산의 경우에는 임대인·임차인 공히 해지통고 시 5일이 경과하면 해지의 효력이 발생한다.

▶ **기간을 정하지 않은 경우**

지상권	전세권	임대차
30·15·5	쌍방 소멸통고로 소멸 (6월)	쌍방 해지통고로 소멸 (6월, 1월)

(3) 임대차의 갱신

① **약정에 의한 갱신**: 제한 없음

② **묵시의 갱신**(법정갱신)

㉠ 임대차기간 만료 후 임차인이 임차목적물을 계속 사용·수익하는 경우에 임대인이 이의를 제기하지 않으면 전 임대차와 동일한 조건으로 다시 임대차한 것으로 본다.

㉡ 그러나 존속기간은 정함이 없는 것으로 본다. 따라서 당사자는 언제든지 해지통고를 할 수 있다.

㉢ 임대차가 묵시의 갱신이 된 경우 갱신되기 전의 임대차에 대하여 제3자가 제공한 담보는 소멸한다.

▶ **법정갱신**

구분	건물전세권	임대차
사유	전세권설정자가 존속기간 만료 6월~1월 전 통지하지 않은 경우	기간만료 후 임차인의 계속 사용에 대하여 임대인이 이의제기하지 않은 경우
해지·소멸 통고	• 서로 소멸통고 가능 • 도달 후 6월 경과하면 효력발생	• 서로 해지통고 가능 • 임대인 통고 도달 후 6월, 임차인 통고 도달 후 1월 경과하면 효력발생

판례 **임대차의 성립**

① 임대차는 물건의 이용에 관한 관리행위이지 처분행위가 아니므로 처분능력이나 권한 없는 자도 임대차 계약을 체결할 수 있다.

② 임차물의 일부가 임차인의 과실 없이 멸실 기타 사유로 인하여 사용·수익할 수 없는 경우 그 잔존부분만으로 임대차의 목적을 달성할 수 없는 때에는 임차인은 계약을 해지할 수 있다.

핵심 02 임대인과 임차인의 법률관계 ★★★

1. 임대차의 효력

(1) 임대인의 권리와 의무

① 임대인의 권리

㉠ 차임지급·증액청구권

㉡ 임대차계약 종료 시 목적물반환청구권, 법정담보물권

㉢ 법정담보물권의 성립

ⓐ **법정저당권**: 토지임대인이 변제기를 경과한 최후 2년의 차임채권에 의하여 그 지상에 있는 임차인 소유의 건물을 압류한 때에는 저당권과 동일한 효력이 있다.

ⓑ **법정질권**

i) 토지임대인이 임대차에 관한 채권에 의하여 임차지에 부속 또는 그 사용의 편익에 공용한 임차인의 소유 동산 및 그 토지의 과실을 압류한 때에는 질권과 동일한 효력이 있다.

ii) 건물 기타 공작물의 임대인이 임대차에 관한 채권에 의하여 그 건물 기타 공작물에 부속한 임차인 소유의 동산을 압류한 때에는 질권과 동일한 효력이 있다.

② 임대인의 의무

> **제623조 【임대인의 의무】** 임대인은 목적물을 임차인에게 인도하고 계약존속 중 그 사용, 수익에 필요한 상태를 유지하게 할 의무를 부담한다.

㉠ **사용·수익의 제공 의무**(유지수선의무): 임대인은 임대차 존속 중 목적물에 대한 유지·수선의무가 있으나, 이는 당사자 특약으로 임차인의 의무로 할 수 있다. ⇨ 소규모 수선에 한정(판례)

㉡ 목적물인도의무 등

ⓐ 임대인은 목적물을 인도하여 사용·수익하게 제공할 의무를 부담한다.

ⓑ 통상의 임대차에서 임대인은 특별한 사정이 없는 한 임차인의 안전을 배려할 의무나 도난방지 등 보호의무까지는 부담하지 않는다.

㉢ **담보책임**: 임대인은 임차인의 임대목적물의 사용·수익에 대하여 매도인의 담보책임과 동일한 담보책임을 진다.

(2) 임차인의 권리와 의무

① 임차인의 권리

㉠ **임차권**: 임차인은 임대인에 대하여 목적물의 성질 또는 임대차계약으로 정한 목적대로 사용·수익 제공을 청구할 수 있다.

㉡ **임차인의 비용상환청구권**: 임의규정

> **제626조【임차인의 상환청구권】** ① 임차인이 임차물의 보존에 관한 필요비를 지출한 때에는 임대인에 대하여 그 상환을 청구할 수 있다.
> ② 임차인이 유익비를 지출한 경우에는 임대인은 임대차 종료 시에 그 가액의 증가가 현존한 때에 한하여 임차인의 지출한 금액이나 그 증가액을 상환하여야 한다. 이 경우에 법원은 임대인의 청구에 의하여 상당한 상환기간을 허여할 수 있다.

ⓐ **필요비**: 가치 감소 및 유지·수선에 소요된 비용으로서 임대차의 존속 중에도 발생 즉시 청구 가능

ⓑ **유익비**: 목적물의 가치 증가에 지출된 비용

i) 임대차가 종료하고, 가액의 증가가 현존한 때

ii) 임대인의 선택에 의거 실제 지출한 금액 또는 그 증가액 상환 청구

iii) 유익비상환청구에 대하여 임대인의 청구에 의하여 법원이 상당한 상환기간을 허여할 수 있으며, 이 경우 유익비를 목적으로 하는 유치권은 행사할 수 없다.

ⓒ 비용상환청구권은 임차인이 임대인에게 목적물을 반환한 날로부터 6월 이내에 행사하여야 한다.

판 례 비용상환청구권

① 임차인이 별 비용을 들이지 아니하고도 손쉽게 고칠 수 있을 정도의 사소한 것이어서 임차인의 사용·수익을 방해할 정도의 것이 아니라면 임대인은 수선의무를 부담하지 않는다.

② 임대인의 수선의무를 면제하는 특약에 의하여 임대인이 수선의무를 면하게 되는 것은 통상 생길 수 있는 파손의 수선 등 소규모 수선에 한한다 할 것이고, 특약으로 수선의무의 범위를 명시하고 있는 등의 특별한 사정이 없는 한, 대규모의 수선은 이에 포함되지 아니하고 여전히 임대인이 그 수선의무를 부담한다고 해석함이 상당하다.

③ 유익비가 되기 위해서는 목적물의 객관적 가치가 증대한 것이어야 한다. 이러한 객관적 가치의 증가는 임차인의 주관적 사유나 영업목적이 기준이 아니라 임대목적물의 객관적 용도와 사정에 따라서 판단되어야 한다.

㉢ 토지임차인의 계약갱신청구권과 지상물매수청구권

> **제643조【임차인의 갱신청구권, 매수청구권】** 건물 기타 공작물의 소유 또는 식목, 채염, 목축을 목적으로 한 토지임대차의 기간이 만료한 경우에 건물, 수목 기타 지상시설이 현존한 때에는 제283조의 규정(지상권자의 갱신청구권·매수청구권)을 준용한다.

ⓐ 지상시설이 현존하는 경우 임차인은 계약의 갱신을 청구할 수 있고, 임대인이 갱신을 거절하면 상당한 가액으로 지상시설을 매수할 것을 청구할 수 있다. 이 경우의 매수청구권은 형성권이며, 그 행사로 매매가 성립한다. 즉, 매수청구권이 행사되면 임대인과 임차인 사이에는 임차지상의 건물에 대하여 '청구 당시의 시가'에 의한 매매계약이 체결된 것과 같은 효과가 발생한다.

ⓑ 행정관청의 허가를 받은 적법한 건물이 아니어도 매수청구의 대상이 되며, 특히 그 지상건물이 객관적으로 경제적 가치가 있는지 여부나 임대인에게 소용이 있는지 여부는 매수청구의 행사요건이 아니므로 임대인의 동의 없이 신축한 것이라도 매수청구의 대상이 된다.

ⓒ 임차인의 채무불이행 등의 사유로 인하여 임대차계약이 해지되었을 때에는 임차인에게 계약갱신청구권이나 매수청구권이 인정되지 않는다.

ⓓ 본조는 강행규정으로서 임대차기간 만료 시에 임차인이 지상건물을 양도하거나 이를 철거하기로 미리 약정하였다거나, 임대차가 종료하기 전에 임차인이 건물 기타 지상시설 일체를 포기하기로 약정을 하였다면, 이는 임차인의 지상물매수청구권을 배제하기로 하는 약정으로서 원칙적으로 무효이다.

판례 토지임차인의 지상물매수청구권

① 지상물매수청구권이 행사되면 임대인과 임차인 사이에는 임차지상 건물에 대하여 매수청구권 행사 당시의 건물 시가를 대금으로 하는 매매계약이 체결된 것과 같은 효과가 발생한 것이지, 임대인이 기존 건물의 철거 비용을 포함하여 임차인이 임차지상의 건물을 신축하기 위하여 지출한 모든 비용을 보상할 의무를 부담하게 되는 것은 아니다.

② 원칙적으로 매수청구권의 상대방은 임차권 소멸 당시의 임대인이다. 그러나 임차권이 소멸된 후 임대인이 그 토지를 제3자에게 양도하는 등 소유권이 이전된 경우에는 제3자에 대하여 대항할 수 있는 토지임차인은 그 신소유자에게 매수청구할 수 있다.

③ 기간의 약정이 없는 토지 임대차에서 임대인이 해지통고를 한 경우에는 임대인이 계약의 갱신을 거절한 것으로 볼 수 있으므로 갱신청구 없이 곧바로 지상물매수청구를 할 수 있다.

④ 임대차 종료 전 지상물 일체를 포기하기로 하는 임대인과 임차인의 약정은 특별한 사정이 없는 한 무효이다. 그러나 제반사정을 고려하여 실질적으로 임차인에게 불리하지 않은 특별한 사정이 있는 경우에는 효력이 있다.

㉣ 건물·공작물 임차인의 부속물매수청구권·수거권

> **제646조【임차인의 부속물매수청구권】** ① 건물 기타 공작물의 임차인이 그 사용의 편익을 위하여 임대인의 동의를 얻어 이에 부속한 물건이 있는 때에는 임대차의 종료 시에 임대인에 대하여 그 부속물의 매수를 청구할 수 있다.
> ② 임대인으로부터 매수한 부속물에 대하여도 전항과 같다.

ⓐ 건물 기타 공작물의 임대차가 기간만료로 소멸한 경우의 임차인만이 행사할 수 있다.

ⓑ 임대인의 동의를 얻어 부속한 물건 또는 임대인으로부터 매수한 물건에 대하여 임대차 종료 시에 그 물건의 매수를 청구할 수 있다.

ⓒ 부속물이 되기 위해서는 독립성과 경제적 가치가 있어야 한다.

ⓓ 부속물매수청구권은 임대인의 동의를 얻어 건물이나 공작물을 부속한 경우나 임대인에게서 매수한 경우로 한정된다.

판 례 부속물매수청구권

① 임차인의 차임 연체 등 채무불이행을 이유로 임대차가 해지된 경우 임차인은 부속물매수청구를 할 수 없다.
② 부속물이란 건물의 사용에 객관적인 편익의 증진을 가져오게 하는 물건이라고 할 것이므로, 부속된 물건이 오로지 임차인의 특수목적에 사용하기 위하여 부속된 것일 때에는 이에 해당하지 않는다.
③ 건물임차인이 자신의 비용으로 증축한 부분을 임대인 소유로 귀속시키기로 약정하였다면 이는 임차인의 원상회복의무를 면하는 대신 유익비의 상환청구권이나 부속물의 매수청구권을 포기하기로 하는 특약을 한 것으로 임차인은 유익비상환청구 또는 부속물매수청구권을 행사할 수 없다.

② **임차인의 의무**

㉠ 선관주의 보관의무

㉡ 차임지급의무

㉢ 목적물 반환의무 ⇨ 종료 시

(3) 차임증감청구권(편면적 강행규정)

> **제628조【차임증감청구권】** 임대물에 대한 공과부담의 증감 기타 경제사정의 변동으로 인하여 약정한 차임이 상당하지 아니하게 된 때에는 당사자는 장래에 대한 차임의 증감을 청구할 수 있다.

① 차임의 감액금지 특약은 무효이다.

② 차임의 증액금지 특약은 유효함이 원칙이나, 그 약정 후 그 특약을 그대로 유지하는 것이 신의칙에 반한다고 인정될 정도의 사정변경이 있는 경우에는 임대인이 차임증액을 청구할 수 있다.

③ **차임연체와 계약해지:** 차임연체액이 2기의 차임액에 달하는 때 임대인은 임대차계약을 해지할 수 있다.

2. 부동산 임차권의 물권화 경향

(1) 임차권 등기와 임차권의 대항력

① 임차권은 임대인에 대한 사용·수익을 요구할 수 있는 채권이므로 임대인 이외의 제3자에게는 주장할 수 없는 것이 원칙이다.

② 부동산의 임차인은 당사자 사이에 반대약정이 없는 경우 임대인에 대하여 그 임대차 등기절차에 협력할 것을 청구할 수 있고, 부동산 임대차를 등기한 경우 그 때부터 제3자에 대하여 효력이 생긴다.

(2) 건물등기 있는 차지권(借地權)의 대항력

건물 소유를 목적으로 한 토지 임대차는 이를 등기하지 아니한 경우에도 임차인이 그 지상건물을 등기한 때에는 제3자에 대하여 임대차의 효력이 생긴다. 그러나 건물이 임대차기간 만료 전에 멸실 또는 후폐한 경우 토지 임대차는 그 대항력을 잃는다.

(3) 주택 임대차와 상가건물 임대차의 대항력

모든 주택 임대차 또는 일정 규모 이하의 상가건물 임대차에 있어서 임대인의 협력이 없이도 임차인 단독으로 대항력을 갖출 수 있는 제도적 장치가 마련되어 있다.

판 례 **임차권의 등기**

① 임차권은 등기되어 있는 경우라 할지라도 물권이 되는 것이 아니므로 임대인의 동의 없이는 양도하거나 목적물을 전대할 수 없다.

② 토지임차인이 지상건물을 등기하기 전에 제3자가 그 토지에 관하여 물권취득의 등기를 한 때에는 임차인은 그 지상건물의 등기로서 제3자에게 대항할 수 없다.

③ 대지에 관한 적법한 임대차계약을 체결한 바 없다면 토지에 대한 점유자가 그 토지 위에 신축한 건물의 보존등기를 경료하였다 하더라도 지상물매수청구권에 관한 민법 제622조는 적용되지 않는다.

3. 임차권의 양도와 임차물의 전대

(1) 임차권 양도와 임차물 전대의 제한

> **제629조【임차권의 양도, 전대의 제한】** ① 임차인은 임대인의 동의 없이 그 권리를 양도하거나 임차물을 전대하지 못한다.
> ② 임차인이 전항의 규정에 위반한 때에는 임대인은 계약을 해지할 수 있다.

◆ 임차건물의 소부분을 타인에게 사용하게 하는 경우에는 임대인의 동의를 필요로 하지 않는다.

(2) 임대인의 동의 없는 임차권 양도·임차물 전대

① 양수인(전차인)의 목적물에 대한 점유는 임대인에 대한 관계에서는 불법 점유가 되며, 임대인에 대하여 임차권의 취득을 주장하지 못한다.

② 임대인은 임대차를 해지하지 않는 한 목적물을 직접 자기에게 반환할 것을 청구할 수 없고, 임차인에게 반환할 것을 양수인(전차인)에게 청구할 수 있다.

③ 임대인은 임대차를 해지하지 않는 한 양수인(전차인)에게 손해배상을 청구할 수 없다(임대차를 해지하지 않는 한 임차인에게 차임을 받을 수 있으므로 손해가 발생하지 않기 때문).

④ 임차권 양도 또는 전대차계약은 임대인의 동의 유무를 불문하고 유효이다. 그러므로 임차인은 임대인의 동의를 받아 줄 의무를 부담한다.

(3) 임대인의 동의를 얻은 임차권 양도·임차물 전대

> **제630조【전대의 효과】** ① 임차인이 임대인의 동의를 얻어 임차물을 전대한 때에는 전차인은 직접 임대인에 대하여 의무를 부담한다. 이 경우에 전차인은 전대인에 대한 차임의 지급으로써 임대인에게 대항하지 못한다.
> ② 전항의 규정은 임대인의 임차인에 대한 권리행사에 영향을 미치지 아니한다.
>
> **제631조【전차인의 권리의 확정】** 임차인이 임대인의 동의를 얻어 임차물을 전대한 경우에는 임대인과 임차인의 합의로 계약을 종료한 때에도 전차인의 권리는 소멸하지 아니한다.
>
> **제638조【해지통고의 전차인에 대한 통지】** ① 임대차계약이 해지의 통고로 인하여 종료된 경우에 그 임대물이 적법하게 전대되었을 때에는 임대인은 전차인에 대하여 그 사유를 통지하지 아니하면 해지로써 전차인에게 대항하지 못한다.
> ② 전차인이 전항의 통지를 받은 때에는 제635조 제2항의 규정을 준용한다.

(4) 전차인의 매수청구권(강행규정)

> **제644조【전차인의 임대청구권, 매수청구권】** ① 건물 기타 공작물의 소유 또는 식목, 채염, 목축을 목적으로 한 토지임차인이 적법하게 그 토지를 전대한 경우에 임대차 및 전대차의 기간이 동시에 만료되고 건물, 수목 기타 지상시설이 현존한 때에는 전차인은 임대인에 대하여 전 전대차와 동일한 조건으로 임대할 것을 청구할 수 있다.

> ② 전항의 경우에 임대인이 임대할 것을 원하지 아니하는 때에는 제283조 제2항의 규정을 준용한다.
>
> **제647조 【전차인의 부속물매수청구권】** ① 건물 기타 공작물의 임차인이 적법하게 전대한 경우에 전차인이 그 사용의 편익을 위하여 임대인의 동의를 얻어 이에 부속한 물건이 있는 때에는 전대차의 종료 시에 임대인에 대하여 그 부속물의 매수를 청구할 수 있다.
> ② 임대인으로부터 매수하였거나 그 동의를 얻어 임차인으로부터 매수한 부속물에 대하여도 전항과 같다.

4. 임대차의 종료(소멸)

(1) 소멸 원인

① **존속기간의 만료**

② **해지통고**: 기간의 정함이 없는 임대차

③ (즉시)**해지**: 의무 위반

㉠ 임대인의 해지

ⓐ 임차인의 차임연체액이 2기 차임액에 달하는 경우

ⓑ 임차인이 무단 양도·무단 전대한 경우

㉡ 임차인의 해지

ⓐ 목적물의 멸실로 임대차의 목적을 달성할 수 없는 경우

ⓑ 임대인이 임차인의 의사에 반하여 보존행위를 하는 경우

㉢ 기타: 쌍방이 임대차계약상의 채무불이행이 있는 경우

(2) 임대차 소멸의 효과

① **동시이행**: 임차인의 원상회복 및 목적물반환과 임대인의 보증금 중 임대차관계로 발생한 채무를 공제한 잔액의 반환

② 임차인의 부속물매수청구권, 지상물매수청구권, 유익비상환청구권 및 쌍방의 임대차 관계로 발생한 손해배상청구권 행사 가능

5. 보증금

(1) 의의

① 보증금 계약은 임대차의 종된 계약으로서 임대차기간 중 발생한 모든 채권을 담보하며, 요물계약 또는 낙성계약으로 할 수 있다.

② 보증금은 임대차 종료 시 그 목적물이 반환될 때까지 임대차관계에서 발생하는 임차인의 모든 채무를 담보한다.

(2) 임대차 종료 전 연체차임에 충당

① **임대인**: 임대인은 원칙적으로 임대차가 종료된 후 보증금으로 임차인의 채무변제를 충당할 수 있지만, 연체된 차임은 임대차 종료 전에도 충당할 수 있다.

② **임차인**: 임차인은 보증금의 존재를 이유로 연체차임의 지급을 거절할 수 없다.

③ **보증금에서 공제**

㉠ 임대차 존속 중: 공제의 의사표시로써 공제

㉡ 임대차 종료 후: 공제의 의사표시 없이도 당연히 공제

(3) 보증금반환청구권: 임대차 종료 시 발생

(4) 보증금반환과 목적물반환 및 원상회복은 동시이행관계이다.

(5) 보증금반환청구권은 임대차 종료 시 발생하지만, 보증금의 반환과 임대차 목적물의 반환은 동시이행관계에 있다.

판 례 임대차보증금과 반환

① 임차인이 파산선고를 받은 경우에는 임대차기간의 약정이 있는 때에도 임대인이나 파산관재인은 해지통고를 할 수 있다. 이 경우 각 당사자는 상대방에 대하여 계약해지로 인하여 손해의 배상을 청구하지 못한다.

② 보증금의 반환 시기는 임대차 종료 시가 아니라 임차목적물의 반환 시로 해석하여야 한다.

③ 임대차계약의 기간이 만료된 경우에 임차인이 임차목적물을 명도할 의무와 임대인이 보증금 중 연체차임 등 당해 임대차에 관하여 목적물의 명도 시까지 생긴 모든 채무를 청산한 나머지를 반환할 의무는 동시이행관계에 있다.

④ 임대차가 종료되었음에도 불구하고 임차인이 동시이행의 항변권을 행사하며 목적물을 계속 사용·수익하는 경우 임차인은 임대인에게 차임 상당의 부당이득을 반환할 의무가 있다.

빈칸 채우기로 CHAPTER 마무리

❶ 임대차는 (   )의 약정을 그 성립요소로 하며, (   )은 금전에 한하지 않는다.

❷ 비용상환청구권은 임차인이 임대인에게 목적물을 반환한 날로부터 (   ) 이내에 행사하여야 한다.

❸ 임차인의 채무불이행 등의 사유로 인하여 임대차계약이 해지되었을 때에는 임차인에게 계약갱신청구권이나 매수청구권이 (   ).

❹ 임차권 양도 또는 전대차계약은 임대인의 동의 유무를 불문하고 (   )이다. 그러므로 임차인은 임대인의 동의를 받아 줄 의무를 (   ).

❺ 보증금 계약은 임대차의 종된 계약으로서 임대차기간 중 발생한 모든 채권을 담보하며, (   ) 또는 (   )으로 할 수 있다.

❻ 임차인은 (   )의 존재를 이유로 연체차임의 지급을 거절할 수 없다.

정답

① 차임 / 차임 ② 6월 ③ 인정되지 않는다 ④ 유효 / 부담한다 ⑤ 요물계약 / 낙성계약 ⑥ 보증금

CHAPTER

05 도급과 위임

▶ **연계학습** | 에듀윌 기본서 1차 [민법 下] p.450

회독체크 1 2 3

CHAPTER 미리보기

01 도급 ★★★

02 위임 ★★★

핵심 01 도급 ★★★

1. 의의

도급은 당사자 일방이 어느 일을 완성할 것을 약정하고 상대방이 그 일의 결과에 대하여 보수를 지급할 것을 약정함으로써 그 효력이 생긴다.

2. 보수의 지급 시기

① 보수는 그 완성된 목적물의 인도와 동시이행관계에 있다.

② 목적물의 인도를 요하지 아니하는 경우에는 그 일을 완성한 후 지체 없이 지급하여야 한다.

㉠ 보수는 약정한 시기에 지급하여야 하며, 시기의 약정이 없으면 관습에 의하고 관습이 없으면 약정한 노무를 종료한 후 지체 없이 지급하여야 한다.

㉡ 도급계약의 보수를 선급하기로 특약을 한 경우 수급인은 그 제공이 있을 때까지 일의 착수를 거절할 수 있다.

3. 완성물의 소유권 귀속

① **도급인이 재료의 전부 또는 주요부분 공급**: 도급인에 귀속(동산, 부동산 동일 - 원시취득)

② **수급인이 재료의 전부 또는 주요부분 공급**: 수급인에 귀속(판례) ⇨ 수급인은 그 자신의 노력과 비용으로 완성된 건물에 대한 보수채권을 피담보채권으로 하여 유치권을 행사할 수 없다.

4. 수급인의 담보책임

(1) 완성된 목적물 또는 완성 전의 성취된 부분에 하자가 있는 때

⇨ 목적달성은 가능한 경우

① 상당한 기간을 정하여 하자보수를 청구하거나 손해배상청구를 선택적으로 할 수 있다.

② 하자가 중요하지 아니하고 그 보수에 과다한 비용을 요할 때에는 하자보수는 청구할 수 없고 손해배상만을 청구할 수 있다.

③ 도급인은 하자의 보수에 갈음하여 또는 보수와 함께 손해배상을 청구할 수 있다.

(2) 도급인의 계약 해제권

① **계약의 해제 사유:** 도급인이 완성된 목적물의 하자로 인하여 계약의 목적을 달성할 수 없는 때에는 계약을 해제할 수 있다.

② **건물 기타 토지의 공작물에 대한 특칙:** 완성된 목적물이 건물 기타 토지의 공작물인 경우에는 도급인이 그 완성된 목적물의 하자로 인하여 계약의 목적을 달성할 수 없는 경우에도 해제는 못하고 손해배상을 청구할 수 있을 뿐이다.

⇨ 해제로 인한 철거 시 사회·경제적인 손실을 감안한 정책적 규정이다.

(3) 수급인의 면책

① 목적물의 하자가 도급인이 제공한 재료의 성질 또는 도급인의 지시에 기인한 때에는 수급인은 담보책임을 지지 않는다.

② 도급인이 제공한 재료 또는 지시의 부적당함을 수급인이 알고도 도급인에게 고지하지 아니한 때에는 면책되지 않는다.

(4) 행사 기간

하자의 보수, 손해배상의 청구 및 계약의 해제는 목적물의 인도를 받은 날 또는 일이 종료한 날(목적물의 인도를 요하지 아니하는 경우)로부터 1년 내에 하여야 한다.

5. 토지·건물 등에 대한 담보책임

(1) 수급인의 담보책임의 존속기간

① **토지**(지반공사)**·건물, 기타 공작물의 하자:** 인도 후 5년

② **석조·석회조·연와조·금속 기타 이와 유사한 재료로 조성된 것:** 인도 후 10년

(2) 토지·건물 등에 대한 하자로 인하여 목적물이 멸실 또는 훼손된 경우

⇨ 그날로부터 1년 내

① 상당한 기간을 정하여 하자보수청구 또는 손해배상청구

② 하자보수 + 손해배상청구

③ 하자가 중요하지 아니하고 그 보수에 과다한 비용을 요할 때에는 하자보수는 청구할 수 없고 손해배상만을 청구할 수 있다.

(3) 부동산공사 수급인의 저당권설정청구권

부동산공사의 수급인은 수급한 공사의 보수에 관한 채권을 담보하기 위하여 그 완성된 부동산을 목적으로 한 저당권의 설정을 도급인에게 청구할 수 있다.

6. 수급인의 담보책임에 대한 면제특약

담보책임면제의 특약은 유효이다. 그러나 수급인이 하자를 알고서도 고지하지 아니한 사실에 대하여는 그 책임을 면하지 못한다.

7. 도급계약의 종료

(1) 계약의 완성 전 도급인의 해제권

수급인이 일을 완성하기 전에는 도급인은 수급인의 손해를 배상하고 계약을 해제할 수 있다.

(2) 도급인의 파산과 해제

① 도급인이 파산선고를 받은 때에는 수급인 또는 파산관재인은 계약을 해제할 수 있고, 수급인은 일의 완성된 부분에 대한 보수 및 보수에 포함되지 아니한 비용에 대하여 파산재단의 배당에 가입할 수 있다.

② 이 경우 상대방에 대하여 계약해제로 인한 손해의 배상을 청구하지 못한다.

핵심 02 위임 ★★★

1. 의의

(1) 위임의 성립

위임은 당사자 일방이 상대방에 대하여 사무의 처리를 위탁하고 상대방이 이를 승낙함으로써 그 효력이 생긴다.

(2) 위임의 법적 성질

편무·무상계약이 원칙이나, 보수 약정을 하면 쌍무·유상계약으로 본다.

2. 위임사무

법률상 또는 사실상 모든 행위를 포함하나 혼인, 입양, 이혼 등의 신분행위는 위임의 목적이 될 수 없다.

3. 수임인의 선관주의의무

(1) 수임인은 위임 계약 본래의 취지에 따라 선량한 관리자의 주의로써 위임사무를 처리하여야 한다. ⇨ 대가의 유무, 보수의 다과 불문

(2) 복임권의 제한

① 수임인은 위임인의 승낙이나 부득이한 사유 없이 제3자로 하여금 자기에 갈음하여 위임사무를 처리하게 하지 못한다.

② 수임인이 제3자에게 위임사무를 처리하게 한 경우에는 임의대리인의 복대리인 선임과 책임에 관한 규정을 준용한다.

(3) 수임인의 보고의무

수임인은 위임인의 청구가 있는 때에는 위임사무의 처리 상황을 보고하고 위임이 종료한 때에는 지체 없이 그 전말을 보고하여야 한다.

4. 수임인의 보수청구권

① 수임인은 특별한 약정이 없으면 위임인에 대하여 보수를 청구하지 못한다.

② 수임인이 보수를 받을 경우, 위임사무를 완료한 후가 아니면 이를 청구하지 못한다. 그러나 기간으로 보수를 정한 때에는 그 기간이 경과한 후에 이를 청구할 수 있다.

③ 수임인이 위임사무를 처리하는 중에 수임인의 책임 없는 사유로 인하여 위임이 종료된 때에는 수임인은 이미 처리한 사무의 비율에 따른 보수를 청구할 수 있다.

5. 수임인의 의무

(1) 수임인의 취득물 등의 인도·이전 의무

① 수임인은 위임사무의 처리로 인하여 받은 금전 기타의 물건 및 그 수취한 과실을 위임인에게 인도하여야 한다. ⇨ 수임인은 과실수취권이 없다.

② 수임인이 위임인을 위하여 자기의 명의로 취득한 권리는 위임인에게 이전하여야 한다.

(2) 수임인의 금전소비의 책임

수임인이 위임인에게 인도할 금전 또는 위임인의 이익을 위하여 사용할 금전을 자기를 위하여 소비한 때에는 소비한 날 이후의 이자를 지급하여야 하며, 그 외의 손해가 있으면 배상하여야 한다.

6. 수임인의 권리

① **비용의 선급**: 위임사무의 처리에 비용을 요하는 때에는 위임인은 수임인의 청구에 의하여 이를 선급하여야 한다.

② 수임인이 위임사무의 처리에 관하여 필요비를 지출한 때에는 위임인에 대하여 지출한 날 이후의 이자를 청구할 수 있다.

③ 수임인이 위임사무의 처리에 필요한 채무를 부담한 때에는 위임인에게 자기에 갈음하여 이를 변제하게 할 수 있고, 그 채무가 변제기에 있지 아니한 때에는 상당한 담보를 제공하게 할 수 있다.

④ 수임인이 위임사무의 처리를 위하여 과실 없이 손해를 받은 때에는 위임인에 대하여 그 배상을 청구할 수 있다.

7. 위임의 종료

(1) 위임의 종료 사유

① **위임의 상호 해지**

㉠ 위임계약은 각 당사자가 언제든지 해지할 수 있다.

㉡ 당사자 일방이 부득이한 사유 없이 상대방의 불리한 시기에 계약을 해지한 때에는 그 손해를 배상하여야 한다.

② 위임은 당사자 중 한쪽의 사망 또는 파산으로 인하여 종료한다.

③ 수임인이 성년후견의 개시심판을 받은 때에도 위임은 종료한다.

핵심암기법	사성파 사파 ⇨ 수임인의 **사**망·**성**년후견의 개시·**파**산 / 위임인의 **사**망·**파**산

(2) 위임 종료의 효과

① 위임 종료의 경우에 급박한 사정이 있는 때에는 수임인, 그 상속인이나 법정대리인은 위임인, 그 상속인이나 법정대리인이 위임사무를 처리할 수 있을 때까지 그 사무의 처리를 계속하여야 한다. 이 경우에는 위임의 존속과 동일한 효력이 있다.

② 위임 종료의 사유는 이를 상대방에게 통지하거나 상대방이 이를 안 때가 아니면 이로써 상대방에게 대항하지 못한다.

PART 5

빈칸 채우기로 CHAPTER 마무리

❶ 하자가 중요하지 아니하고 그 보수에 과다한 비용을 요할 때에는 하자보수는 청구할 수 없고 (　　　　　　)만을 청구할 수 있다.

❷ 완성된 목적물이 (　　　　　　)인 경우 도급인이 그 완성된 목적물의 하자로 인하여 계약의 목적을 달성할 수 없는 경우에도 해제는 못하고 손해배상을 청구할 수 있을 뿐이다.

❸ 수임인은 위임사무의 처리로 인하여 받은 (　　　　　　) 및 그 수취한 과실을 위임인에게 인도하여야 한다.

❹ 위임계약은 각 당사자가 (　　　　　　) 해지할 수 있다.

정답

① 손해배상 ② 건물 기타 토지의 공작물 ③ 금전 기타의 물건 ④ 언제든지

CHAPTER

06 부당이득과 불법행위

▶ **연계학습** | 에듀윌 기본서 1차 [민법 下] p.468

회독체크 1 2 3

CHAPTER 미리보기

01 부당이득 ★★☆

02 불법행위 ★★★

핵심 01 부당이득 ★★☆

1. 부당이득의 의의와 그 반환

(1) 의의

① 부당이득(不當利得)은 법률상의 원인 없이 부당하게 타인의 재산이나 노무에 의하여 재산적 이익을 얻고, 이로 말미암아 타인에게 손해를 준 경우를 말한다.

② 부당이득이 발생하면 이득자는 원칙적으로 손실을 받은 자에 대하여 이익을 반환할 의무를 진다.

(2) 반환

① **부당이득반환 방법**

㉠ **원물반환원칙**: 받은 목적물로 반환

㉡ **원물반환이 불능한 경우**

ⓐ **가액의 반환**: 수익자가 목적물을 처분·멸실하거나 노무 등 성질상 원물반환이 부적합한 경우를 말하며, 반환 불능이 수익자의 귀책사유에 의한 것인지는 묻지 않는다.

ⓑ **악의의 전득자의 책임**: 수익자가 그 이익을 반환할 수 없는 경우에는 수익자로부터 무상으로 그 이익의 목적물을 양수한 악의의 제3자는 원물 또는 가액의 반환 책임이 있다.

② **부당이득반환의 범위**

㉠ **선의의 경우**: 현존이익의 반환(제748조 제1항)

㉡ **악의의 경우**: 받은 이익 전부에 이자를 붙이고 그 위에 손해가 있으면 그것도 배상(제748조 제2항)

ⓐ 수익자가 이익을 받은 후 법률상 원인 없음을 안 때에는 그때부터 악의의 수익자로서 이익반환의 책임이 있다.

ⓑ 선의의 수익자가 패소한 때에는 그 소를 제기한 때부터 악의의 수익자로 본다.

2. 부당이득에 대한 특칙

(1) 비채변제

① **의의**: 비채변제란 채무가 없음에도 불구하고 변제로서 급부를 하는 것으로, 이는 변제수령자에게 법률상 원인 없이 이익을 얻게 하므로 부당이득으로서 반환함이 원칙이다.

② **원칙**: 부당이득이 성립되어 부당이득반환의 문제 발생

③ **반환청구권이 생기지 않는 경우**

㉠ **채무가 없음을 알면서 변제한 경우**: 불합리한 행동을 보호할 필요가 없기 때문에 그 반환을 청구하지 못한다(제742조).

㉡ **채무 없는 자가 착오로 인하여 변제한 경우**: 그 변제가 도의관념에 적합한 때에는 그 반환을 청구하지 못한다.

㉢ 기한 전의 채무변제

ⓐ 변제기에 있지 아니한 채무를 변제한 때에는 그 반환을 청구하지 못한다.

ⓑ 채무자가 착오로 인하여 변제한 때에는 채권자는 이로 인하여 얻은 이익(기간의 이자상당액)을 반환하여야 한다.

(2) 타인의 채무 변제

① 채무자 아닌 자가 착오로 인하여 타인의 채무를 변제한 경우에 채권자가 선의로 증서를 훼멸하거나 담보를 포기하거나 시효로 인하여 그 채권을 잃은 때에는 변제자는 그 반환을 청구하지 못한다.

② 위 ①의 경우에 변제자는 채무자에 대하여 구상권을 행사할 수 있다.

(3) 불법원인급여

① **의의**: 불법의 원인으로 인하여 재산을 급여하거나 노무를 제공한 때에는 그 이익의 반환을 청구하지 못한다. 그러나 그 불법원인이 수익자에게만 있는 때에는 그러하지 아니하다.

② **불법원인급여에 관한 학설의 대립**

㉠ 제746조의 불법은 위법(違法)과는 다른 개념으로 선량한 풍속 기타 사회질서에 위반하는 경우만을 말하고, 강행법규 위반은 포함하지 않는다(다수설).

㉡ 강행규정 위반이라고 하여 당연히 제746조가 적용되는 것은 아니지만, 강행규정에 위반하는 행위가 반사회성도 가지면 불법원인급여가 될 수 있다(2003다41722).

③ **불법원인급여의 효과**

㉠ **원칙**: 급부자는 수익자가 얻은 이익의 반환을 청구하지 못한다(제746조 본문). 따라서 그 반사적 효과로 수익자에게 이익이 귀속된다.

㉡ **예외**: 그 불법원인이 수익자에게만 있는 때에는 급부자는 급부한 것의 반환을 청구할 수 있다(제746조 단서). 예컨대, 제104조의 폭리행위의 경우와 같이 수익자에게만 불법한 원인이 있는 때에는 급부자는 제746조 단서에 의하여 그 반환청구를 할 수 있다.

핵심 02 불법행위 ★★★

1. 불법행위의 유형과 효과

(1) 의의

① 불법행위는 행위자의 고의 또는 과실로 인한 위법행위로 타인에게 손해를 가하는 행위를 말한다.

② 불법행위는 손해배상을 내용으로 하는 '법정채권의 발생원인'이 되며, 법률사실로서의 성질은 '위법행위'에 속한다.

(2) 일반불법행위

① **불법행위의 성립**

㉠ 가해자에게 고의 또는 과실이 있어야 한다. ⇨ 피해자(채권자)가 입증책임을 부담한다.

㉡ 가해자에게 책임능력이 있어야 한다.

ⓐ 미성년자가 타인에게 손해를 가한 경우에 그 행위의 책임을 변식할 지능이 없는 때에는 배상의 책임이 없다.

ⓑ 심신상실 중에 타인에게 손해를 가한 자는 배상의 책임이 없다. 그러나 고의 또는 과실로 인하여 심신상실을 초래한 때에는 그러하지 아니하다.

ⓒ **입증책임**: 가해자 측에서 책임능력 없음을 입증해야 책임을 면할 수 있다.

㉢ 가해행위에 위법성이 있어야 한다.

ⓐ 위법하다는 것은 법규위반에 한하지 않고, 선량한 풍속 기타 사회질서에 반하는 것도 포함한다.

ⓑ 가해행위가 위법인 것은 '피해자'가 입증하여야 한다.

㉣ 가해행위에 의해 손해가 발생해야 하고, 가해행위와 그 손해와의 사이에는 인과관계가 존재해야 한다.

ⓐ 가해행위와 손해의 인과관계의 범위는 상당인과관계에 있는 범위 내의 것이어야 한다.

ⓑ 인과관계에 관한 입증책임은 원칙적으로 '피해자'에게 있다.

② 불법행위의 효과

㉠ 불법행위가 성립하게 되면 가해자는 피해자에게 그 손해를 배상해야 한다.

㉡ 불법행위로 인한 손해배상청구에 있어서 손해는 통상의 치료비 따위와 같은 '적극적 재산상 손해'와 일실수익 상실에 따르는 '소극적 재산상 손해' 및 정신적 고통에 따르는 '정신적 손해(위자료)'의 3가지로 나눌 수 있다(76다1313).

③ 불법행위의 손해배상

㉠ 정신적 손해에 대한 배상책임

ⓐ 타인의 신체, 자유 또는 명예를 해하거나 기타 정신상 고통을 가한 자는 재산 이외의 손해에 대하여도 배상할 책임이 있다.

ⓑ 타인의 생명을 해한 자는 피해자의 직계존속, 직계비속 및 배우자에 대하여는 재산상의 손해 없는 경우에도 손해배상의 책임이 있다.

㉡ 손해배상의 방법

ⓐ **금전배상의 원칙**: 금전배상(제763조)으로써 일시에 손해의 전액을 지급하는 것이 원칙이다.

ⓑ **정기금채무의 지급 및 이행담보의 제공 명령**: 타인의 신체·자유·명예를 해하거나 기타 정신상의 고통을 가함으로 인해 생긴 손해의 배상에 대해서 법원은 이를 정기금채무로 지급할 것을 명할 수 있고, 또 그 이행을 확보하기 위해 상당한 담보의 제공을 명할 수 있다(제751조 제2항).

ⓒ **명예회복의 특칙**: 명예훼손의 경우에 법원은 피해자의 청구로 손해배상을 대신하거나 또는 손해배상과 함께 명예회복에 적당한 처분을 가해자에게 명할 수 있다(제764조). ⇨ 89헌마160, 1991. 4. 1. 민법 제764조(1958. 2. 22. 법률 제471호)의 '명예회복에 적당한 처분'에 사죄광고를 포함시키는 것은 헌법에 위반된다.

㉢ 배상액의 경감청구

ⓐ 손해배상의무자는 그 손해가 고의 또는 중대한 과실에 의한 것이 아니고 그 배상으로 인하여 배상자의 생계에 중대한 영향을 미치게 될 경우에는 법원에 그 배상액의 경감을 청구할 수 있다.

ⓑ 법원은 위 ⓐ의 청구가 있는 때에는 채권자 및 채무자의 경제 상태와 손해의 원인 등을 참작하여 배상액을 경감할 수 있다.

④ **손해배상청구권의 단기소멸시효**

㉠ 피해자나 그 법정대리인이 그 손해가 발생한 사실 및 가해자를 안 날로부터 3년, 또는 불법행위를 한 날로부터 10년간 손해배상청구권을 행사하지 않으면 시효로 인하여 소멸된다(제766조 제1항 및 제2항).

㉡ 그러나 미성년자가 성적 침해를 당한 경우에 이로 인한 손해배상청구권의 소멸시효는 그가 성년이 될 때까지 진행되지 아니한다(제766조 제3항 신설).

2. 특수 불법행위책임

(1) 책임무능력자의 감독자의 책임

① **책임무능력자에 대한 법정감독의무자의 책임**: 다른 자에게 손해를 가한 사람이 미성년자 또는 심신상실자인 경우에는 그를 감독할 법정의무가 있는 자(㉕ 친권자, 후견인, 아동보호시설의 장 등)가 그 손해를 배상할 책임이 있다. 다만, 감독의무를 게을리하지 아니한 경우에는 그러하지 아니하다.

② **책임무능력자를 현실적으로 감독하는 자의 책임**: 미성년자 또는 심신상실자의 감독의무자가 없는 경우에도 그 미성년자나 심신상실자를 현실적으로 감독하는 자(㉕ 탁아소의 보모, 유치원과 초등학교의 교원, 정신병원 의사 등)도 그 감독 중에 미성년자 또는 심신상실자의 행위로 발생한 손해를 배상할 책임이 있다.

(2) 사용자책임

① **사용자책임**: 타인을 사용하여 어느 사무에 종사하게 한 자는 피용자가 그 사무집행에 관하여 제3자에게 가한 손해를 배상할 책임이 있다. 그러나 사용자가 피용자의 선임 및 그 사무 감독에 상당한 주의를 한 때 또는 상당한 주의를 하여도 손해가 있을 경우에는 그러하지 아니하다.

② **감독자책임**: 사용자에 갈음하여 그 사무를 감독하는 자도 위 ①의 책임이 있다.

③ **손해배상**

㉠ 사용자나 대리감독자는 피용자의 가해행위로 말미암아 생긴 전(全) 손해를 직접 피해자에게 배상할 의무를 부담한다.

㉡ 사용자·대리감독자가 책임을 지더라도 피용자의 책임이 면제되는 것은 아니며, 사용자와 피용자, 사용자·대리감독자 및 피용자는 각각 제756조와 제750조에 의하여 불법행위책임을 진다(부진정연대채무 – 다수·판례).

④ **배상자의 구상권**: 사용자가 피해자에 대하여 배상한 때에는 직접 가해행위를 한 그의 피용자에 대하여 고용계약 기타를 이유로 구상할 수 있다(제756조 제3항).

(3) 공작물 책임: 공작물 소유자의 무과실책임

① 공작물의 설치 또는 보존의 하자 및 수목의 재식 또는 보존의 하자로 인하여 타인에게 손해를 가한 때에는 공작물 점유자가 손해를 배상할 책임이 있다. 그러나 점유자가 손해의 방지에 필요한 주의를 해태하지 아니한 때에는 그 소유자가 손해를 배상할 책임이 있다.

② 만약 점유자가 손해의 발생을 방지하는 데 필요한 주의를 게을리하지 않았음을 증명하여 책임을 면한 때에는 제2차적으로 그 공작물의 소유자가 책임을 진다(제758조 제1항).

③ 손해를 배상한 점유자 또는 소유자는 그 손해의 원인에 대한 책임 있는 자에 대하여 구상권을 행사할 수 있다.

④ 전기는 공작물이 아니다.

(4) 동물 점유자의 책임

① 동물의 점유자는 그 동물이 타인에게 가한 손해를 배상할 책임이 있다. 그러나 동물의 종류와 성질에 따라 그 보관에 상당한 주의를 해태하지 아니한 때에는 그러하지 아니하다.

② 점유자에 갈음하여 동물을 보관한 자도 위 ①의 책임이 있다.

(5) 공동불법행위책임

① 수인이 공동의 불법행위로 타인에게 손해를 가한 때에는 연대하여 그 손해를 배상할 책임이 있다.

② 공동 아닌 수인의 행위 중 어느 자의 행위가 그 손해를 가한 것인지를 알 수 없는 때에도 연대하여 그 손해를 배상할 책임이 있다.

③ 교사자나 방조자는 공동행위자로 본다.

④ **공동불법행위자의 책임의 범위**

㉠ 공동불법행위자는 피해자에게 '연대'하여 그 손해를 배상할 책임이 있다(부진정연대채무 – 다수설·판례).

㉡ 공동불법행위자 중의 한 사람이 자기의 부담부분 이상을 변제하여 공통면책을 얻은 때에는 다른 불법행위자에 대하여 구상을 할 수 있다(2000다69712).

(6) 도급인은 수급인이 그 일에 관하여 제3자에게 가한 손해를 배상할 책임이 없다. 그러나 도급 또는 지시에 관하여 도급인에게 중대한 과실이 있는 때에는 그러하지 아니하다.

핵심암기법 특수 불법행위 중 면책조항이 있는 것: **공동책사** ⇨ 공작물 책임, 동물 점유자의 책임, 책임무능력자의 감독자의 책임, 사용자책임

빈칸 채우기로 CHAPTER 마무리

❶ 수익자가 이익을 받은 후 (　　　　　　)에는 그때부터 악의의 수익자로서 이익반환의 책임이 있다.

❷ 채무자 아닌 자가 착오로 인하여 타인의 채무를 변제한 경우에 채권자가 선의로 증서를 훼멸하거나 담보를 포기하거나 시효로 인하여 그 채권을 잃은 때에는 변제자는 그 반환을 (　　　　　　).

❸ 타인의 (　　　　　　)을 해한 자는 피해자의 직계존속, 직계비속 및 배우자에 대하여는 (　　　　　　) 경우에도 손해배상의 책임이 있다.

❹ 타인의 신체·자유·명예를 해하거나 기타 정신상의 고통을 가함으로 인해 생긴 손해의 배상에 대해서 법원은 이를 (　　　　　　)로 지급할 것을 명할 수 있고, 또 그 이행을 확보하기 위해 상당한 담보의 제공을 명할 수 있다(제751조 제2항).

정답

① 법률상 원인 없음을 안 때 ② 청구하지 못한다 ③ 생명/재산상의 손해 없는 ④ 정기금채무

INDEX

필수용어 찾아보기

※ 용어의 의미를 정확히 알고 있는지 확인하고 □에 체크해 보세요. 헷갈리는 용어는 해당 페이지로 돌아가 다시 학습합니다.

ㅌ

ㅍ

ㅎ

삶의 순간순간이
아름다운 마무리이며
새로운 시작이어야 한다.

– 법정 스님

2025 에듀윌 주택관리사 1차 핵심요약집 민법

발 행 일	2025년 1월 5일 초판
편 저 자	신의영
펴 낸 이	양형남
펴 낸 곳	(주)에듀윌
I S B N	979-11-360-3548-6
등록번호	제25100-2002-000052호
주 소	08378 서울특별시 구로구 디지털로34길 55 코오롱싸이언스밸리 2차 3층

www.eduwill.net

대표전화 1600-6700

여러분의 작은 소리
에듀윌은 크게 듣겠습니다.

본 교재에 대한 여러분의 목소리를 들려주세요.
공부하시면서 어려웠던 점, 궁금한 점,
칭찬하고 싶은 점, 개선할 점, 어떤 것이라도 좋습니다.

에듀윌은 여러분께서 나누어 주신 의견을
통해 끊임없이 발전하고 있습니다.

에듀윌 도서몰 book.eduwill.net

- 부가학습자료 및 정오표: 에듀윌 도서몰 → 도서자료실
- 교재 문의: 에듀윌 도서몰 → 문의하기 → 교재(내용, 출간) / 주문 및 배송

11,800여 건의 생생한 후기

한○수 합격생

에듀윌로 합격과 취업 모두 성공

저는 1년 정도 에듀윌에서 공부하여 합격하였습니다. 수많은 주택관리사 합격생을 배출해 낸 1위 기업이라는 점 때문에 에듀윌을 선택하였고, 선택은 틀리지 않았습니다. 에듀윌에서 제시하는 커리큘럼은 상대평가에 최적화되어 있으며, 나에게 맞는 교수님을 선택할 수 있었기 때문에 만족하며 공부를 할 수 있었습니다. 또한 합격 후에는 에듀윌 취업지원센터의 도움을 통해 취업까지 성공할 수 있었습니다. 에듀윌만 믿고 따라간다면 합격과 취업 모두 문제가 없을 것입니다.

박○현 합격생

20년 군복무 끝내고 주택관리사로 새 출발

육군 소령 전역을 앞두고 70세까지 전문직으로 할 수 있는 제2의 직업이 뭘까 고민하다가 주택관리사 시험에 도전하게 됐습니다. 주택관리사를 검색하면 에듀윌이 가장 먼저 올라오고, 취업까지 연결해 주는 프로그램이 잘 되어 있어서 에듀윌을 선택하였습니다. 특히, 언제 어디서나 지원되는 동영상 강의와 시험을 앞두고 진행되는 특강, 모의고사가 많은 도움이 되었습니다. 거기에 오답노트를 만들어서 틈틈이 공부했던 것까지가 제 합격의 비법인 것 같습니다.

이○준 합격생

에듀윌에서 공인중개사, 주택관리사 준비해 모두 합격

에듀윌에서 준비해 제27회 공인중개사 시험에 합격한 후, 취업 전망을 기대하고 주택관리사에도 도전하게 됐습니다. 높은 합격률, 차별화된 학습 커리큘럼, 훌륭한 교수진, 취업지원센터를 통한 취업 연계 등 여러 가지 이유로 다시 에듀윌을 선택했습니다. 에듀윌 학원은 체계적으로 학습 관리를 해 주고, 공부할 수 있는 공간이 많아서 좋았습니다. 교수님과 자기 자신을 믿고, 에듀윌에서 시작하면 반드시 합격할 수 있습니다.

다음 합격의 주인공은 당신입니다!

* 에듀윌 홈페이지 게시 건수 기준 (2024년 10월 기준)

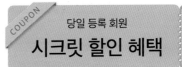

001 자동차

- **의미:** 철길이나 가설된 선을 이용하지 않고 원동기를 사용하여 운전되는 차
- **종류:** 자동차관리법에 따른 승용자동차, 승합자동차, 건설기계관리법에 따른 건설기계 등

002 도로

도로	도로법상 도로, 유로도로법상 유료도로, 농어촌도로정비법상 농어촌도로, 기타 도로
고속도로	자동차의 고속 운행에만 사용하기 위하여 지정된 도로
자동차전용도로	자동차만 다닐 수 있도록 설치된 도로

003 신호등의 신호 순서

- **4색 등화:** 녹색 → 황색 → 적색 및 녹색화살표 → 적색 및 황색 → 적색
- **3색 등화:** 녹색(적색 및 녹색화살표) → 황색 → 적색

004 차량신호등이 표시하는 신호의 종류: 원형등화

녹색의 등화	• 차마는 직진 또는 우회전할 수 있음 • 비보호좌회전표지 또는 비보호좌회전표시가 있는 곳에서는 좌회전할 수 있음
황색의 등화	• 차마는 정지선이 있거나 횡단보도가 있을 때 그 직전이나 교차로의 직전에 정지해야 함 • 이미 교차로에 차마의 일부라도 진입한 경우 신속히 교차로 밖으로 진행해야 함 • 차마는 우회전할 수 있고 우회전하는 경우 보행자의 횡단을 방해할 수 없음
적색의 등화	• 차마는 정지선, 횡단보도 및 교차로의 직전에서 정지해야 함 • 차마는 우회전하려는 경우 정지선, 횡단보도 및 교차로의 직전에서 정지한 후 신호에 따라 진행하는 다른 차마의 교통을 방해하지 않고 우회전할 수 있음 • 상기 조항에도 불구하고 차마는 우회전 삼색등이 적색의 등화인 경우 우회전할 수 없음

005 안전표지의 종류: 주의표지, 규제표지, 지시표지, 보조표지, 노면표시

- **주의표지:** 도로 상태가 위험하거나 도로 또는 그 부근에 위험물이 있는 경우 필요한 안전조치를 할 수 있도록 도로사용자에게 알리는 표지

좌합류도로	철길 건널목	우로 굽은 도로	터널	횡풍

• **규제표지:** 도로교통의 안전을 위해 각종 제한·금지 등의 규제를 하는 경우 도로사용자에게 알리는 표지

통행금지	화물자동차통행금지	우회전금지	앞지르기금지	정차·주차금지
통행금지				주정차금지

• **지시표지:** 도로의 통행방법·통행구분 등 도로교통의 안전을 위해 필요한 지시를 하는 경우 도로사용자가 이를 따르도록 알리는 표지

자동차전용도로	유턴	직진 및 좌회전	비보호좌회전	진행방향별 통행구분
전 용			비보호	

• **보조표지:** 주의표지·규제표지 또는 지시표지의 주 기능을 보충하여 도로사용자에게 알리는 표지

노면 상태	교통규제	통행규제	구간시작	중량
	차로엄수	건너가지 마시오	구간시작 200m	3.5t

• **노면표시:** 도로교통의 안전을 위해 각종 주의·규제·지시 등의 내용을 노면에 기호·문자 또는 선으로 도로사용자에게 알리는 표지

중앙선	유턴구역선	버스전용차로	좌회전금지

006 차로에 따른 통행차의 기준

• 모든 차는 지정된 차로보다 오른쪽에 있는 차로로 통행할 수 있음
• 앞지르기를 할 때에는 지정된 차로의 왼쪽 바로 옆 차로로 통행할 수 있음

007 중앙(중앙선) 우측통행 규칙

중앙 우측통행(원칙)	차마의 운전자는 도로 또는 차도의 중앙(중앙선) 우측 부분을 통행해야 함
중앙 또는 좌측통행이 가능한 경우(예외)	• 도로가 일방통행인 경우 • 도로의 파손, 도로공사나 그 밖의 장애 등으로 도로의 우측 부분을 통행할 수 없는 경우 • 도로 우측 부분의 폭이 6m가 되지 않는 도로에서 다른 차를 앞지르려는 경우

008 안전거리 확보 의무

- 모든 차의 운전자는 같은 방향으로 가고 있는 앞차의 뒤를 따르는 경우에는 앞차가 갑자기 정지하게 되는 경우 그 앞차와의 충돌을 피할 수 있는 필요한 거리를 확보해야 함
- 모든 차의 운전자는 차의 진로를 변경하려는 경우에 그 변경하려는 방향으로 오고 있는 다른 차의 정상적인 통행에 장애를 줄 우려가 있을 때에는 진로를 변경해서는 안 됨

009 진로 양보의 의무

- 긴급자동차를 제외한 모든 차의 운전자는 뒤에서 따라오는 차보다 느린 속도로 가려는 경우 도로의 우측 가장 자리로 피하여 진로를 양보해야 함
- **긴급자동차를 제외한 자동차가 좁은 도로에서 서로 마주보고 진행하는 경우**
  - 비탈진 좁은 도로: 올라가는 자동차가 도로 우측 가장자리로 피하여 진로 양보
  - 비탈지지 않은 좁은 도로에서 사람을 태웠거나 물건을 실은 자동차와 동승자가 없고 물건을 싣지 않은 자동차가 서로 마주보고 진행하는 경우: 동승자가 없고 물건을 싣지 않은 자동차가 도로 우측 가장자리로 피하여 진로 양보

010 교통정리를 하고 있지 않는 교차로에서의 양보운전

- **교통정리를 하고 있지 않는 교차로에 동시에 들어가려고 하는 차의 운전자:** 우측도로의 차에 진로를 양보해야 함
- **교통정리를 하고 있지 않는 교차로에서 좌회전하려고 하는 차의 운전자:** 그 교차로에서 직진하거나 우회전하려는 다른 차가 있을 때에는 그 차에 진로를 양보해야 함

011 긴급자동차의 우선 통행

- 긴급하고 부득이한 경우에는 도로의 중앙이나 좌측 부분을 통행할 수 있음
- 도로교통법령에 따라 정지하여야 하는 경우에도 불구하고 긴급하고 부득이한 경우에는 정지하지 않을 수 있음

012 화물자동차의 적재중량 및 적재용량

적재중량		구조 및 성능에 따르는 적재중량의 110% 이내
적재용량	길이	자동차 길이에 그 길이의 10분의 1을 더한 길이 이내
	너비	자동차의 후사경으로 뒤쪽을 확인할 수 있는 범위
	높이	화물자동차는 지상으로부터 4m 이내

013 악천후 시의 운행속도

최고속도의 20/100을 줄인 속도	• 비가 내려 노면이 젖어있는 경우 • 눈이 20mm 미만 쌓인 경우
최고속도의 50/100을 줄인 속도	• 폭우·폭설·안개 등으로 가시거리가 100m 이내인 경우 • 노면이 얼어붙은 경우 • 눈이 20mm 이상 쌓인 경우

014 도로별 차로 등에 따른 속도

도로구분			최고속도	최저속도
일반도로	편도 1차로		매시 60km	제한 없음
	편도 2차로 이상		매시 80km	
고속도로	편도 1차로		매시 80km	매시 50km
	편도 2차로 이상	고속도로	• 매시 100km • 매시 80km(특수자동차, 위험물운반자동차, 건설기계)	매시 50km
		지정·고시한 노선 또는 구간의 고속도로	• 매시 120km • 매시 90km(특수자동차, 위험물운반자동차, 건설기계)	
자동차전용도로			매시 90km	매시 30km

015 서행 및 일시정지 등

• **서행:** 차 또는 노면전차가 즉시 정지할 수 있는 느린 속도로 진행하는 것(위험 예상한 상황적 대비)

서행하여야 하는 경우	• 교차로에서 좌·우회전할 때 • 교통정리를 하고 있지 않는 교차로에 들어가려고 할 때 그 차가 통행하고 있는 도로의 폭보다 교차하는 도로의 폭이 넓은 경우
서행하여야 하는 장소	• 교통정리를 하고 있지 않는 교차로 • 도로가 구부러진 부근 • 비탈길의 고갯마루 부근 • 가파른 비탈길의 내리막 • 시·도경찰청장이 안전표지로 지정한 곳

• **정지:** 자동차가 완전히 멈추는 상태. 당시의 속도가 0km/h인 상태로서 완전한 정지 상태의 이행

• **일시정지:** 반드시 차가 멈추어야 하되, 얼마간의 시간 동안 정지 상태를 유지해야 하는 교통 상황(정지 상황의 일시적 전개)

016 자동차의 점검

정비불량차에 해당한다고 인정하는 차가 운행되고 있는 경우: 경찰공무원은 우선 정지시킨 후, 운전자에게 그 차의 자동차등록증 또는 자동차운전면허증을 제시하도록 요구하고 그 차의 장치를 점검할 수 있음

017 운전할 수 있는 차의 종류

제1종	대형면허	• 승용자동차, 승합자동차, 화물자동차 • 건설기계[덤프 트럭, 아스팔트살포기, 노상안정기, 콘크리트믹서트럭, 콘크리트펌프, 천공기(트럭 적재식), 콘크리트믹서트레일러, 아스팔트콘크리트재생기, 도로보수트럭, 3톤 미만의 지게차 등] • 특수자동차[대형견인차, 소형견인차 및 구난차(구난차 등)는 제외] • 원동기장치자전거
	보통면허	• 승용자동차, 승차정원 15명 이하의 승합자동차 • 적재중량 12톤 미만의 화물자동차 • 건설기계(도로를 운행하는 3톤 미만의 지게차로 한정) • 총중량 10톤 미만의 특수자동차[대형견인차, 소형견인차 및 구난차(구난차 등)는 제외] • 원동기장치자전거
제2종	보통면허	• 승용자동차, 승차정원 10명 이하의 승합자동차, 적재중량 4톤 이하 화물자동차 • 총중량 3.5톤 이하의 특수자동차[대형견인차, 소형견인차 및 구난차(구난차 등)는 제외] • 원동기장치자전거

018 운전면허 취소처분 기준: 음주운전

- 혈중알코올농도 0.03퍼센트 이상을 넘어서 운전을 하다가 교통사고로 사람을 죽게 하거나 다치게 한 때
- 혈중알코올농도 0.08퍼센트 이상의 상태에서 운전한 때

019 운전면허 결격사유

- 교통상의 위험과 장해를 일으킬 수 있는 정신질환자 또는 뇌전증환자
- 앞을 보지 못하는 사람(한쪽 눈만 보지 못하는 사람인 경우 제1종 운전면허 중 대형면허·특수면허로 한정)
- 듣지 못하는 사람(제1종 운전면허 중 대형면허·특수면허로 한정)
- 양팔의 팔꿈치 관절 이상을 잃은 사람 또는 양팔을 전혀 쓸 수 없는 사람(본인의 신체장애 정도에 적합하게 제작된 자동차를 이용하여 정상적으로 운전할 수 있는 경우 제외)
- 다리, 머리, 척추 그 밖의 신체장애로 인해 앉아 있을 수 없는 사람
- 교통상의 위험과 장해를 일으킬 수 있는 마약, 대마, 향정신성 의약품 또는 알코올 중독자

020 교통사고처리특례법 처벌 특례의 예외

- 피해자 사망사고·중상해사고
- **아래에 해당하는 경우**

도주(뺑소니)	• 차의 운전자가 피해자를 구호하는 등 조치를 하지 않고 도주한 경우 • 피해자를 사고 장소로부터 옮겨 유기하고 도주한 경우
음주측정 불응	술에 취한 상태에서 운전하여 음주측정 요구에 따르지 않은 경우

12대 중과실	• 신호 · 지시 위반사고 • 중앙선침범, 고속도로나 자동차전용도로에서의 횡단 · 유턴 또는 후진 위반사고 • 속도 위반(20km/h 초과) 과속사고 • 앞지르기의 방법 · 금지시기 · 금지장소 또는 끼어들기 금지 위반사고 • 철길 건널목 통과방법 위반사고 • 보행자보호의무 위반사고 • 무면허 운전사고 • 음주운전 · 약물복용운전사고 • 보도침범 · 보도횡단방법 위반사고 • 승객추락방지의무 위반사고 • 어린이 보호구역 내 안전운전의무 위반으로 어린이의 신체를 상해에 이르게 한 사고 • 자동차의 화물이 떨어지지 않도록 필요한 조치를 하지 않고 운전한 경우

021 도주사고의 적용

도주사고가 적용되는 경우	• 사상 사실을 인식하고도 가버린 경우 • 피해자를 방치한 채 사고현장을 이탈 도주한 경우 • 사고현장에 있었어도 사고사실을 은폐하기 위해 거짓진술 · 신고한 경우 • 부상피해자에 대한 적극적인 구호조치 없이 가버린 경우 • 피해자가 이미 사망했다고 하더라도 사체 안치 후송 등 조치 없이 가버린 경우 • 피해자를 병원까지만 후송하고 계속 치료 받을 수 있는 조치 없이 도주한 경우 • 운전자를 바꿔치기 하여 신고한 경우
도주사고가 적용되지 않는 경우	• 피해자가 부상 사실이 없거나 극히 경미하여 구호조치가 필요치 않는 경우 • 가해자 및 피해자 일행 또는 경찰관이 환자를 후송 조치하는 것을 보고 연락처 주고 가버린 경우 • 교통사고 가해운전자가 심한 부상을 입어 타인에게 의뢰하여 피해자를 후송 조치한 경우 • 교통사고 장소가 혼잡하여 도저히 정지할 수 없어 일부 진행한 후 정지하고 되돌아와 조치한 경우

022 속도 위반(20km/h 초과) 과속사고

- **교통사고처리특례법상 과속:** 도로교통법에서 규정된 법정속도와 지정속도를 20km/h 초과한 경우
- **예외사항:** 제한속도 20km/h 이하로 과속하여 운행 중 사고 야기한 경우, 제한속도 20km/h 초과하여 과속 운행 중 대물 피해만 입은 경우

023 화물자동차의 유형별 구분

화물 자동차	일반형	보통의 화물운송용인 것
	덤프형	적재함을 원동기의 힘으로 기울여 적재물을 중력에 의하여 쉽게 미끄러뜨리는 구조의 화물운송용인 것
	밴형	지붕 구조의 덮개가 있는 화물운송용인 것
	특수용도형	특정한 용도를 위해 특수한 구조로 하거나 기구를 장치한 것으로서 위 어느 형에도 속하지 않는 화물운송용인 것
특수 자동차	견인형	피견인차의 견인을 전용으로 하는 구조인 것
	구난형	고장·사고 등으로 운행이 곤란한 자동차를 구난·견인할 수 있는 구조인 것
	특수작업형	위 어느 형에도 속하지 않는 특수작업용인 것

024 화물자동차운수사업법에서 규정하고 있는 사업

화물자동차 운송사업	다른 사람의 요구에 응하여 화물자동차를 사용하여 화물을 유상으로 운송하는 사업
화물자동차 운송주선사업	다른 사람의 요구에 응하여 유상으로 화물운송계약을 중개·대리하거나 화물자동차운송사업 또는 화물자동차운송가맹사업을 경영하는 자의 화물 운송수단을 이용하여 자기의 명의와 계산으로 화물을 운송하는 사업
화물자동차 운송가맹사업	다른 사람의 요구에 응하여 자기 화물자동차를 사용하여 유상으로 화물을 운송하거나 화물정보망을 통해 소속 화물자동차운송가맹점에 의뢰하여 화물을 운송하게 하는 사업

025 화물자동차운송사업의 허가

- **화물자동차운송사업 허가권자·허가 변경권자:** 국토교통부장관
- 운송사업자는 허가받은 날부터 5년마다 허가기준에 관한 사항을 국토교통부장관에게 신고해야 함
- **허가사항의 변경**

변경신고 (경미한 사항)	다음의 경미한 사항을 변경하려면 국토교통부장관에게 신고해야 함 • 상호의 변경 • 대표자의 변경(법인인 경우만 해당) • 화물취급소의 설치 또는 폐지 • 화물자동차의 대폐차 • 주사무소·영업소 및 화물취급소의 이전(주사무소의 경우 관할 관청의 행정구역 내에서의 이전만 해당)

026 화물자동차운송사업의 허가 결격사유

- **허가 거부권자:** 국토교통부장관
- **허가 결격사유**
  - 피성년후견인 또는 피한정후견인
  - 파산선고를 받고 복권되지 않은 자
  - 화물자동차운수사업법을 위반하여 징역 이상의 실형을 선고받고 그 집행이 끝나거나 집행이 면제된 날부터 2년이 지나지 않은 자
  - 화물자동차운수사업법을 위반하여 징역 이상의 형의 집행유예를 선고받고 그 유예기간 중에 있는 자
  - 허가를 받은 후 6개월간의 운송실적이 국토교통부령으로 정하는 기준에 미달한 경우, 허가기준을 충족하지 못하게 된 경우, 5년마다 허가기준에 관한 사항을 신고하지 않았거나 거짓으로 신고한 경우 등에 해당하여 허가가 취소된 후 2년이 지나지 않은 자
  - 부정한 방법으로 허가를 받은 경우 또는 부정한 방법으로 변경허가를 받거나, 변경허가를 받지 않고 허가사항을 변경한 경우에 해당하여 허가가 취소된 후 5년이 지나지 않은 자

027 운송사업자의 책임

- 화물의 멸실·훼손 또는 인도의 지연(적재물사고)으로 발생한 운송사업자의 손해배상 책임에 관하여는 상법 준용
- 화물이 인도기한이 지난 후 3개월 이내에 인도되지 않으면 그 화물은 멸실된 것으로 간주

028 과징금의 부과

과징금 부과·징수권자	국토교통부장관
과징금 부과·징수 금액	2천만 원 이하의 과징금

029 화물자동차운송가맹사업의 허가

변경신고 (경미한 사항)	다음의 경미한 사항을 변경하려면 국토교통부장관에게 신고해야 함 • 대표자의 변경(법인인 경우만 해당) • 화물취급소의 설치 또는 폐지 • 화물자동차의 대폐차(화물자동차를 직접 소유한 운송가맹사업자만 해당) • 주사무소·영업소 및 화물취급소의 이전 • 화물자동차운송가맹계약의 체결 또는 해제·해지

030 화물운송종사자격증의 발급 및 재발급

화물운송종사자격증 발급 신청	서류	화물운송종사자격증 발급 신청서, 사진 1장
	제출	한국교통안전공단
화물운송종사자격증 재발급 신청	서류	화물운송종사자격증 재발급 신청서, 화물운송종사자격증(잃어버린 경우 제외), 사진 1장
	제출	한국교통안전공단 또는 협회
화물운송종사자격증명 재발급 신청	서류	화물운송종사자격증명 재발급 신청서, 화물운송종사자격증명(잃어버린 경우 제외), 사진 2장
	제출	한국교통안전공단 또는 협회

031 화물운송종사자격증명의 게시

운송사업자는 화물자동차 운전자에게 화물운송종사자격증명을 화물자동차 밖에서 쉽게 볼 수 있도록 운전석 앞창의 오른쪽 위에 항상 게시하고 운행하도록 해야 함

032 화물자동차운수사업의 운전업무 종사자격

- 화물자동차를 운전하기에 적합한 도로교통법 제80조에 따른 운전면허를 가지고 있을 것
- 20세 이상일 것
- 운전경력이 2년 이상일 것(여객자동차운수사업용 자동차 또는 화물자동차운수사업용 자동차를 운전한 경력이 있는 경우에는 그 운전경력이 1년 이상일 것)
- 운전적성에 대한 정밀검사기준에 맞을 것
- **다음 중 하나의 요건을 갖출 것**
  - 화물자동차운수사업법령, 화물취급요령 등에 관하여 국토교통부장관이 시행하는 시험에 합격하고 정해진 교육을 받을 것
  - 교통안전체험에 관한 연구·교육시설에서 교통안전체험, 화물취급요령 및 화물자동차운수사업법령 등에 관하여 국토교통부장관이 실시하는 이론 및 실기 교육을 이수할 것

033 자동차의 차령기산일

- **제작연도에 등록된 자동차:** 최초의 신규등록일
- **제작연도에 등록되지 않은 자동차:** 제작연도의 말일

034 자동차등록번호판

- **자동차등록번호판을 붙이고 봉인을 해야 하는 자:** 시·도지사
- 등록번호판의 부착 또는 봉인을 하지 않은 자동차는 운행할 수 없음(임시운행허가번호판을 붙인 경우 예외)
- **자동차등록번호판을 가리거나 알아보기 곤란하게 하거나, 그러한 자동차를 운행한 경우**

과태료	1차 50만 원, 2차 150만 원, 3차 250만 원 벌칙
벌칙	고의로 가리거나 알아보기 곤란하게 한 자는 1년 이하의 징역 또는 1천만 원 이하의 벌금

035 자동차의 변경등록 신청을 하지 않은 경우 과태료

신청 지연기간	90일 이내	2만 원
	90일 초과 174일 이내	2만 원 + 91일째부터 계산하여 3일 초과 시마다 1만 원
	175일 이상	30만 원

036 자동차검사

자동차 소유자는 국토교통부장관이 실시하는 다음의 검사를 받아야 함

신규검사	신규등록을 하려는 경우 실시하는 검사
정기검사	신규등록 후 일정 기간마다 정기적으로 실시하는 검사
튜닝검사	자동차를 튜닝한 경우에 실시하는 검사
임시검사	자동차관리법령이나 자동차 소유자의 신청을 받아 비정기적으로 실시하는 검사
수리검사	전손 처리 자동차를 수리한 후 운행하려는 경우에 실시하는 검사

037 자동차 정기검사 유효기간

비사업용 승용자동차 및 피견인자동차	2년(최초 4년)	
사업용 승용자동차	1년(최초 2년)	
경형·소형의 승합 및 화물자동차	1년	
사업용 대형화물자동차	차령 2년 이하	1년
	차령 2년 초과	6개월
중형 승합자동차 및 사업용 대형 승합자동차	차령 8년 이하	1년
	차령 8년 초과	6개월

038 자동차 종합검사

- **종합검사를 받은 경우:** 정기검사, 정밀검사, 특정경유자동차검사를 받은 것으로 봄
- **종합검사의 대상과 유효기간**

사업용 대형화물자동차	차령 2년 초과	6개월
사업용 대형승합자동차	차령 2년 초과	차령 8년까지는 1년, 이후부터는 6개월

- **정기검사나 종합검사를 받지 않은 경우 과태료**

검사 지연기간	30일 이내	4만 원
	30일 초과 114일 이내	4만 원 + 31일째부터 계산하여 3일 초과 시마다 2만 원
	115일 이상	60만 원

039 도로법의 내용 및 목적

내용	도로망의 계획 수립, 도로 노선의 지정, 도로공사의 시행과 도로의 시설 기준, 도로의 관리·보전 및 비용 부담 등에 관한 사항을 규정
목적	국민이 안전하고 편리하게 이용할 수 있는 도로의 건설과 공공복리의 향상에 이바지

040 도로와 도로의 부속물

- **도로의 종류 및 등급 순위:** 고속국도 → 일반국도 → 특별시도·광역시도 → 지방도 → 시도 → 군도 → 구도
- **도로의 부속물:** 도로의 편리한 이용과 안전 및 원활한 도로교통의 확보, 그 밖에 도로의 관리를 위하여 설치하는 시설 또는 공작물
  - 종류: 주차장, 버스정류시설, 휴게시설 등 도로이용 지원시설, 시선유도표지, 중앙분리대, 과속방지시설 등 도로안전시설 등

041 운행제한 차량

- 축하중이 10톤을 초과하거나 총중량이 40톤을 초과하는 차량
- 차량의 폭 2.5m, 높이 4.0m, 길이 16.7m를 초과하는 차량(도로구조의 보전과 통행의 안전에 지장이 없다고 도로관리청이 인정하여 고시한 도로노선의 경우 높이 4.2m를 초과하는 차량)
- 도로관리청이 특히 도로구조의 보전과 통행의 안전에 지장이 있다고 인정하는 차량

042 적재량 측정 방해 행위의 금지 등

차량의 적재량 측정을 방해한 자, 정당한 사유 없이 도로관리청의 재측정 요구에 따르지 않은 자는 1년 이하의 징역이나 1천만 원 이하의 벌금에 처함

043 대기환경보전법령의 목적

- 대기오염으로 인한 국민건강이나 환경에 관한 위해 예방
- 대기환경을 적정하고 지속 가능하게 관리·보전
- 모든 국민이 건강하고 쾌적한 환경에서 생활할 수 있게 함

044 대기환경보전법상 용어

대기오염물질	대기오염의 원인이 되는 가스·입자상물질로서 환경부령으로 정하는 것
온실가스	• 적외선 복사열을 흡수하거나 다시 방출하여 온실효과를 유발하는 대기 중의 가스 상태의 물질 • 종류: 이산화탄소, 메탄, 아산화질소, 수소불화탄소, 과불화탄소, 육불화황
가스	물질이 연소·합성·분해될 때에 발생하거나 물리적 성질로 인해 발생하는 기체상물질
입자상물질	물질이 파쇄·선별·퇴적·이적될 때, 그 밖에 기계적으로 처리되거나 연소·합성·분해될 때에 발생하는 고체상 또는 액체상의 미세한 물질
먼지	대기 중에 떠다니거나 흩날려 내려오는 입자상물질
매연	연소할 때에 생기는 유리탄소가 주가 되는 미세한 입자상물질
검댕	연소할 때에 생기는 유리탄소가 응결하여 입자의 지름이 1미크론 이상이 되는 입자상물질

045 자동차 배출가스의 규제

시·도지사 또는 시장·군수는 다음을 명령하거나 조기폐차를 권고할 수 있음

명령 내용	• 저공해자동차로의 전환 또는 개조 • 배출가스저감장치의 부착 또는 교체 및 배출가스 관련 부품의 교체 • 저공해엔진(혼소엔진 포함)으로의 개조 또는 교체
명령을 이행하지 않은 경우	300만 원 이하의 과태료

046 공회전의 제한

공회전을 제한할 수 있는자, 공회전제한장치의 부착을 명령할 수 있는 자: 시·도지사

공회전제한장치 부착 대상	• 시내버스운송사업에 사용되는 자동차 • 일반택시운송사업에 사용되는 자동차 • 화물자동차운송사업에 사용되는 최대적재량이 1톤 이하인 밴형 화물자동차로서 택배용으로 사용되는 자동차

001 운송장

기능	계약서 기능, 화물인수증 기능, 운송요금 영수증 기능, 정보처리 기본자료, 배달에 대한 증빙, 수입금 관리자료, 행선지 분류정보 제공(작업지시서 기능)
기재항목	• 운송장 번호와 바코드 • 수하인(받는 분)과 송하인(보내는 분)의 주소 · 성명 및 전화번호 • 화물명(품명): 화물의 파손, 분실, 배달지연 사고 발생 시 손해배상의 기준 • 주문번호 또는 고객번호 • 화물의 가격: 화물의 파손, 분실, 배달지연 사고 발생 시 손해배상의 기준 • 특기사항

002 면책사항

포장 상태 불완전 등 사고 발생 가능성이 높아 수탁이 곤란한 화물의 경우, 송하인이 모든 책임을 진다는 조건으로 수탁할 수 있음

파손면책	포장이 불완전하거나 파손 가능성이 높은 화물인 때
배달지연면책, 배달불능면책	수하인의 전화번호가 없는 때
부패면책	식품 등 정상적으로 배달해도 부패의 가능성이 있는 화물인 때

003 운송장 기재 시 유의사항 및 부착요령

운송장 기재 시 유의사항	• 화물인수 시 적합성 여부를 확인한 다음, 고객이 직접 운송장 정보 기입 • 특약사항에 대해 고객에게 고지한 후 특약사항 약관설명 확인필에 서명을 받음 • 파손, 부패, 변질 등 문제의 소지가 있는 물품의 경우에는 면책확인서를 받음 • 같은 장소로 2개 이상 보내는 물품에 대해서는 보조송장을 기재할 수 있으며, 보조송장도 주송장과 같이 정확한 주소와 전화번호 기재 • 산간오지, 섬 지역 등은 지역특성을 고려하여 배송예정일을 정함 • 고가품 – 그 품목과 물품가격을 정확히 확인하여 기재 – 할증료를 청구하고 할증료를 거절하는 경우에는 특약사항을 설명하고 보상한도에 대해 서명을 받음

운송장 부착요령	• 운송장 부착은 원칙적으로 접수 장소에서 매 건마다 작성하여 화물에 부착 • 운송장은 물품의 정중앙 상단에 뚜렷하게 보이도록 부착 • 물품 정중앙 상단에 부착하기 어려운 경우 최대한 잘 보이는 곳에 부착 • 박스 모서리나 후면 또는 측면에 부착하여 혼동을 주어서는 안 됨 • 운송장을 화물포장 표면에 부착할 수 없는 소형, 변형화물, 작은 소포의 경우 운송장 부착이 가능한 박스에 포장하여 수탁한 후 부착 • 박스물품이 아닌 쌀, 매트, 카펫 등 – 물품의 정중앙에 운송장 부착 – 테이프 등을 이용하여 운송장이 떨어지지 않도록 조치 – 운송장의 바코드가 가려지지 않도록 함 • 운송장이 떨어질 우려가 큰 물품의 경우 송하인의 동의를 얻어 포장재에 수하인 주소 및 전화번호 등 필요한 사항을 기재하도록 함 • 기존에 사용하던 박스를 사용하는 경우에 반드시 구 운송장은 제거하고 새로운 운송장을 부착하여 1개의 화물에 2개의 운송장이 부착되지 않도록 함 • 취급주의 스티커의 경우 운송장 바로 우측 옆에 붙여서 눈에 띄게 함

004 포장 재료의 특성에 따른 분류

유연포장	• 의미: 포장된 물품 또는 단위포장물의 본질적인 형태는 변화되지 않으나 포장 재료나 용기의 유연성 때문에 일반적으로 외모가 변화될 수 있는, 부드럽게 구부리기 쉬운 포장 • 유연성이 풍부한 포장 재료: 종이, 플라스틱 필름, 알루미늄포일(알루미늄박), 면포, 필름이나 얇은 종이, 셀로판 등
강성포장	• 의미: 포장된 물품 또는 단위포장물이 포장 재료나 용기의 경직성으로 형태가 변화되지 않고 고정되는 포장(유연포장과 대비되는 포장) • 강성을 가진 포장 재료: 유리제 및 플라스틱제의 병이나 통, 목제 및 금속제의 상자나 통 등
반강성포장	강성을 가진 포장 중에서 약간의 유연성을 갖는 골판지상자, 플라스틱보틀 등에 의한 포장(유연포장과 강성포장의 중간적인 포장)

005 취급표지

- **기본색상:** 검은색
- 포장의 색이 검은색 표지가 잘 보이지 않는 색이라면 흰색과 같이 적절한 대조를 이룰 수 있는 색을 부분 배경으로 사용

호칭	표지	호칭	표지	호칭	표지
무게 중심 위치		거는 위치		깨지기 쉬움, 취급주의	

갈고리 금지		손수레 사용 금지		지게차 취급 금지	
조임쇠 취급 제한		조임쇠 취급 표시		굴림 방지	
젖음 방지		직사광선 금지		방사선 보호	
위 쌓기		온도 제한		적재 제한	< XX kg
적재 단 수 제한	n	적재 금지			

006 화물취급 전 준비사항

- 위험물, 유해물을 취급할 때에는 반드시 보호구를 착용하고, 안전모는 턱 끈을 매어 착용함
- 보호구의 자체결함은 없는지 또는 사용방법은 알고 있는지 확인함
- 취급할 화물의 품목별, 포장별, 비포장별(산물, 분탄, 유해물) 등에 따른 취급방법 및 작업순서를 사전 검토함
- 유해, 유독화물 확인을 철저히 하고, 위험에 대비한 약품, 세척용구 등을 준비함

007 창고 내 작업 및 입출고 작업 요령

창고 내에서 화물을 옮길 때	• 창고의 통로 등에 장애물이 없도록 조치 • 작업 안전 통로를 충분히 확보한 후 화물을 적재 • 바닥에 물건 등이 놓여 있으면 즉시 치우도록 함
화물더미에서 작업할 때	• 화물더미 한쪽 가장자리에서 작업할 때에는 화물더미의 불안전한 상태를 수시로 확인하여 붕괴 등의 위험이 발생하지 않도록 주의 • 화물더미에 오르내릴 때에는 화물의 쏠림이 발생하지 않도록 조심함 • 화물을 쌓거나 내릴 때에는 순서에 맞게 신중히 함 • 화물더미의 상층과 하층에서 동시에 작업을 하지 않음

화물을 연속적으로 이동시키기 위해 컨베이어를 사용할 때	• 상차용 컨베이어를 이용하여 타이어 등을 상차할 때는 타이어 등이 떨어지거나 떨어질 위험이 있는 곳에서 작업을 해서는 안 됨 • 컨베이어 위로는 절대 올라가서는 안 됨 • 상차작업자와 컨베이어를 운전하는 작업자는 상호 간에 신호를 긴밀히 해야 함
화물을 운반할 때	• 운반하는 물건이 시야를 가리지 않도록 함 • 뒷걸음질로 화물을 운반해서는 안 됨 • 작업장 주변의 화물 상태, 차량 통행 등을 항상 살핌 • 원기둥형 화물을 굴릴 때는 앞으로 밀어 굴리고 뒤로 끌어서는 안 됨

008 화물의 취급방법

하역방법	• 종류가 다르거나 부피가 큰 것을 쌓을 때는 무거운 것은 밑에, 가벼운 것은 위에 쌓음 • 화물을 한 줄로 높이 쌓지 말아야 함 • 화물을 적재할 때에는 소화기, 소화전, 배전함 등의 설비 사용에 장애를 주지 않도록 해야 함 • 화물더미가 무너질 위험이 있는 경우에는 로프를 사용하여 묶거나, 망을 치는 등 위험 방지를 위한 조치를 해야 함 • 높은 곳에 또는 무거운 물건을 적재할 때 절대 무리해서는 안 되며, 안전모를 착용해야 함 • 같은 종류 또는 동일 규격끼리 적재해야 함 • 원목과 같은 원기둥형의 화물은 구르기 쉬우므로 외측에 제동장치를 해야 함
적재함 적재방법	• 한쪽으로 기울지 않게 쌓고, 적재하중을 초과하지 않도록 해야 함 • 최대한 무게가 골고루 분산될 수 있도록 하고, 무거운 화물은 적재함의 중간 부분에 무게가 집중될 수 있도록 적재 • 적재함의 폭을 초과하여 과다하게 적재하지 않도록 함 • 가벼운 화물이라도 너무 높게 적재하지 않도록 함

009 고압가스의 취급

• 운반하는 고압가스의 명칭, 성질 및 이동 중의 재해방지를 위해 필요한 주의사항을 기재한 서면을 운반책임자 또는 운전자에게 교부하고 운반 중에 휴대시킴
• 차량의 고장, 교통사정 또는 운반책임자나 운전자의 휴식 등 부득이한 경우를 제외하고는 장시간 정차하지 않으며, 운반책임자와 운전자가 동시에 차량에서 이탈하면 안 됨
• 200km 이상의 거리를 운행하는 경우에는 중간에 충분한 휴식을 취한 후 운전할 것
• 노면이 나쁜 도로에서는 가능한 한 운행하지 말 것

010 컨테이너에 위험물 수납 시 주의사항

표시	위험물의 분류명, 표찰 및 컨테이너 번호를 외측부 가장 잘 보이는 곳에 표시
수납 및 적재방법	• 컨테이너에 위험물을 수납하기 전에 철저히 점검하여 그 구조와 상태 등이 불안한 컨테이너를 사용해서는 안 되며 개폐문의 방수상태를 점검

수납 및 적재방법	• 수납되는 위험물 용기의 포장 및 표찰이 완전한가를 충분히 점검하여 포장 및 용기가 파손되었거나 불완전한 것은 수납을 금지함 • 화물의 이동, 전도, 충격, 마찰, 누설 등에 의한 위험이 생기지 않도록 충분한 깔판 및 각종 고임목을 사용할 것 • 화물 중량의 배분과 외부충격의 완화를 고려하며 어떠한 경우라도 화물 일부가 컨테이너 밖으로 튀어 나와서는 안 됨 • 수납이 완료되면 즉시 문을 폐쇄함 • 이동하는 동안에 전도, 손상, 찌그러지는 현상 등이 생기지 않도록 적재 • 적재 후 반드시 콘(잠금장치)을 잠금
동일 컨테이너에 수납해서는 안 되는 경우	품명이 다른 위험물 또는 위험물과 위험물 이외의 화물이 상호작용하여 발열 및 가스의 발생, 부식작용, 기타 물리적·화학적 작용이 일어날 염려가 있을 때

011 위험물 탱크로리의 취급

• 탱크로리에 커플링(Coupling)은 잘 연결되었는지 확인
• 접지는 연결시켰는지 확인
• 플랜지(Flange) 등 연결 부분에 새는 곳은 없는지 확인
• 플렉서블호스(Flexible hose)는 고정시켰는지 확인
• 누유된 위험물은 회수하여 처리
• 인화성물질을 취급할 때에는 소화기를 준비하고, 흡연자가 없는지 확인

012 주유취급소의 위험물 취급기준

• 자동차 등에 주유할 때는 고정주유설비를 사용하여 직접 주유
• 자동차 등을 주유할 때는 자동차 등의 원동기를 정지시킴
• 자동차 등의 일부 또는 전부가 주유취급소 밖에 나온 채로 주유하지 않음
• **주유취급소의 전용탱크 또는 간이탱크에 위험물을 주입할 때**
  – 그 탱크에 연결되는 고정주유설비의 사용을 중지
  – 자동차 등을 그 탱크의 주입구에 접근시켜서는 안 됨
• 유분리 장치에 고인 유류는 넘치지 않도록 수시로 퍼내어야 함
• 고정주유설비에 유류를 공급하는 배관은 전용탱크 또는 간이탱크로부터 고정주유설비에 직접 연결된 것이어야 함

013 파렛트(팰릿) 화물의 붕괴 방지요령

밴드걸기 방식	• 나무상자를 파렛트에 쌓는 경우의 붕괴 방지에 많이 사용 • 단점: 어느 쪽이나 밴드가 걸려 있는 부분은 화물의 움직임을 억제하지만, 밴드가 걸리지 않은 부분의 화물이 튀어나오는 결점이 있음
주연어프 방식	파렛트의 가장자리(주연)를 높게 하여 포장화물을 안쪽으로 기울여, 화물이 갈라지는 것을 방지하는 방법으로 부대화물에 효과가 있음

슬립 멈추기 시트 삽입 방식	• 포장과 포장 사이에 미끄럼을 멈추는 시트를 넣어 안전을 도모하는 방법 • 단점: 부대화물에는 효과가 있으나, 상자는 진동하면 튀어 오르기 쉽다는 문제가 있음
풀 붙이기 접착 방식	• 장점: 자동화·기계화 가능, 저렴한 비용 • 풀은 온도에 의해 변화할 수도 있어, 포장화물의 중량이나 형태에 따라서 풀의 양이나 풀칠하는 방식을 결정해야 함
수평 밴드걸기 풀 붙이기 방식	• 풀 붙이기와 밴드걸기 방식을 병용한 것 • 장점: 화물의 붕괴를 방지하는 효과를 한층 더 높이는 방법
슈링크 방식	• 열수축성 플라스틱 필름을 파렛트 화물에 씌우고 슈링크 터널을 통과시킬 때 가열하여 필름을 수축시켜 파렛트와 밀착시키는 방식 • 장점: 물이나 먼지도 막아내기 때문에 우천 시의 하역이나 야적보관도 가능 • 단점: 통기성이 없고, 비용이 많이 들며, 고열(120~130℃)의 터널을 통과하므로 상품에 따라서는 이용할 수가 없음
스트레치 방식	• 스트레치 포장기를 사용하여 플라스틱 필름을 파렛트 화물에 감아 움직이지 않게 하는 방법 • 장점: 슈링크 방식과는 다르게 열처리는 행하지 않음 • 단점: 통기성이 없고, 비용이 많이 듦
박스 테두리 방식	• 파렛트에 테두리를 붙이는 박스 파렛트와 같은 형태 • 장점: 화물의 무너짐 방지 효과가 큼

014 포장화물 운송과정의 외압과 보호요령

- **하역 시의 충격 중 가장 큰 충격:** 낙하충격
- **압축하중:** 밑에 쌓은 화물은 반드시 압축하중을 받으며, 주행 중에는 상하진동을 받으므로 2배 정도로 압축하중을 받게 됨
- **내하중:** 포장 재료에 따라 다름
  - 나무상자: 강도의 변화가 거의 없음
  - 골판지: 시간이나 외부 환경에 의해 변화를 받기 쉬워 외부의 온도와 습기, 방치시간 등에 특히 유의해야 함

015 트랙터(Tractor) 운행에 따른 주의사항

- 중량물 및 활대품을 수송하는 경우 바인더 잭(Binder Jack)으로 화물결박을 철저히 하고, 운행할 때에는 수시로 결박 상태를 확인함
- 고속주행 중의 급제동은 잭나이프 현상 등의 위험을 초래하므로 조심함
- 화물의 균등한 적재가 이루어지도록 함
- 가능한 한 경사진 곳에 주차하지 않도록 함
- 장거리 운행 시 최소한 2시간 주행마다 10분 이상 휴식하면서 타이어 및 화물결박 상태를 확인함

016 고속도로 운행제한 차량

축하중	차량의 축하중 10톤 초과 차량
총중량	차량 총중량 40톤 초과 차량
길이	적재물을 포함한 차량의 길이가 16.7m 초과한 차량
폭	적재물을 포함한 차량의 폭이 2.5m 초과한 차량
높이	적재물을 포함한 차량의 높이가 4.0m 초과한 차량(도로 구조의 보전과 통행의 안전에 지장이 없다고 도로관리청이 인정하여 고시한 도로의 경우에는 4.2m)
적재불량 차량	• 화물적재가 편중되어 전도 우려가 있는 차량 • 모래, 흙, 골재류, 쓰레기 등을 운반하면서 덮개를 미설치하거나 없는 차량 • 스페어 타이어 고정상태가 불량한 차량
저속	정상운행속도가 50km/h 미만인 차량

017 화물의 인수요령 · 적재요령 · 인계요령

인수요령	• 집하 자제품목 및 집하 금지품목(화약류 및 인화물질 등 위험물)의 경우는 그 취지를 알리고 양해를 구한 후 정중히 거절 • 제주도 및 도서지역인 경우 그 지역에 적용되는 부대비용(항공료, 도선료)을 수하인에게 징수할 수 있음을 반드시 알려주고, 이해를 구한 후 인수함 • 도서지역의 경우 차량이 직접 들어갈 수 없는 지역은 착불로 거래 시 운임을 징수할 수 없으므로 소비자의 양해를 얻어 운임 및 도선료는 선불로 처리 • 항공료가 착불일 경우 기타 란에 항공료 착불이라고 기재하고 합계 란은 공란으로 비워둠 • 두 개 이상의 화물을 하나의 화물로 밴딩처리한 경우에는 반드시 고객에게 파손 가능성을 설명하고, 별도로 포장하여 각각 운송장 및 보조송장을 부착하여 집하
적재요령	• 긴급을 요하는 화물은 우선적으로 배송될 수 있도록 쉽게 꺼낼 수 있게 적재 • 취급주의 스티커 부착 화물은 적재함 별도공간에 위치하도록 하고, 중량화물은 적재함 하단에 적재하여 타 화물이 훼손되지 않도록 주의 • 다수화물이 도착하였을 때에는 미도착 수량이 있는지 확인
인계요령	• 인수된 물품 중 부패성 물품과 긴급을 요하는 물품에 대해서는 우선적으로 배송하여 손해배상 요구가 발생하지 않도록 함 • 수하인 부재로 배송이 곤란한 경우, 임의적으로 방치 또는 배송처 안으로 무단 투기하지 말고 수하인에게 연락하여 지정하는 장소에 전달하고, 수하인에게 알림 • 수하인과 연락이 되지 않아 물품을 다른 곳에 맡길 경우, 반드시 수하인과 연락하여 맡겨놓은 위치 및 연락처를 남겨 물품 인수를 확인하도록 함 • 배송 중 수하인이 직접 찾으러 오는 경우 물품을 전달할 때 반드시 본인 확인을 한 후 물품을 전달하고, 인수확인란에 직접 서명을 받아 그로 인한 피해가 발생하지 않도록 유의 • 물품 배송 중 발생할 수 있는 도난에 대비하여 근거리 배송이라도 차에서 떠날 때는 반드시 잠금장치를 하여 사고를 미연에 방지하도록 함

018 화물사고의 원인과 대책

파손사고	원인	• 집하할 때 화물의 포장 상태를 미확인한 경우 • 화물을 함부로 던지거나 발로 차거나 끄는 경우 • 화물을 적재할 때 무분별한 적재로 압착되는 경우 • 차량에 상하차할 때 컨베이어 벨트 등에서 떨어져 파손되는 경우
	대책	• 집하할 때 고객에게 내용물에 관한 정보를 충분히 듣고 포장 상태 확인 • 가까운 거리 또는 가벼운 화물이라도 절대 함부로 취급하지 않음
오손사고	원인	• 김치, 젓갈, 한약류 등 수량에 비해 포장이 약한 경우 • 화물을 적재할 때 중량물을 상단에 적재한 경우
	대책	• 상습적으로 오손이 발생하는 화물은 안전박스에 적재하여 위험으로부터 격리 • 중량물은 하단에, 경량물은 상단에 적재한다는 규정 준수
내용물 부족사고	원인	• 마대화물(쌀, 고춧가루, 잡곡 등) 등 박스가 아닌 화물의 포장이 파손된 경우 • 포장이 부실한 화물(과일, 가전제품 등)에 대한 절취 행위가 발생한 경우
	대책	부실포장 화물을 집하할 때 내용물 상세 확인 및 포장 보강 시행

019 산업 현장의 일반적인 화물자동차

보닛 트럭	원동기부의 덮개가 운전실의 앞쪽에 나와 있는 트럭
캡 오버 엔진 트럭	원동기의 전부 또는 대부분이 운전실의 아래쪽에 있는 트럭
밴	상자형 화물실을 갖추고 있는 트럭(지붕이 없는 오픈 톱형도 포함)
픽업	화물실의 지붕이 없고, 옆판이 운전대와 일체로 되어 있는 화물자동차

020 트레일러

- 동력을 갖추지 않고 모터 비이클(모터가 있는 차량)에 의해 견인되며 사람 및 물품을 수송하는 목적을 위해 설계되어 도로상을 주행하는 차량
- 자동차를 동력 부분(견인차 또는 트랙터)과 적하 부분(피견인차)으로 나누었을 때, 적하 부분을 지칭

021 연결되는 트랙터에 따른 트레일러의 종류

풀 트레일러 (Full trailer)	• 트랙터와 트레일러가 완전히 분리되어 있고 트랙터 자체도 적재함을 가지고 있음 • 총하중이 트레일러만으로 지탱되도록 설계되어 선단에 견인구(트랙터)를 갖춘 트레일러
세미 트레일러 (Semi-trailer)	• 세미 트레일러용 트랙터에 연결하여, 총하중의 일부분이 견인하는 자동차에 의해서 지탱되도록 설계된 트레일러 • 가동 중인 트레일러 중 가장 많고 일반적인 트레일러임
폴 트레일러 (Pole trailer)	• 기둥, 통나무 등 장척의 적하물 자체가 트랙터와 트레일러의 연결 부분을 구성하는 구조의 트레일러 • 파이프나 H형강 등 장척물의 수송을 목적으로 한 트레일러

022 이사화물의 인수거절

- 현금, 유가증권, 귀금속, 예금통장, 신용카드, 인감 등 고객이 휴대할 수 있는 귀중품
- 위험물, 불결한 물품 등 다른 화물에 손해를 끼칠 염려가 있는 물건
- 동식물, 미술품, 골동품 등 운송에 특수한 관리를 요하기 때문에 다른 화물과 동시에 운송하기에 적합하지 않은 물건
- 일반이사화물의 종류, 무게, 부피, 운송거리 등에 따라 운송에 적합하도록 포장할 것을 사업자가 요청하였으나 고객이 이를 거절한 물건

023 이사화물의 계약해제

- **고객의 책임 있는 사유:** 다음의 손해배상액을 사업자에게 지급(고객이 이미 지급한 계약금이 있는 경우 그 금액을 공제할 수 있음)

고객이 약정된 이사화물의	인수일 1일 전까지 해제를 통지한 경우	계약금
	인수일 당일에 해제를 통지한 경우	계약금의 배액

- **사업자의 책임 있는 사유:** 다음의 손해배상액을 고객에게 지급(고객이 이미 지급한 계약금이 있는 경우 손해배상액과는 별도로 그 금액도 반환)

사업자가 약정된 이사화물의	인수일 2일 전까지 해제를 통지한 경우	계약금의 배액
	인수일 1일 전까지 해제를 통지한 경우	계약금의 4배액
	인수일 당일에 해제를 통지한 경우	계약금의 6배액
	인수일 당일에도 해제를 통지하지 않은 경우	계약금의 10배액

024 책임의 특별소멸사유와 시효

사업자의 손해배상 책임은 고객이 이사화물을 인도받은 날부터 5년간 존속함

사업자의 손해배상 책임	이사화물의 일부 멸실 또는 훼손	고객이 이사화물을 인도받은 날부터 30일 이내에 그 일부 멸실 또는 훼손의 사실을 사업자에게 통지하지 않으면 소멸
	이사화물의 멸실, 훼손 또는 연착	고객이 이사화물을 인도받은 날부터 1년이 경과하면 소멸 (이사화물이 전부 멸실된 경우 약정된 인도일부터 기산)

025 운송물의 수탁거절 사유

- 고객이 운송장에 필요한 사항을 기재하지 않은 경우
- 사업자가 고객에게 운송에 적합하지 않은 운송물에 대해 필요한 포장을 하도록 청구하거나 고객의 승낙을 얻고자 했으나, 고객이 이를 거절하여 운송에 적합한 포장이 되지 않은 경우
- 운송물 1포장의 가액이 300만 원을 초과하는 경우
- 운송물이 밀수품, 군수품, 부정임산물 등 위법한 물건인 경우
- 운송물이 살아있는 동물, 동물사체 등인 경우
- 운송이 법령, 사회질서, 기타 선량한 풍속에 반하는 경우
- 운송이 천재지변, 기타 불가항력적인 사유로 불가능한 경우

026 운송물의 인도일

사업자는 다음의 인도예정일까지 운송물을 인도해야 함

운송장에 인도예정일의 기재가 있는 경우	그 기재된 날	
운송장에 인도예정일의 기재가 없는 경우	일반 지역	운송장에 기재된 운송물의 수탁일부터 2일
	도서, 산간벽지	운송장에 기재된 운송물의 수탁일부터 3일

027 고객이 운송장에 운송물의 가액을 기재하지 않은 경우 손해배상 한도액

50만 원으로 하되, 운송물의 가액에 따라 할증요금을 지급하는 경우의 손해배상한도액은 각 운송가액 구간별 운송물의 최고가액으로 함

028 사업자 손해배상 책임의 특별소멸사유와 시효

사업자의 손해배상 책임은 수하인이 운송물을 수령한 날부터 5년간 존속함

운송물의 일부 멸실 또는 훼손	수하인이 운송물을 수령한 날부터 14일 이내에 그 일부 멸실 또는 훼손의 사실을 사업자에게 통지하지 않으면 소멸
운송물의 일부 멸실, 훼손 또는 연착	수하인이 운송물을 수령한 날부터 1년이 경과하면 소멸(운송물이 전부 멸실된 경우 그 인도예정일로부터 기산)

001 교통사고의 요인

인적요인	• 신체, 생리, 심리, 적성, 습관, 태도 요인 등을 포함하는 개념 • 운전자 또는 보행자의 신체적·생리적 조건, 위험의 인지와 회피에 대한 판단, 심리적 조건, 운전자의 적성과 자질, 운전습관, 내적태도 등에 관한 것	
차량 요인	차량구조장치, 부속품 또는 적하 등	
도로요인	도로구조	도로의 선형, 노면, 차로 수, 노폭, 구배 등에 관한 것
	안전시설	신호기, 노면표시, 방호책 등 도로의 안전시설에 관한 것을 포함하는 개념
환경요인	자연환경	기상, 일광 등 자연조건에 관한 것
	교통환경	차량 교통량, 운행차 구성, 보행자 교통량 등 교통 상황에 관한 것
	사회환경	일반국민·운전자·보행자 등의 교통도덕, 정부의 교통정책, 교통단속과 형사처벌 등에 관한 것
	구조환경	교통 여건 변화, 차량 점검 및 정비관리자와 운전자의 책임한계 등

002 운전특성

- **운전자의 정보처리과정:** 운전정보 → 구심성 신경 → 뇌 → 의사결정과정 → 원심성 신경 → 효과기(운동기) → 운전 조작행위
- **운전특성**
  - 운전특성은 일정하지 않고 사람 간에 차이(개인차)가 있음
  - 개인의 신체적·생리적 및 심리적 상태가 항상 일정한 것은 아니어서 인간의 운전행위를 공산품의 공정처럼 일정하게 유지할 수 없음

003 운전과 관련되는 시각특성

- 운전자는 운전에 필요한 정보의 대부분을 시각을 통하여 획득함
- 속도가 빨라질수록 시력은 떨어짐
- 속도가 빨라질수록 시야의 범위가 좁아짐
- 속도가 빨라질수록 전방주시점은 멀어짐

004 도로교통법령에서 정한 시력기준(교정시력 포함)

- 붉은색, 녹색 및 노란색을 구별할 수 있어야 함
- **면허에 따른 시력 기준**

제1종 운전면허에 필요한 시력	• 두 눈을 동시에 뜨고 잰 시력이 0.8 이상, 두 눈의 시력이 각각 0.5 이상 • 한쪽 눈을 보지 못하는 사람: 다른 쪽 눈의 시력이 0.8 이상, 수평시야 120° 이상, 수직시야 20° 이상, 중심시야 20° 내 암점 또는 반맹이 없어야 함
제2종 운전면허에 필요한 시력	• 두 눈을 동시에 뜨고 잰 시력이 0.5 이상 • 한쪽 눈을 보지 못하는 사람: 다른 쪽 눈의 시력이 0.6 이상

005 정지시력과 동체시력

정지시력	아주 밝은 상태에서 1/3인치(0.85cm) 크기의 글자를 20피트(6.10m) 거리에서 읽을 수 있는 사람의 시력을 말하며 정상시력은 20/20으로 나타냄
동체시력	• 움직이는 물체(자동차, 사람 등) 또는 움직이면서(운전하면서) 다른 자동차나 사람 등의 물체를 보는 시력 • 특성 – 물체의 이동속도가 빠를수록 상대적으로 저하됨 – 연령이 높을수록 더욱 저하됨 – 장시간 운전에 의한 피로 상태에서 저하됨

006 야간시력

- **운전하기 가장 어려운 시간:** 해질 무렵
- 야간에는 대향차량 간의 전조등에 의한 현혹 현상(눈부심 현상)으로 중앙선에 있는 통행인을 우측 갓길에 있는 통행인보다 확인하기 어려움

007 명순응과 암순응

명순응	• 일광 또는 조명이 어두운 조건에서 밝은 조건으로 변할 때 사람의 눈이 그 상황에 적응하여 시력을 회복하는 것 • 어두운 터널을 벗어나 밝은 도로로 주행할 때 운전자가 일시적으로 주변의 눈부심으로 인해 물체가 보이지 않는 시각장애 • 일반적으로 명순응에 걸리는 시간은 암순응보다 빨라 1분 이내의 시간이 걸림
암순응	• 일광 또는 조명이 밝은 조건에서 어두운 조건으로 변할 때 사람의 눈이 그 상황에 적응하여 시력을 회복하는 것 • 맑은날 낮 시간에 터널 밖을 운행하던 운전자가 갑자기 어두운 터널 안으로 주행하는 순간 일시적으로 일어나는 운전자의 심한 시각장애 • 시력회복이 명순응에 비해 매우 느림 – 주간 운전 시 터널에 막 진입하였을 때 더욱 조심스러운 안전운전이 요구됨

008 시야

- **시야:** 정지한 상태에서 눈의 초점을 고정시키고 양쪽 눈으로 볼 수 있는 범위
- **정상적인 시력을 가진 사람의 시야의 범위:** 180°~200°
- 주행 중인 운전자는 전방의 한 곳에만 주의를 집중하기보다는 시야를 넓게 갖도록 하고, 주시점을 적절하게 이동시키거나 머리를 움직여 상황에 대응하는 운전을 해야 함
- **속도와 시야:** 속도가 높아질수록 주시점은 멀어지고, 시야의 범위는 점점 좁아짐
- **주의의 정도와 시야:** 운전 중 불필요한 대상에 주의가 집중되어 있다면 주의를 집중한 것에 비례하여 시야 범위가 좁아지고 교통사고의 위험은 그만큼 커짐

009 사고의 심리적 요인: 예측의 실수

- 감정이 격앙된 경우
- 고민거리가 있는 경우
- 시간에 쫓기는 경우

010 보행자사고

- **OECD 보행 중 교통사고 사망자 구성비:** 한국(38.9%) > 일본(36.2%) > 미국(14.5%) > 프랑스(14.2%)
- **차 대 사람의 사고가 가장 많은 연령층:** 어린이와 노약자
- **보행자사고의 요인:** 인지결함, 판단착오, 동작착오

011 고령자 교통안전 장애요인

고령자의 시각능력	• 시력 저하 현상 발생: 자동차 운전에서는 근점시력보다 원점시력이 중요한데 고령자는 조도가 낮은 상황에서는 원점시력이 더욱 저하됨 • 대비능력 저하: 여러 개의 사물 간 또는 사물과 배경을 식별하는 능력인 대비능력 저하 • 동체시력 약화: 움직이는 물체를 정확히 식별하고 인지하는 능력인 동체시력 약화 • 원근 구별능력 약화 • 시야 감소 현상: 시야가 좁아져서 시야 바깥에 있는 표지판, 신호, 차량, 보행자들을 발견하지 못하는 경우 증가
고령보행자의 보행행동 특성	• 고착화된 자기 경직성: 뒤에서 오는 차의 접근에도 주의를 기울이지 않거나 경음기를 울려도 반응을 보이지 않는 경향 증가 • 이면도로 등에서 도로의 노면표시가 없으면 도로 중앙부를 걷는 경향 • 보행 궤적이 흔들거리며 보행 중에 사선횡단을 하기도 함 • 보행 시 상점이나 포스터를 보면서 걷는 경향이 있음 • 정면에서 오는 차량 등을 회피할 수 있는 여력을 갖지 못함 • 소리 나는 방향을 주시하지 않는 경향이 있음

012 고령보행자 안전수칙

- 횡단보도 신호에 녹색불이 들어와도 바로 건너지 않고 오고 있는 자동차가 정지했는지 확인
- 자동차가 오고 있다면 보낸 후 똑바로 횡단
- 횡단하는 동안에도 계속 주의를 기울임
- 횡단보도를 건널 때 젊은이의 보행속도에 맞추어 무리하게 건너지 말고 능력에 맞게 건너면서 손을 들어 자동차에 양보신호를 보냄

013 어린이 교통안전

어린이 교통사고의 특징	• 어릴수록 교통사고가 많이 발생, 오후 4~6시 사이에 가장 많음 • 집이나 학교 근처 등 어린이 통행이 잦은 곳에서 보행 중 사상자 가장 많이 발생
어린이들이 당하기 쉬운 교통사고 유형	• 도로에 갑자기 뛰어들기 • 도로 횡단 중의 부주의 • 도로상에서 위험한 놀이 • 자전거를 타고 멈추지 않고 그대로 달려 나오다가 자동차와 부딪힘

014 운행기록분석시스템

• 여객자동차운수사업법에 따른 여객자동차운송사업자는 운행하는 차량에 운행기록장치를 장착해야 함

• 운행기록장치에 기록된 운행기록을 보관하여야 하는 기간: 6개월

운행기록분석 시스템 분석 항목	• 자동차의 운행경로에 대한 궤적의 표기 • 운전자별·시간대별 운행속도 및 주행거리의 비교 • 진로 변경 횟수와 사고위험도 측정, 과속·급가속·급감속·급출발·급정지 등 위험운전 행동 분석
운행기록분석 결과의 활용	다음과 같은 교통안전 관련 업무에 한정하여 활용할 수 있음 • 자동차의 운행관리 • 운전자에 대한 교육·훈련 • 운전자의 운전습관 교정 • 운송사업자의 교통안전관리 개선 • 교통수단 및 운행체계의 개선 • 교통행정기관의 운행계통 및 운행경로 개선 • 그 밖에 사업용 자동차의 교통사고 예방을 위한 교통안전정책의 수립

015 자동차의 주요장치: 제동장치

주행하는 자동차를 감속 또는 정지시킴과 동시에 주차 상태를 유지하기 위해 필요한 장치

주차 브레이크	차를 주차 또는 정차시킬 때 사용하는 제동장치
풋 브레이크	• 주행 중에 발로써 조작하는 주 제동장치 • 휠 실린더의 피스톤에 의해 브레이크 라이닝을 밀어주어 타이어와 함께 회전하는 드럼을 잡아 멈추게 함
엔진 브레이크	가속 페달을 놓거나 저단기어로 바꾸게 되면 엔진 브레이크가 작용하여 속도가 떨어지게 되며, 마치 구동바퀴에 의해 엔진이 역으로 회전하는 것과 같이 되어 그 회전 저항으로 제동력이 발생하는 것
ABS (Anti-lock Brake System)	빙판이나 빗길 등 미끄러운 노면상이나 통상의 주행에서 제동 시에 바퀴를 록(lock) 시키지 않음으로써 브레이크가 작동하는 동안에도 핸들의 조종이 용이하도록 하는 제동장치

016 자동차의 주요장치: 주행장치

엔진에서 발생한 동력이 최종적으로 바퀴에 전달되어 자동차가 노면 위를 달리게 됨

휠(Wheel)	타이어와 함께 차량의 중량을 지지하고 구동력과 제동력을 지면에 전달하는 역할
타이어	• 휠의 림에 끼워져서 일체로 회전하며 자동차가 달리거나 멈추는 것을 원활히 함 • 자동차의 중량을 떠받쳐 줌 • 지면으로부터 받는 충격을 흡수해 승차감을 좋게 함 • 자동차의 진행방향을 전환시킴

017 자동차의 주요장치: 조향장치

• 운전석에 있는 핸들에 의해 앞바퀴의 방향을 틀어서 자동차의 진행방향을 바꾸는 장치
• 주행 중의 안정성이 좋고 핸들 조작이 용이하도록 앞바퀴 정렬이 잘 되어 있어야 함
• **앞바퀴 정렬(휠 얼라인먼트)**

구분		내용
토우인 (Toe-in)	상태	앞바퀴를 위에서 보았을 때 앞쪽이 뒤쪽보다 좁은 상태
	기능	• 바퀴를 원활하게 회전시켜서 핸들의 조작을 용이하게 함 • 주행 중 타이어가 바깥쪽으로 벌어지는 것을 방지 • 주행저항 및 구동력의 반력으로 토아웃되는 것을 방지하여 타이어의 마모 방지
캠버 (Camber)	상태	• (+) 캠버: 앞에서 보았을 때, 위쪽이 아래보다 약간 바깥쪽으로 기울어져 있는 것 • (–) 캠버: 앞에서 보았을 때, 위쪽이 아래보다 약간 안쪽으로 기울어져 있는 것
	기능	• 앞바퀴가 하중을 받을 때 아래로 벌어지는 것 방지 • 핸들 조작을 가볍게 함 • 수직 방향 하중에 의해 앞차축의 휨을 방지
캐스터 (Caster)	상태	옆에서 보았을 때 차축과 연결되는 킹핀의 중심선이 약간 뒤쪽(+) 혹은 앞쪽(–)으로 기울어져 있는 것
	기능	• 앞바퀴에 직진성을 부여하여 차의 롤링을 방지 • 핸들의 복원성을 좋게 하기 위해 필요 • 조향을 했을 때 직진 방향으로 되돌아오려는 복원력을 줌

018 자동차의 주요장치: 현가장치

• 차량의 무게를 지탱하여 차체가 직접 차축에 얹히지 않도록 함
• 도로 충격을 흡수하여 더욱 유연한 승차감 제공
• **유형:** 판 스프링, 코일 스프링, 비틀림 막대 스프링, 공기 스프링, 충격흡수장치(쇽업소버)

019 원심력

특징	• 속도가 빠를수록, 커브가 작을수록, 중량이 무거울수록 커짐 • 속도의 제곱에 비례해서 커짐
원심력과 안전운행	• 커브 진입하기 전에 속도를 줄여 노면에 대한 타이어의 접지력(Grip)이 원심력을 안전하게 극복해야 함 • 커브가 예각을 이룰수록 원심력은 커지므로 안전하게 회전하려면 이러한 커브에서 보다 감속해야 함

020 주행 중 물리적 현상

수막 현상	개념	자동차가 물이 고인 노면을 고속으로 주행할 때 타이어 그루브(타이어 홈) 사이에 있는 물을 배수하는 기능이 감소되어 물의 저항에 의해 노면으로부터 떠올라 물 위를 미끄러지듯이 되는 현상
	예방법	• 고속으로 주행하지 않음 • 마모된 타이어를 사용하지 않으며, 공기압을 조금 높게 함 • 배수효과가 좋은 타이어 사용
베이퍼 록 현상	개념	유압식 브레이크의 휠 실린더나 브레이크 파이프 속에서 브레이크액이 기화하여, 페달을 밟아도 스펀지를 밟는 것 같고 유압이 전달되지 않아 브레이크가 작용하지 않는 현상
모닝 록 현상	개념	비가 자주 오거나 습도가 높은 날, 또는 오랜 시간 주차한 후에 브레이크 드럼에 미세한 녹이 발생하는 현상
	예방법	• 아침에 운행을 시작할 때나 장시간 주차한 다음 운행을 시작하는 경우에는 출발하기 전에 브레이크를 몇 차례 밟아주는 것이 좋음 • 서행하면서 브레이크를 몇 번 밟아주게 되면 녹이 자연히 제거되면서 해소됨

021 정지시간과 정지거리

공주시간과 공주거리	공주시간	운전자가 자동차를 정지시켜야 할 상황임을 지각하고 브레이크 페달로 발을 옮겨 브레이크가 작동을 시작하는 순간까지의 시간
	공주거리	공주시간까지 자동차가 진행한 거리
제동시간과 제동거리	제동시간	운전자가 브레이크에 발을 올려 브레이크가 막 작동을 시작하는 순간부터 자동차가 완전히 정지할 때까지의 시간
	제동거리	제동시간까지 자동차가 진행한 거리
정지시간과 정지거리	정지시간	• 공주시간 + 제동시간 • 운전자가 위험을 인지하고 자동차를 정지시키려고 시작하는 순간부터 자동차가 완전히 정지할 때까지의 시간
	정지거리	• 공주거리 + 제동거리 • 정지시간까지 자동차가 진행한 거리

022 자동차의 점검사항

원동기	• 시동이 쉽고 잡음이 없는가? • 배기가스의 색이 깨끗하고 유독가스 및 매연이 없는가? • 엔진오일의 양이 충분하고 오염되지 않으며 누출이 없는가? • 연료 및 냉각수가 충분하고 새는 곳이 없는가? • 연료분사펌프조속기의 봉인상태가 양호한가? • 배기관 및 소음기의 상태가 양호한가?
동력전달장치	• 클러치 페달의 유동이 없고 클러치의 유격은 적당한가? • 변속기의 조작이 쉽고 변속기 오일의 누출은 없는가? • 추진축 연결부의 헐거움이나 이음은 없는가?

023 고장이 자주 일어나는 부분

진동과 소리	팬벨트	가속 페달을 힘껏 밟는 순간 "끼익!"하는 소리가 남
	클러치 부분	클러치를 밟고 있을 때 "달달달" 떨리는 소리와 함께 차체가 떨리고 있다면, 클러치 릴리스 베어링의 고장으로, 정비공장에 가서 교환해야 함
	브레이크 부분	브레이크 페달을 밟아 차를 세우려고 할 때 바퀴에서 "끼익!"하는 소리가 남
냄새와 열	전기장치 부분	• 고무 같은 것이 타는 냄새가 날 때는 바로 차를 세워야 함 • 대개 엔진실 내의 전기 배선 등의 피복이 녹아 벗겨져 합선에 의해 전선이 타면서 나는 냄새가 대부분임
	브레이크 부분	단내가 심하게 나는 경우
배출가스	검은색	농후한 혼합가스가 들어가 불완전 연소되는 경우
	백색(흰색)	엔진 안에서 다량의 엔진오일이 실린더 위로 올라와 연소되는 경우

024 고장 유형별 조치방법

엔진오일 과다 소모	점검사항	• 배기 배출가스 육안 확인 • 에어 클리너 오염도 확인(과다 오염) • 블로바이 가스(Blow-by gas) 과다 배출 확인
	조치방법	• 엔진 피스톤 링 교환 • 실린더 교환이나 보링작업
엔진 온도 과열	점검사항	• 냉각수 및 엔진오일의 양 확인과 누출 여부 확인 • 냉각팬 및 워터펌프의 작동 확인
	조치방법	• 냉각수 보충 • 팬벨트의 장력 조정 • 냉각팬 휴즈 및 배선 상태 확인
와이퍼 미작동	점검사항	모터가 도는지 점검
	조치방법	• 모터 작동 시 블레이드 암의 고정너트를 조이거나 링크기구 교환 • 모터 미작동 시 퓨즈, 모터, 스위치, 커넥터 점검 및 손상부품 교환

025 곡선부 방호울타리의 기능

- 자동차의 차도 이탈 방지
- 탑승자의 상해 및 자동차의 파손 감소
- 자동차를 정상적인 진행방향으로 복귀시킴
- 운전자의 시선을 유도

026 길어깨(갓길)와 교통사고

정의	도로를 보호하고 비상시에 이용하기 위해 차로에 접속하여 설치하는 도로의 부분
안전성	• 길어깨가 넓으면 차량의 이동공간이 넓고, 시계가 넓으며, 고장차량을 주행차로 밖으로 이동시킬 수 있기 때문에 안전성이 큼 • 토사나 자갈 또는 잔디보다는 포장된 노면이 더 안전하며, 포장이 되어 있지 않을 경우에는 건조하고 유지관리가 용이할수록 안전함
기능	• 고장차가 본선차도로부터 대피할 수 있고, 사고 시 교통의 혼잡을 방지하는 역할 • 측방 여유폭을 가지므로 교통의 안전성과 쾌적성에 기여 • 유지관리 작업장이나 지하매설물에 대한 장소로 제공 • 절토부 등에서는 곡선부의 시거가 증대되기 때문에 교통의 안전성이 높음 • 유지가 잘 되어 있는 길어깨는 도로 미관을 높임 • 보도 등이 없는 도로에서는 보행자 등의 통행장소로 제공

027 중앙분리대의 종류

방호울타리형	중앙분리대 내에 충분한 설치 폭의 확보가 어려운 곳에서 차량의 대향차로로의 이탈을 방지하는 곳에 비중을 두고 설치하는 형	
연석형	장점	• 좌회전 차로의 제공이나 향후 차로 확장에 쓰일 공간 확보 • 연석의 중앙에 잔디나 수목을 심어 녹지공간 제공 • 운전자의 심리적 안정감에 기여
	단점	차량과 충돌 시 차량을 본래의 주행방향으로 복원해주는 기능이 미약함
광폭 중앙분리대	도로선형의 양방향 차로가 완전히 분리될 수 있는 충분한 공간 확보로 대향차량의 영향을 받지 않을 정도의 너비를 제공	

028 중앙분리대와 교통사고

- 분리대의 폭이 넓을수록 분리대를 넘어가는 횡단사고가 적고, 전체사고에 대한 정면충돌사고의 비율도 낮음
- 중앙분리대로 설치된 방호울타리는 정면충돌사고를 차량단독사고로 변환시킴으로써 위험성이 덜함

029 중앙분리대의 기능

- 상하 차도의 교통 분리
- 평면교차로가 있는 도로에서는 폭이 충분할 때 좌회전 차로로 활용할 수 있음
- 광폭 분리대의 경우 사고 및 고장 차량이 정지할 수 있는 여유 공간을 제공
- 보행자에 대한 안전섬이 됨으로써 횡단 시 안전
- 필요에 따라 유턴(U Turn) 방지

030 정지시거와 앞지르기시거

정지시거	• 운전자가 같은 차로 위에 있는 고장차 등의 장애물을 인지하고 안전하게 정지하기 위해 필요한 거리 • 차로 중심선 위의 1m 높이에서 그 차로의 중심선에 있는 높이 15cm 물체의 맨 윗부분을 볼 수 있는 거리를 그 차로의 중심선에 따라 측정한 길이
앞지르기시거	• 2차로 도로에서 저속 자동차를 안전하게 앞지를 수 있는 거리 • 차로 중심선 위의 1m 높이에서 반대쪽 차로의 중심선에 있는 높이 1.2m의 반대쪽 자동차를 인지하고 앞차를 안전하게 앞지를 수 있는 거리를 도로 중심선에 따라 측정한 길이

031 방어운전

방어운전의 기본	• 능숙한 운전 기술, 정확한 운전지식, 세심한 관찰력 • 예측력: 앞으로 일어날 위험 및 운전 상황을 미리 파악하는, 안전을 위협하는 운전 상황의 변화요소를 재빠르게 파악하는 능력 • 판단력: 교통 상황에 적절하게 대응하고 이에 맞게 자신의 행동을 통제하고 조절하면서 운행하는 능력 • 양보와 배려의 실천, 교통 상황 정보 수집
실전 방어운전 방법	• 운전자는 앞차의 전방까지 시야를 멀리 두고, 장애물이 나타나 앞차가 브레이크를 밟았을 때 즉시 브레이크를 밟을 수 있도록 준비 태세를 갖춤 • 교통신호가 바뀐다고 해서 무작정 출발하지 말고 주위 자동차의 움직임을 관찰한 후 진행 • 진로를 바꿀 때는 상대방이 잘 알 수 있도록 여유 있게 신호를 보냄 • 밤에 마주 오는 차가 전조등 불빛을 줄이거나 아래로 비추지 않고 접근해 올 때는 불빛을 정면으로 보지 말고 시선을 약간 오른쪽으로 돌림 • 밤에 산모퉁이 길을 통과할 때는 전조등을 상향과 하향을 번갈아 켜거나 껐다 켰다 하여 자신의 존재를 알림

032 운전 상황별 방어운전방법

주행 시 속도 조절	• 교통량이 많은 곳에서는 속도를 줄여서 주행 • 노면의 상태가 나쁜 도로에서는 속도를 줄여서 주행 • 해질 무렵, 터널 등 조명 조건이 나쁠 때에는 속도를 줄여서 주행
주차할 때	• 주차가 허용된 지역이나 안전한 지역에 주차 • 주행차로에 차의 일부분이 돌출된 상태로 주차하지 않음

033 내리막길과 오르막길의 안전운전 및 방어운전

내리막길	• 내리막길을 내려가기 전에는 미리 감속하여 천천히 내려가며 엔진 브레이크로 속도 조절 • 엔진 브레이크를 사용하면 페이드 현상을 예방하여 운행 안전도를 더욱 높일 수 있음
오르막길	• 오르막길의 사각 지대는 정상 부근이며, 마주 오는 차가 바로 앞에 다가올 때까지는 보이지 않으므로 서행하여 위험에 대비 • 정차 시에는 풋 브레이크와 핸드 브레이크를 같이 사용함 • 오르막길에서 앞지르기할 때는 힘과 가속력이 좋은 저단 기어를 사용하는 것이 안전

034 계절별 운전

봄철	운전자	춘곤증에 의한 졸음운전으로 전방주시 태만과 관련된 사고의 위험이 높음
	자동차관리	겨울에 노면의 결빙을 막기 위해 뿌려진 염화칼슘이 자동차에 부착되어 차체의 부식을 촉진시키므로 겨울을 보낸 다음에는 구석구석 세차함
여름철	뜨거운 태양 아래 오래 주차 시	출발하기 전에 창문을 열어 실내의 더운 공기를 환기시키고 에어컨을 최대로 켜서 실내의 더운 공기가 빠져나간 다음에 운행함
	자동차관리	• 와이퍼의 작동 상태 점검: 유리면과 접촉하는 부위인 블레이드가 닳지 않았는지 확인 • 타이어 마모 상태 점검: 노면과 맞닿는 부분인 요철형 무늬의 깊이(트레드 홈 깊이)가 최저 1.6mm 이상이 되는지를 확인하고 적정 공기압을 유지하고 있는지 점검 • 폭우 등으로 물에 잠긴 차량의 경우: 각종 배선에서 수분이 완전히 제거되지 않아 합선이 일어날 수 있으므로 시동을 걸거나 전기장치를 작동시키지 않고 전문가의 도움을 받음
가을철	이상기후 대처	심한 일교차로 안개 발생 가능성이 커 차들과 추돌하기 쉬우므로 감속 운행함
	농기계 주의	추수시기를 맞아 경운기 등 농기계의 빈번한 사용은 교통사고의 원인이 됨
겨울철	도로조건	겨울철에는 눈이 녹지 않고 쌓여 적은 양의 눈이 내려도 바로 빙판이 되기 때문에 자동차의 충돌·추돌·도로 이탈 등의 사고가 많이 발생함
	주행 시	• 그늘진 장소, 교량 위, 터널 근처는 노면의 동결이 예상되므로 주의 • 눈 쌓인 커브길 주행 시에는 기어 변속을 하지 않음

035 차량에 고정된 탱크의 안전운행

운송 시 주의사항	• 도로상이나 주택가, 상가 등 지정된 장소가 아닌 곳에서는 탱크로리 상호 간에 취급물질을 입·출하시키지 말 것 • 운송 중은 물론 정차 시에도 허용된 장소 이외에서는 흡연이나 그 밖의 화기를 사용하지 말 것
주차 시 안전운송 기준	• 운송 중 노상에 주차할 필요가 있는 경우에는 주택 및 상가 등이 밀집한 지역을 피하고, 교통량이 적고 부근에 화기가 없는 안전하고 지반이 평탄한 장소를 선택하여 주차할 것 • 부득이하게 비탈길에 주차하는 경우에는 사이드 브레이크를 확실히 걸고 차바퀴를 고임목으로 고정할 것 • 차량운전자가 차량으로부터 이탈한 경우에는 항상 차량이 눈에 띄는 곳에 있어야 함
이입작업할 때의 기준	• 차를 소정의 위치에 정차시키고 사이드 브레이크를 확실히 건 다음 엔진을 끔 • 메인스위치 그 밖의 전기장치를 완전히 차단하여 스파크가 발생하지 않도록 함 • 커플링을 분리하지 않은 상태에서는 엔진을 사용할 수 없도록 적절한 조치를 강구함 • 차량이 앞뒤로 움직이지 않도록 차바퀴의 전·후를 차바퀴 고정목 등으로 확실하게 고정함

036 충전용기 등을 적재한 차량의 주·정차 시

- 지형을 충분히 고려하여 가능한 한 평탄하고 교통량이 적은 안전한 장소를 택할 것
- 시장 등 차량의 통행이 현저히 곤란한 장소 등에는 주·정차하지 말 것
- 엔진을 정지시킨 다음, 사이드 브레이크를 걸어 놓고 반드시 차바퀴를 고정목으로 고정시킴
- 주위의 화기 등이 없는 안전한 장소에 주·정차할 것
- 차량의 고장, 교통사정 또는 운반책임자·운전자의 휴식, 식사 등 부득이한 경우를 제외하고는 당해 차량에서 동시에 이탈하지 않으며, 동시에 이탈할 경우에는 차량이 쉽게 보이는 장소에 주차할 것

037 고속도로 안전운전 방법

- 전방주시
- 2시간 운전 시 15분 휴식
- 전 좌석 안전띠 착용
- 차간거리 확보[앞 차량과 100m(3초) 이상 간격 유지]
- 진입은 안전하게 천천히, 진입 후 가속은 빠르게
- 주변 교통 흐름에 따라 적정속도 유지
- 비상시 비상등 켜기
- 주행차로로 주행
- 후부 반사판 부착(차량 총중량 7.5톤 이상 및 특수 자동차는 의무 부착)

038 고속도로 작업구간 통행방법

주의구간	운전자가 전방의 교통상황 변화를 사전에 인지하여 안전운행에 미리 대비하는 구간으로 길어깨(갓길)에 안내표지 등이 설치됨
변화구간	진행중인 차로를 변화시키는 구간으로 작업 중인 해당 차로 전방에 일정 거리를 두어 차로를 차단하여 차로를 변경하게 하는 구간
작업구간	실제 작업이 이루어지는 구간으로 운전자들이 차로변경을 하지 못한 경우에 대비하여 운전자 및 작업자를 보호하기 위한 완충구간 포함
종결구간	작업구간을 통과하여 이전의 정상적인 교통 흐름으로 복귀하는 구간

039 고속도로 2차사고 예방 안전행동요령

- 신속히 비상등을 켜고 다른 차의 소통에 방해가 되지 않도록 갓길로 차량을 이동시킴(트렁크를 열어 위험을 알리는 것도 좋음)
- 후방에서 접근하는 차량의 운전자가 쉽게 확인할 수 있도록 고장자동차의 표지(안전삼각대)를 함
- 운전자와 탑승자가 차량 내 또는 주변에 있는 것은 매우 위험하므로 가드레일 밖 등 안전한 장소로 대피
- 경찰관서(112), 소방관서(119), 한국도로공사 콜센터(1588-2504)로 연락하여 도움을 요청

040 고속도로의 금지사항

- 횡단·유턴·후진 금지
- 보행자 통행금지
- 정체 및 주차 금지
- 갓길 주행금지

차량	범칙금	벌점	과태료
승용차 4톤 이하 화물차	6만 원	30점	9만 원
승합차, 4톤 초과 화물차 등	7만 원		10만 원

PART 04 운송서비스

001 고객의 욕구

- 기억되기를 바람
- 관심을 가져주기를 바람
- 편안해지고 싶어 함
- 기대와 욕구를 수용하여 주기를 바람
- 환영받고 싶어 함
- 중요한 사람으로 인식되기를 바람
- 칭찬받고 싶어 함

002 고객서비스의 특징

무형성	서비스는 형태가 없는 무형의 상품으로서 제품과 같이 객관적으로 누구나 볼 수 있는 형태로 제시되지 않으며 측정하기도 어렵지만 누구나 느낄 수는 있음
동시성	서비스는 공급자에 의해 제공됨과 동시에 고객에 의해 소비되는 성격을 가짐
이질성(사람에 의존)	서비스는 사람에 의해 생산되어 고객에게 제공되기 때문에 똑같은 서비스라 하더라도 그것을 행하는 사람에 따라 품질의 차이가 발생하기 쉬움

003 고객만족을 위한 품질의 3요소

상품 품질	성능 및 사용방법을 구현한 하드웨어 품질
영업 품질	고객이 현장사원 등과 접하는 환경과 분위기를 고객만족으로 실현하기 위한 소프트웨어 품질
서비스 품질	고객으로부터 신뢰를 획득하기 위한 휴먼웨어(Human-ware) 품질

004 악수의 행동예절

- 상대와 적당한 거리에서 손을 잡음
- 손은 반드시 오른손을 내밈
- 손이 더러울 때는 양해를 구함
- 상대의 눈을 바라보며 웃는 얼굴로 악수함
- 허리는 무례하지 않도록 자연스레 폄(상대방에 따라 10~15° 정도 굽히는 게 좋음)
- 계속 손을 잡은 채로 말하지 않음
- 손을 너무 세게 쥐거나 또는 힘 없이 잡지 않음

005 언어예절: 대화 시 유의사항

- 불평불만을 함부로 떠들지 않음
- 독선적, 독단적, 경솔한 언행을 삼감
- 욕설, 독설, 험담을 삼감
- 도전적 언사는 가급적 자제
- 상대방의 약점을 지적하는 것을 피함

006 고객불만 발생 시 행동예절

- 고객의 감정을 상하게 하지 않도록 불만 내용을 끝까지 참고 들음
- 불만사항에 대하여 정중히 사과함
- 고객의 불만, 불편사항이 더 이상 확대되지 않도록 함
- 고객불만을 해결하기 어려운 경우 적당히 답변하지 말고 관련부서와 협의 후에 답변함

007 직업관의 4가지 의미

경제적 의미	일터, 일자리, 경제적 가치를 창출하는 곳
정신적 의미	직업의 사명감과 소명의식을 갖고 정성과 정열을 쏟을 수 있는 곳
사회적 의미	자기가 맡은 역할을 수행하는 능력을 인정받는 곳
철학적 의미	일한다는 인간의 기본적인 리듬을 갖는 곳

008 물류

- **물류(로지스틱스)의 의미:** 공급자로부터 생산자, 유통업자를 거쳐 최종소비자에게 이르는 재화의 흐름
- **물류의 기능:** 운송(수송)기능, 포장기능, 보관기능, 하역기능, 정보기능
- **운송과 물류의 비교**

운송	• 단순히 장소적 이동을 의미 • 수요충족기능에 치우침
물류(로지스틱스)	• 생산과 마케팅기능 중에 물류 관련 영역까지도 포함 • 수요창조기능에 중점

009 물류의 발전 단계

경영정보시스템 (MIS)	기업경영에서 의사결정의 유효성을 높이기 위해 경영 내외의 관련 정보를 필요에 따라 즉각적으로 그리고 대량으로 수집, 전달, 처리, 저장, 이용할 수 있도록 편성한 인간과 컴퓨터와의 결합시스템
전사적자원관리 (ERP)	기업활동을 위해 사용되는 기업 내의 모든 인적·물적 자원을 효율적으로 관리하여 궁극적으로 기업의 경쟁력을 강화시켜 주는 역할을 하는 통합정보시스템
공급망관리 (SCM)	고객 및 투자자에게 부가가치를 창출할 수 있도록 최초의 공급업체로부터 최종소비자에게 이르기까지의 상품·서비스 및 정보의 흐름이 관련된 프로세스를 통합적으로 운영하는 경영전략

010 물류에 대한 개념적 관점에서의 물류의 역할

국민경제적 관점	• 기업의 유통효율 향상으로 물류비를 절감하여 소비자물가와 도매물가의 상승을 억제 • 자재와 자원의 낭비를 방지하여 자원의 효율적인 이용에 기여 • 사회간접자본의 증강과 각종 설비투자의 필요성을 증대시켜 국민경제개발을 위한 투자기회 부여

사회경제적 관점	• 생산, 소비, 금융, 정보 등 인간이 주체가 되어 수행하는 경제활동의 일부분 • 운송, 통신, 상업활동을 주체로 하며 이들을 지원하는 제반활동을 포함
개별기업적 관점	• 최소의 비용으로 소비자를 만족시켜서 서비스 질의 향상을 촉진시켜 매출 신장을 도모 • 고객욕구 만족을 위한 물류서비스가 판매경쟁에 있어 중요하며, 제품의 제조, 판매를 위한 원재료의 구입과 판매와 관련된 업무를 총괄관리하는 시스템 운영

011 물류관리의 기본원칙(7R과 3S1L원칙)

7R 원칙	• Right Quality(적절한 품질) • Right Time(적절한 시간) • Right Impression(좋은 인상) • Right Commodity(적절한 상품)	• Right Quantity(적절한 양) • Right Place(적절한 장소) • Right Price(적절한 가격)	
3S1L 원칙	• 신속하게(Speedy) • 안전하게(Safely)	• 확실하게(Surely)	• 저렴하게(Low)

012 제3자 물류(3PL)

- 기업이 사내에서 직접 수행하던 물류업무를 외부의 전문물류업체에게 아웃소싱
- 전문물류업체와의 전략적 제휴를 통해 물류시스템 전체의 효율성을 제고하려는 전략
- 제3자 물류로의 방향 전환은 화주와 물류서비스 제공업체의 관계가 기존의 단기적인 거래 기반 관계에서 중장기적인 파트너십 관계로 발전된다는 것을 의미함
- **제3자 물류의 발전:** 자사물류(제1자) → 물류자회사(제2자) → 제3자 물류

제1자 물류(1PL, 자사물류)	화주기업이 사내에 물류조직을 두고 물류업무를 직접 수행하는 경우
제2자 물류(2PL, 자회사)	기업이 사내의 물류조직을 별도로 분리하여 자회사로 독립시키는 경우
제3자 물류(3PL, 아웃소싱)	외부의 전문물류업체에게 물류업무를 아웃소싱하는 경우

013 제3자 물류의 효과

화주기업 측면	• 제3자 물류업체의 고도화된 물류체계를 활용함으로써 자사의 핵심사업에 주력 가능 • 각 부문별로 최고의 경쟁력을 보유하고 있는 기업 등과 통합·연계하는 공급망을 형성하여 공급망 대 공급망 간 경쟁에서 유리한 위치를 차지할 수 있음
물류업체 측면	• 제3자 물류의 활성화는 물류산업의 수요기반 확대로 이어져 규모의 경제효과에 의해 효율성, 생산성 향상을 달성함 • 고품질의 물류서비스를 개발·제공함에 따라 현재보다 높은 수익률을 확보할 수 있음
물류혁신 기대효과	• 물류산업의 합리화에 의한 고물류비 구조를 혁신 • 고품질 물류서비스의 제공으로 제조업체의 경쟁력 강화 지원 • 종합물류서비스의 활성화 • 공급망관리(SCM) 도입·확산의 촉진

014 제4자 물류(4PL)

- 다양한 조직들의 효과적인 연결을 목적으로 하는 통합체로서 공급망의 모든 활동과 계획관리를 전담
- 제3자 물류의 기능에 컨설팅 업무를 추가 수행(제3자 물류보다 한층 업그레이드 된 물류방법)
- 제4자 물류의 핵심은 고객에게 제공되는 서비스를 극대화
- **공급망관리에 있어서 제4자 물류의 4단계:** 제1단계(재창조), 제2단계(전환), 제3단계(이행), 제4단계(실행)

015 운송 합리화 방안

- 적기 운송과 운송비 부담의 완화
- 실차율 향상을 위한 공차율의 최소화
- 물류기기의 개선과 정보시스템의 정비
- **공동수·배송**

구분	공동수송	공동배송
장점	• 물류시설 및 인원의 축소 • 발송작업의 간소화 • 영업용 트럭의 이용 증대 • 입출하 활동의 계획화 • 운임요금의 적정화 • 여러 운송업체와의 복잡한 거래교섭 감소 • 소량 부정기화물도 공동수송 가능	• 수송효율 향상(적재효율, 회전율 향상) • 소량화물 혼적으로 규모의 경제효과 • 자동차, 기사의 효율적 활용 • 안정된 수송시장 확보 • 네트워크의 경제효과 • 교통혼잡 완화 • 환경오염 방지
단점	• 기업비밀 누출에 대한 우려 • 영업부문의 반대 • 서비스 차별화에 한계 • 서비스 수준의 저하 우려 • 수화주와의 의사소통 부족 • 상품특성을 살린 판매전략 제약	• 외부 운송업체의 운임덤핑에 대처 곤란 • 배송순서의 조절이 어려움 • 출하시간 집중 • 물량 파악이 어려움 • 제조업체의 산재에 따른 문제 • 종업원 교육, 훈련에 시간 및 경비 소요

016 기업의 존속

기업존속 결정 조건	'매상을 올릴 수 있는가?' 또는 '코스트를 내릴 수 있는가?' 이 중에 어느 한 가지라도 실현시킬 수 있다면 기업의 존속이 가능하지만, 어느 쪽도 달성할 수 없다면 살아남기 힘듦
운송사업의 존속과 번영을 위한 변혁에 필요한 4가지 요소	• 조직이나 개인의 전통, 실적의 연장선상에 존재하는 타성을 버리고 새로운 질서를 이룩 • 유행에 휩쓸리지 않고 독자적이고 창조적인 발상을 가지고 새로운 체질을 만듦 • 형식적인 변혁이 아니라 실제로 생산성 향상에 공헌할 수 있도록 일의 본질에서부터 변혁이 이루어져야 함 • 새로운 체질로 바꾸는 것이 목적이라면 변혁에 대한 노력은 계속적인 것이어야 성과가 확실해짐

017 주파수 공용통신(TRS; Trunked Radio System)

- 중계국에 할당된 여러 개의 채널을 공동으로 사용하는 무전기시스템
- **도입효과:** 자동차의 운행정보 입수와 정보전달이 용이해지고 정보의 실시간 처리가 가능해짐, 화주의 수요에 신속히 대응할 수 있음

018 통합판매 · 물류 · 생산시스템(CALS; Computer Aided Logistics Support)

개념	정보유통의 혁명을 통해 제조업체의 생산 · 유통(상류와 물류) · 거래 등 모든 과정을 컴퓨터망으로 연결하여 자동화 · 정보화 환경을 구축하고자 하는 첨단컴퓨터시스템
도입 효과	• 새로운 생산 · 유통 · 물류의 패러다임으로 등장 • 정보화시대를 맞이하여 기업경영에 필수적인 산업정보화전략임 • 기술정보를 통합 및 공유한 세계화된 실시간 경영 실현을 통해 기업 통합이 가능할 것 • 정보시스템의 연계는 조직의 벽을 허물어 가상기업이 출현하게 하고, 이는 기업 내 또는 기업 간 장벽을 허물 것임

019 물류고객서비스

- 기존 고객의 유지 확보를 도모하고 잠재적 고객이나 신규 고객의 획득을 도모하기 위한 수단
- 고객에 대한 서비스 향상을 도모하여 고객만족도를 높이는 것
- **제공하고 있는 서비스에 대한 고객의 반응:** 단순히 제품의 품절만이 아니라 보다 많은 요인의 영향을 받고 있다는 점을 고려할 필요가 있음
  - 물류클레임: 품절, 오손, 파손, 오품, 수량 오류, 오량, 오출하, 전표 오류, 지연 등

020 택배화물의 배달방법

수하인 문전 행동방법	• 사람이 안 나온다고 문을 쾅쾅 두드리거나 발로 차지 않음 • 가족 또는 대리인이 인수할 때는 관계를 반드시 확인
화물에 이상이 있을 시 인계방법	• 약간의 문제가 있을 시에는 잘 설명하여 이용하도록 함 • 완전히 파손, 변질 시에는 진심으로 사과하고 회수 후 변상하며, 내품에 이상이 있을 시는 전화할 곳과 절차를 알려줌 • 배달 완료 후 파손, 기타 이상이 있다는 배상 요청 시 반드시 현장 확인을 해야 함(책임을 전가 받는 경우 발생)
고객 부재 시	방문시간, 송하인, 화물명, 연락처 등을 기록하여 문 안에 투입(문 밖에 부착은 금지)

021 운송서비스의 사업용·자가용 특징 비교

• 철도, 선박과 비교한 트럭수송의 장단점

장점	• 문전에서 문전으로 배송서비스를 탄력적으로 행할 수 있음 • 중간 하역이 불필요하며 포장의 간소화·간략화 가능
단점	• 수송 단위가 작고 연료비나 인건비(장거리의 경우) 등 수송단가가 높음 • 진동, 소음, 광화학 스모그 등의 공해 문제, 유류의 다량소비에서 오는 자원 및 에너지절약 문제 등

• 사업용(영업용) 트럭운송과 자가용 트럭운송의 장단점

구분	사업용(영업용) 트럭운송	자가용 트럭운송
장점	• 저렴한 수송비 • 물동량의 변동에 대응한 안정수송 가능 • 수송능력이 높음 • 융통성이 높음 • 설비투자와 인적투자가 필요 없음 • 변동비 처리 가능	• 높은 신뢰성 확보 • 상거래에 기여 • 작업의 기동성이 높음 • 안정적 공급 가능 • 시스템의 일관성 유지 • 리스크가 낮음 • 인적 교육이 가능
단점	• 운임의 안정화 곤란 • 관리기능이 저해됨 • 기동성 부족 • 시스템의 일관성이 없음 • 인터페이스가 약함 • 마케팅 사고가 희박함	• 수송량의 변동에 대응하기가 어려움 • 비용의 고정비화 • 설비투자와 인적투자가 필요 • 수송능력에 한계가 있음 • 사용하는 차종, 차량에 한계가 있음